交通建设工程监理培训教材

Jiaotong Jianshe Gongcheng Shigong Huanjing Baohu Jianli

交通建设工程施工环境保护监理

（第2版）

中国交通建设监理协会　组织编写

陈　鼎　尤晓暐　等　主　编

人民交通出版社股份有限公司

北京

内 容 提 要

本书为交通建设工程监理培训教材之一,共分为概论、环境保护基础知识、交通建设工程施工环境保护监理3篇。主要内容包括我国环境保护的发展历程和法律体系,生态环境、声环境、水环境、大气环境、社会环境以及环境影响评价等的基础知识,交通建设工程各阶段的施工环境保护监理,主要的交通建设工程施工环境保护监理用表等。

本书可供交通建设监理从员人员培训及继续教育等使用,也可供交通建设管理单位、设计单位和施工单位相关人员及高等院校相关专业师生学习参考。

图书在版编目(CIP)数据

交通建设工程施工环境保护监理/中国交通建设监理协会组织编写. — 2版. — 北京:人民交通出版社股份有限公司,2021.5

ISBN 978-7-114-17282-3

Ⅰ.①交… Ⅱ.①中… Ⅲ.①交通工程—环境保护—监督管理—技术培训—教材 Ⅳ.①U491②X322

中国版本图书馆 CIP 数据核字(2021)第 079029 号

交通建设工程监理培训教材

书 名:	交通建设工程施工环境保护监理(第2版)
著 作 者:	中国交通建设监理协会
责任编辑:	刘永超　周佳楠
责任校对:	孙国靖　卢 弦
责任印制:	刘高彤
出版发行:	人民交通出版社股份有限公司
地　　址:	(100011)北京市朝阳区安定门外外馆斜街3号
网　　址:	http://www.ccpcl.com.cn
销售电话:	(010)59757973
总 经 销:	人民交通出版社股份有限公司发行部
经　　销:	各地新华书店
印　　刷:	北京市密东印刷有限公司
开　　本:	787×1092　1/16
印　　张:	16.25
字　　数:	382 千
版　　次:	2010年11月　第1版　2021年5月　第2版
印　　次:	2022年12月　第3次印刷
书　　号:	ISBN 978-7-114-17282-3
定　　价:	55.00 元

(有印刷、装订质量问题的图书由本公司负责调换)

前　言

　　建设生态文明是中华民族永续发展的千年大计。近几年来，交通运输行业高度重视生态环境保护工作，将"绿色交通"作为发展引领，在政策、规划、设计、建设、运营等方面深入贯彻绿色发展理念，围绕交通运输生态保护、节能减排、污染防治、资源节约利用等方面开展大量工作，全方位、全地域、全过程绿色交通发展格局正在加速形成。

　　为满足新时代交通建设基础设施对环保监理工作要求，中国交通建设监理协会组织相关专家学者，对《交通建设工程施工环境保护监理》进行了修订。修订后的教材突出公路工程、水运工程的专业特点，更加注重现场施工环境保护监理工作的指导性和可操作性，体系完整、结构合理、通俗易懂，能满足监理业务培训和现场环保监理工作需要。

　　全书分为三篇，包括环境保护概论、环境保护基础知识、交通建设工程施工环境保护监理等内容，附录中还列举了部分交通建设施工环境保护监理用表，列出了常用的环境保护监理法律法规、标准规范目录。其中，第一章、第六章、第十章、第十一章由陈鼎负责编写，第二章至第五章由吴进良负责编写，第七章至第九章、第十四章由尤晓晖负责编写，第十二章、第十三章、附录由谢诚远负责编写，第十五章由秦志斌负责编写。

　　本教材可供交通建设监理从业人员培训及继续教育等使用，也可供交通建设管理单位、设计单位和施工单位相关人员及高等院校相关专业师生学习参考。

　　限于编者的水平和经验，书中谬误和疏漏之处在所难免，敬请读者批评指正。

中国交通建设监理协会
2021 年 5 月

目 录

第一篇 概 论

第一章 环境保护综述 ·· 3
第一节 世界环境保护发展历程 ·· 3
第二节 我国环境保护的发展历程 ·· 5
第三节 环境保护法律体系简介 ·· 10
第四节 交通建设环境保护 ·· 12
复习思考题 ··· 21

第二篇 环境保护基础知识

第二章 生态环境保护 ··· 25
第一节 生态环境基础知识 ·· 25
第二节 交通建设对生态环境的影响 ·· 38
第三节 交通建设中生态环境保护措施 ··· 41
复习思考题 ··· 45

第三章 水土保持 ·· 46
第一节 水土保持基础知识 ·· 46
第二节 交通建设对水土保持的影响 ·· 49
第三节 交通建设项目水土流失的防治措施 ·· 50
复习思考题 ··· 55

第四章 声环境及振动环境保护 ·· 56
第一节 声及振动基础知识 ·· 56
第二节 交通建设项目噪声及振动的影响 ··· 61
第三节 交通建设噪声与振动的防治措施 ··· 63
复习思考题 ··· 70

第五章 水环境保护 ··· 71
第一节 水环境基础知识 ··· 71
第二节 水质指标及水质标准 ·· 73
第三节 交通建设对水环境的影响 ·· 78
第四节 交通建设水污染防治的主要措施 ··· 81

复习思考题 … 89

第六章　大气环境保护 … 90
　第一节　大气环境基础知识 … 90
　第二节　大气环境保护相关标准 … 93
　第三节　交通建设对大气环境的影响 … 96
　第四节　大气污染防治的主要措施 … 98
　复习思考题 … 99

第七章　固体废物处置 … 101
　第一节　固体废物基础知识 … 101
　第二节　固体废物对环境的影响 … 103
　第三节　固体废物处理与资源化 … 105
　复习思考题 … 108

第八章　社会环境保护概述 … 109
　第一节　社会环境概念 … 109
　第二节　交通建设对社会环境的影响 … 110
　第三节　交通建设社会环境保护措施和相关许可手续办理 … 112
　复习思考题 … 115

第九章　环境影响评价、水土保持方案及竣工环境保护验收 … 116
　第一节　交通建设项目环境影响评价 … 116
　第二节　交通建设项目水土保持方案 … 120
　第三节　交通建设项目竣工环境保护验收 … 122
　第四节　交通建设项目水土保持设施验收 … 126
　复习思考题 … 129

第三篇　交通建设工程施工环境保护监理

第十章　交通建设工程施工环境保护监理概述 … 133
　第一节　交通建设工程施工环境保护监理产生的背景 … 133
　第二节　交通建设工程施工环境保护监理的概念、任务和监理模式 … 134
　第三节　施工环境保护监理的依据 … 137
　第四节　施工环境保护监理的原则与人员素质要求 … 139
　第五节　施工环境保护监理的工作程序 … 140
　第六节　施工环境保护监理的工作内容及方式 … 141
　第七节　施工环境保护监理的工作制度 … 143
　第八节　施工环境保护监理文件 … 145
　第九节　施工环境保护监理的关注点 … 147

  复习思考题 148

第十一章　交通建设工程施工准备阶段的环境保护监理 149
  第一节　施工准备阶段的环境保护监理管理工作要点和总体要求 149
  第二节　施工准备阶段的环境保护监理要点 150
  复习思考题 158

第十二章　交通建设工程施工阶段环境保护监理 160
  第一节　路基工程 160
  第二节　路面工程 173
  第三节　桥涵工程 176
  第四节　隧道工程 181
  第五节　港口与航道工程 184
  第六节　取、弃土场 190
  第七节　排水、防护、交通安全设施和其他工程 191
  第八节　施工期环境风险应急预案 194
  复习思考题 194

第十三章　交工验收与缺陷责任期环境保护监理 195
  第一节　交工验收环境保护监理 195
  第二节　缺陷责任期（保修期）环境保护监理 197
  复习思考题 197

第十四章　环境保护工程及监理要点 198
  第一节　环保工程界定和主要内容概述 198
  第二节　噪声控制工程简介和监理要点 199
  第三节　污水处理设施工程简介和监理要点 201
  第四节　路面、桥面径流集中处理系统简介和监理要点 203
  第五节　拦渣工程简介和监理要点 205
  第六节　陆域生态恢复工程简介和监理要点 208
  第七节　水生生物恢复与保护措施简介和监理要点 213
  第八节　防风网简介和监理要点 217
  第九节　除尘器简介和监理要点 219
  第十节　煤筒仓简介和监理要点 220
  复习思考题 221

第十五章　环境监测和水土保持监测 222
  第一节　概述 222
  第二节　噪声监测 224
  第三节　环境空气监测 227
  第四节　水质监测 228

第五节　水土保持监测……………………………………………………………… 229
　　第六节　环境监测技术规范概览…………………………………………………… 231
　　复习思考题…………………………………………………………………………… 234

附录一　交通建设工程施工环境保护监理用表……………………………………… 235
附录二　交通建设工程施工环境保护监理法规标准和规范参考目录……………… 249
参考文献………………………………………………………………………………… 251

PART1 第一篇

概论

第一章 环境保护综述

【本章提要】本章简要介绍了我国环境保护和交通运输行业环境保护的发展历程,介绍了我国现行的环保法律体系及其基本原则,讲述了交通建设环境保护的发展过程和管理要求。

第一节 世界环境保护发展历程

自18世纪工业革命以来,以工业经济为主体的现代文明,经过了200多年的发展,人类物质生活水平有了极大的提高。但传统工业文明也暴露出一些缺陷:它采取控制和掠夺的方式,以惊人的速度消耗自然资源,排放废弃物,打破了全球生态系统的自然循环和平衡,造成了日益严重的环境危机,不仅使局部地区的公害和环境污染事件屡屡发生,而且造成了如酸雨、温室效应、臭氧层破坏、淡水资源危机、水土流失、土壤沙化、森林资源减少、物种灭绝等一系列环境问题,其影响和后果不仅是对生态、环境、自然资源造成严重威胁,甚至开始威胁人类的生存发展。人们开始重新审视传统工业文明,反思它的种种弊病,以求摆脱它所造成的种种危机。人类认识和解决环境问题走过了一段刻骨铭心的探索历程。到今天,环境保护的观念已经深入每个人的生活。人们逐渐认识到,人是大自然的产物,也是大自然的一部分,人类生存与发展离不开自然环境。自人类出现以来,生物与环境、人与自然就紧密联系在一起。人类的发展应该是人与社会、人与环境、当代人与后代人的协调发展。人类要生存,社会要发展,就必须处理好人口、经济、资源和环境的关系。

世界环境保护事业经历了以下三个发展阶段:

经济发展优先阶段(限制污染阶段)。工业革命以来,随着生产力水平的不断提高,人类征服和改造自然的能力大大增强,环境污染早在19世纪就已经产生了。随着工业化的高度发展,人类在创造极大丰富的物质财富的同时,也过度消耗自然资源,大范围破坏生态环境,大量排放各种污染物,人类自身为此付出了沉痛的代价。20世纪30年代以来,相继发生了比利时马斯河谷烟雾、美国洛杉矶光化学烟雾、美国多诺拉镇烟雾、英国伦敦烟雾、日本水俣病、日本四日市大气污染、日本爱知米糠油、日本富山骨痛病等污染事件,即所谓的八大公害事件。由于当时尚未搞清这些公害事件产生的原因和机理,所以一般只是采取限制污染措施。

经济与环保并重阶段("三废"治理阶段)。20世纪50年代末60年代初,西方发达国家的经济高速发展,发达国家环境污染问题迅速暴露并日益突出。从20世纪60年代后期开始,西方世界的公众终于醒悟,展开了大规模反对公害的环境保护抗议运动和环境诉讼活动,掀起了舆论浪潮。1970年,美国开展了旨在保护环境的"地球日"活动,于是各发达国家相继成立环境保护专门机构。但因当时的环境问题还只是被看作工业污染问题,因此环境保护工作主要是治理污染源、减少排污量。在法律措施上，颁布了一系列环境保护的法规和标准，加强法治。在经济措施上，采取给工厂企业补助资金，帮助工厂企业建设净化设施；通过征收排污费或实行"谁污染、谁治理"的原则，解决环境污染的治理费用问题。在这个阶段，各发达国家投入了大量资金，尽管环境污染有所控制，环境质量有所改善，但所采取的治理措施并没有从根本上扭转生态环境破坏、污染加剧的局势。

可持续发展阶段。1968年，正当工业国家陶醉于战后经济的快速增长和随之而来的高消费"黄金时代"的时候，来自西方各国的约30位企业家和学者聚集在意大利罗马(被称为"罗马俱乐部")，共同探讨了关系全人类发展前途的人口、资源、粮食、环境等一系列根本性的问题，并对原有经济发展模式提出了质疑。"罗马俱乐部"发表了名为《增长的极限》(The Limits to Growth)的研究报告。从人口、农业生产、自然资源、工业生产和环境污染几个方面阐述了人类发展过程中，尤其是工业革命以来，传统经济增长模式给地球和人类自身带来的毁灭性灾难。书中以各种数据和图表有力地证明了传统的经济发展模式不但使人类与自然处于尖锐的矛盾之中，而且将会持续不断受到自然的报复。这份报告是人类对今天的高生产、高消耗、高消费、高排放的经济发展模式的首次认真反思，它的研究结论为后来的环境保护与可持续发展的理论奠定了基础，助推了整个人类社会在环境保护方面的国际合作。《增长的极限》和"罗马俱乐部"一起成为环境保护史上的一座里程碑。

1972年6月5日，第一次国际环保大会——联合国人类环境会议在瑞典斯德哥尔摩举行，拉开了全球环境保护运动的序幕，这次会议成为人类环境保护事业的历史转折点。会议通过了《联合国人类环境会议宣言》(简称《人类环境宣言》或《斯德哥尔摩宣言》)和《人类环境行动计划》，宣告了人类对环境的传统观念的终结，达成了"只有一个地球"，人类与环境是不可分割的"共同体"的共识。这是人类面对严重、复杂的环境问题作出的一种清醒和理智的选择，是向采取共同行动保护环境迈出的第一步，是人类环境保护史上的又一座里程碑。根据这次会议的精神，同年召开的联合国第27届大会把每年的6月5日定为"世界环境日"。

1992年6月，联合国在巴西里约热内卢召开了环境与发展大会，会议通过了《里约环境与发展宣言》《21世纪议程》《关于森林问题的原则声明》等重要文件，签署了《联合国气候变化框架公约》《生物多样性公约》，标志着世界环境保护事业的新起点，探求并实现人类与环境的可持续发展。大会确立了"和平、发展与保护环境是相互依存和不可分割的"的理念。至此，环境保护工作已从单纯的污染防治扩展到人类生存发展、社会进步这个更广阔的领域，"环境与发展"成为世界环境保护事业的主题。大会提出的"可持续发展"的概念，成为全球环境保护的战略目标。

为了人类免受气候变暖的威胁，1997年12月在日本京都，联合国气候变化框架公约参加国制定了《京都议定书》，其目标是"将大气中的温室气体含量稳定在一个适当的水平，进而防止剧烈的气候改变对人类造成伤害"。

2015年12月12日在巴黎气候变化大会上通过《巴黎气候协议》(简称《巴黎协定》)，该协定为2020年后全球应对气候变化行动作出了安排。它是继1992年《联合国气候变化框架公约》、1997年《京都议定书》之后，人类历史上应对气候变化的第三个里程碑式的国际法律文本，形成了2020年后的全球气候治理格局。

第二节　我国环境保护的发展历程

一、我国环境保护事业的发展

由于经济发展和历史的原因，我国的环境保护工作与西方发达国家相比，起步稍晚，且起点更低。40多年来，我国环境保护事业经历了以下几个阶段。

(1) 第一阶段，环保启蒙阶段。20世纪70年代，随着工业的发展，我国进入工业化初期，环境问题开始暴露，环境污染开始在局部地区特别是城市陆续出现。但当时人们对环境污染、环境公害还知之甚少。1973年8月召开了全国环境保护会议，这是我国召开的第一次环境保护会议。周恩来总理在会议上正式提出了"全面规划，合理布局，综合利用，化害为利，依靠群众，大家动手，保护环境，造福人民"的32字方针，这是我国第一个关于环境保护的战略方针。会议通过了《关于保护和改善环境的若干规定》，对十个方面的环境保护工作提出了要求，并作出了部署。这次会议的重大意义在于，我国宣传并认识到环境问题的严重性，并开始提上了日常工作议程。会后，成立了国务院环境保护领导小组，这也是我国环保机构的雏形。国环办建立伊始，就督促各地建立环保工作机构，对环境污染状况进行调查评价，开展以消烟除尘为中心的环境治理。同时，对污染严重的地区开展了重点治理。这次环保会议标志着我国环境保护意识的萌生与传播。

(2) 第二阶段，环境保护制度建设阶段。我国从1979年开始实行改革开放，经济发展由此驶上高速增长的快车道，同年，《中华人民共和国环境保护法(试行)》正式颁布，标志着我国环境保护工作步入了法制轨道。这一期间我国环境保护的理论体系、制度政策体系、法律法规体系和管理体制开始形成，初步确立了中国特色的环境保护体系。

① 确立了环境保护的基本国策地位。1983年第二次全国环境保护会议上，环境保护被确立为我国的一项基本国策。从此确立了环境保护在国家经济社会建设中的中心地位，为以后环境保护工作的开展打下了坚实基础。

② 制定了环境保护的政策制度体系。1989年，在第三次全国环境保护会议上，提出了环境保护三大政策和八项管理制度。同时还出台了包括三同时制度、环境影响评价制度、排污收费制度、城市环境综合整治定量考核制度、环境目标责任制度、排污申报登记和排污许可证制度、限期治理制度和污染集中控制制度。强化环境管理政策，是我国环境政策中最具特色的一条。调查研究表明，造成环境问题特别是环境污染的重要原因是管理不善。因此，最现实、最有效的办法，是靠政府采取行政的、法律的和经济的手段，强化环境管理，以监督促治理，以监督促保护。实践证明，这是一条卓有成效的途径，是我国环保工作在指导思想上具有历史意义的转变。

③ 构筑了环境保护法律法规和标准体系。1979年《中华人民共和国环境保护法(试行)》首次颁布，1989年修订。同期，还陆续制定并颁布了污染防治方面的各单项法律，包括《中华人民共和国水污染防治法》《中华人民共和国大气污染防治法》《中华人民共和国噪声污染防治条例》《中华人民共和国海洋环境保护法》；同时又相继出台了《中华人民共和国森林法》

《中华人民共和国草原法》《中华人民共和国水法》《中华人民共和国水土保持法》《中华人民共和国野生动物保护法》等资源保护方面的法律，以及环境保护行政法规、部门规章及标准，基本形成了具有我国特色的环境保护法律法规体系。

④确立了可持续发展国家战略。1992年，在联合国里约热内卢环境与发展大会后，我国颁布了《环境与发展十大对策》，首次提出实施可持续发展战略。1995年，国家在制定"九五"规划时，明确将可持续发展战略作为国家战略。同时还颁布了《中国21世纪议程》，制定了中国实施可持续发展战略的国家行动计划和措施。可持续发展战略的核心是经济发展与保护资源、保护生态环境协调一致，是为了让子孙后代能够享有充分的资源和良好的自然环境。

⑤强化了环境保护管理机构建设。1982年国家设立"城乡建设环境保护部"。1988年，建立了国务院直属的"国家环保局"。1993年，全国人大设立"环境与资源委员会"，全国政协也相应设立了"环境与人口委员会"。各省、自治区、直辖市也都相继建起类似机构，环境保护机构建设进一步强化。

（3）第三阶段，规模化治理阶段。20世纪90年代初，中国掀起了新一轮的大规模经济建设，加之20世纪80年代全国乡镇企业的大规模发展，致使我国环境污染进一步加剧。许多江河湖泊污水横流，蓝藻暴发，甚至舟楫难行，沿江沿湖居民饮水发生困难。不少城市雾霾蔽日，空气混浊，城市居民呼吸道疾病急剧上升。在这种情况下，国家启动了"三河（淮河、海河、辽河）三湖（滇池、太湖、巢湖）一市（北京）一海（渤海）"治理，通过制定区域和流域污染防治规划，实施重点污染物总量控制，拉开了规模污染治理的序幕。这一时期是中国环保历程中环境污染加剧和规模治理时期，也是以总量控制为核心的环境保护制度开始落实和完善的时期。

（4）第四阶段，生态文明建设思想提出并发展阶段。2002年，党的十六大提出要全面建设小康社会，将"可持续发展能力不断增强，生态环境得到改善，资源利用效率显著提高，促进人与自然的和谐，推动整个社会走上生产发展、生活富裕、生态良好的文明发展道路"作为主要内容之一。强调走中国特色社会主义建设道路不能忽视生态建设和环境保护；提出要用科学发展观指导人口资源环境工作；强调以人为本，将统筹人与自然和谐发展作为构建社会主义和谐社会的目标之一；强调经济增长方式转变的重要性，提出要坚持节约资源和保护环境的基本国策，加快建设资源节约型、环境友好型社会。

党的十七大首次明确提出"建设生态文明"的战略目标和任务，指出要"基本形成节约能源资源和保护生态环境的产业结构、增长方式、消费模式。循环经济形成较大规模，可再生能源比重显著上升。主要污染物排放得到有效控制，生态环境质量明显改善。生态文明观念在全社会牢固树立"。十七大清晰界定了建设生态文明的具体内涵，同时有力探索了生态文明建设与经济建设、政治建设、文化建设、社会建设的关系，赋予了生态文明建设在全面建设小康社会进程中的重要地位，为党的十八大提出中国特色社会主义"五位一体"的总体战略布局和生态文明建设思想提供了重要基础。

党的十八大报告把生态文明建设放在突出地位，并将其纳入中国特色社会主义"五位一体"的总体战略布局，对生态文明建设的具体政策和制度进行了阐述，体现了党在生态文明建设理念、方针和政策方面的日趋成熟。"两山"理念振聋发聩，生态文明建设力度空前，全面打响了蓝天保卫战、碧水保卫战、净土保卫战，生态文明建设取得了显著成效。2018年5月，在北京召开的第八次全国生态环境保护大会，开启了新时代生态环境保护工作的新阶段。会议提出,加大力度推进生态文明建设、解决生态环境问题,坚决打好污染防治攻坚战,推动中国生态文明建设迈上新台阶。习近平总书记在讲话中强调,生态文明建设是关系中华民族永续发展的根本大计。生态环境是关系党的使命宗旨的重大政治问题,也是关系民生的重大社会问题。

进入新世纪,我国全部省、自治区、直辖市,绝大部分县、区及有关部、委、局都成立了环境保护机构,一些企业也成立了环境保护的相应机构,负责本企业环境保护工作。环境保护政策逐渐深入人心。十八大以来,国家把生态保护和高质量发展作为事关中华民族伟大复兴的千秋大计,贯彻新发展理念,遵循自然规律和客观规律,统筹推进山水林田湖草沙综合治理、系统治理、源头治理,保护和改善生态环境,陆续出台了"水十条"、生态文明体制改革、环保PPP模式、环保垂直改革、土壤污染防治法、排污许可制度、建立国家公园等新政策。蓝天保卫战、长江生态保护修复、黄河流域生态保护、柴油货车治理、渤海综合治理、城市黑臭水体治理、水源地保护、农业农村污染治理八大标志性战役打响,第一轮、第二轮中央生态环保督察在全国范围掀起绿色浪潮。

近年来,伴随生态文明制度体系的顶层设计、生态文明体制的"四梁八柱"建立,以及中国经济的快速增长产生的大量市场需求,我国环保行业步入了高速发展期,呈现出产业创新聚集的发展态势,产业规模迅速扩大。"十三五"期间社会环保总投资有望超过17万亿元。其中,大气治理投资额约1.7万亿元,约占总投资的10%;水污染治理投资额约4.5万亿元,约占26%;土壤治理投资额约5.7万亿元,约占34%。2018年全国环保产业营业收入约1.6万亿元,较2017年增长约20.74%,其中环境服务营业收入约9090亿元,同比增长约20.4%。据预测,2020年我国环保产业营业收入总额有望超过2.1万亿元。截至2018年末,我国环保相关企业有27000多家,环保从业人员350多万人,并且继续呈现健康发展的良好势头。

目前,我国已颁布了几十部环境方面的法律、法规,形成了比较完善的法律、规章体系。在环境保护制度方面,实行"建设项目环境影响评价""三同时制度""排污收费制度"等。此外,我国已制定数百个环境标准,这些标准为环境法的实施提供了数量化的依据。环境法律、法规及制度的颁布,使我国的环境保护事业走上了"有章可循,有法可依"的道路,为我国环境保护的进一步发展提供了保障。

二、科学发展观

可持续发展问题,是21世纪世界面对的最大问题之一,它直接关系到人类文明的延续,并成为国家最高决策的不可或缺的基本要素。可持续发展是一个长期的战略目标,需要人类世世代代的共同奋斗。当前是从传统增长到可持续发展的转变时期,因而最近几代人的努力是成功的关键。必须从现在做起,坚定不移地沿着可持续发展的道路走下去。

党的十六届三中全会明确提出要树立和落实科学发展观,即"坚持以人为本,树立全面、协调、可持续的发展观,促进经济社会和人的全面发展"。这一科学发展观的内涵主要包括以下方面。

1. 发展必须是全面的

全面发展就是以经济建设为中心,全面推进经济、政治、文化建设,促进物质文明、政治文明和精神文明的协调发展,实现经济发展和社会全面进步。

2. 发展必须是协调的

协调发展就是统筹城乡发展、统筹区域发展、统筹经济社会发展、统筹人与自然和谐发展、统筹国内发展和对外开放,促进生产关系和生产力、上层建筑和经济基础相协调,促进经济、政治、文化建设的各个环节、各个方面相协调。

3. 发展必须是可持续的

可持续发展就是要促进人与自然的和谐,实现经济发展和人口、资源、环境相协调,保证资源一代接一代地永续利用,保证人类一代接一代永续发展。要满足人类的需要,也要维护自然界的平衡;要注意人类当前的利益,也要注意人类未来的利益。要改变那些只管建设、不管保护、滥开发、不治理,只顾眼前的增长、缺乏长远的打算,重局部利益、轻整体利益的错误做法,走上生产发展、生活富裕和生态良好的文明发展道路。

4. 发展必须坚持以人为本

以人为本是科学发展观的本质与核心。以人为本就是以最广大人民的根本利益为本,努力实现人的全面发展。要从人民群众的根本利益出发,谋发展、促发展,不断满足人民群众日益增长的物质文化需要,切实保障人民群众的经济、政治和文化权益,让发展的成果惠及全体人民、惠及子孙后代。要把满足最广大人民的根本利益和实现人的全面发展作为经济社会发展的出发点和落脚点。

从资源、环境现状以及经济社会发展的长远目标来看,我国必须贯彻以人为本,全面、协调、可持续的科学发展观,实现经济增长方式的根本性转变。这就需要摒弃传统观念,辩证地认识物质财富的增长和人的全面发展的关系,转变重物轻人的发展观念;辩证地认识经济增长和经济发展的关系,转变把增长简单地等同于发展的观念;辩证地认识人类与自然的关系,转变单纯利用和征服自然的观念。

三、"绿水青山就是金山银山"发展理念

2005年8月15日,时任浙江省委书记习近平在浙江安吉县余村考察时首次提出"绿水青山就是金山银山"的科学论断。中共中央政治局2015年3月24日召开会议,审议通过《关于加快推进生态文明建设的意见》,正式把"坚持绿水青山就是金山银山"的理念写进中央文件,成为指导中国加快推进生态文明建设的重要指导思想。这一科学论断清晰阐明了绿水青山与金山银山之间的辩证关系,强调"绿水青山就是金山银山"的价值理念,对于新时代加强社会主义生态文明建设,满足人民日益增长的优美生态环境需要,建设美丽中国具有重要而深远的意义。

绿水青山喻指人类持久永续发展所必须依靠的优质生态环境,它是自然本身蕴含的生态价值、生态效益;金山银山则喻指人类社会以物质生产为基础的一切社会物质生活条件,它是人类开发利用自然资源过程中产生的经济价值、经济效益。绿水青山和金山银山既是矛盾体,但又是辩证统一的。绿水青山是金山银山实现的前提和基础,也是金山银山的目的和归宿。金山银山是绿水青山长久维持和保护的物质前提与保障。"两山"理念生动反映了社会经济

发展与生态环境保护的辩证统一关系,其精髓是高质量绿色发展。

强调"绿水青山就是金山银山",就是要求牢固树立保护生态环境就是保护生产力、改善生态环境就是发展生产力的理念,更加自觉地推动绿色、循环、低碳发展,决不以牺牲环境为代价去换取一时的经济增长。应始终将尊重、顺应和保护自然作为人类处理人与自然关系的基本原则。要像保护眼睛一样保护生态环境,像对待生命一样对待生态环境。

"两山"理念改变了人们对生产力的内涵及其构成要素的传统认识,它确立了生态文明建设的根本目标和基本原则,为新时代社会主义生态文明建设奠定了坚实的科学理论基础,提供了绿色发展的根本遵循。党的十八大以来,党中央从增进民生福祉和环境综合治理出发,制定出台了推进生态文明建设的一系列举措,包括修订实施史上最严格的《中华人民共和国环境保护法》,制定印发《中共中央 国务院关于加快推进生态文明建设的意见》,从各个方面健全生态文明制度体系,把"绿水青山就是金山银山"理念融入环境保护和生态文明建设的法治化、制度化、系统化、常态化的轨道。

四、生态文明建设

生态文明是人类为保护和建设美好生态环境而取得的物质成果、精神成果和制度成果的总和,是人与自然、环境与经济、人与社会和谐共生的社会形态,是贯穿于经济建设、政治建设、文化建设、社会建设全过程和各方面的系统工程,反映了一个社会的文明进步状态。党的十八大将生态文明建设纳入中国特色社会主义"五位一体"总体战略布局,即全面推进经济建设、政治建设、文化建设、社会建设、生态文明建设,实现以人为本、全面协调可持续的科学发展。同时明确提出了大力推进生态文明建设的总体要求:树立尊重自然、顺应自然、保护自然的生态文明理念,把生态文明建设放在突出地位,融入经济建设、政治建设、文化建设、社会建设各方面和全过程,努力建设美丽中国,实现中华民族永续发展。这个总体要求的核心和实质,就是要建设以资源环境承载力为基础、以自然规律为准则、以可持续发展为目标的资源节约型、环境友好型社会,努力走向社会主义生态文明新时代。这是具有里程碑意义的科学论断和战略抉择,昭示着要从建设生态文明的战略高度来认识和解决我国的环境问题。

生态文明作为人类文明的一种形式,以尊重和维护生态环境为主旨、以可持续发展为依据和着眼点,在开发利用自然的过程中,人类从维护社会、经济、自然系统的整体利益出发,以美丽、健康、生态、和谐为标志,按照绿色、循环、低碳的发展模式,注重生态环境建设,致力于提高生态环境质量,使现代经济社会发展建立在生态系统良性循环的基础之上,以有效地解决人类经济社会活动的需求同自然生态环境系统供给之间的矛盾,实现人与自然的协同进化,促进经济社会、自然生态环境的可持续发展,建设生态好、生产优、生活美、生命强的美好和谐社会。生态文明建设既是对传统发展模式的深刻反思和升华,又是对未来持续发展的美好向往和憧憬。它在吸收借鉴人类一切文明成果尤其是工业文明成果的基础上,为统筹人与自然和谐发展指明了前进方向,为统筹解决经济社会发展与资源环境问题提供了全新的指导理念和实践取向。生态文明建设有利于指导解决我国发展新阶段面临的一些突出问题,是中国未来发展及建设的战略基础。

第三节 环境保护法律体系简介

一、环境法律体系概述

环境保护法律,广义上又称为环境法律,是调整因开发、利用、保护和改善人类环境而产生的社会关系的法律规范的总称。其立法目的是协调人类与环境的关系,保护人体健康,保障社会经济的持续发展。环境法律体系是指环境法的内部层次和结构,是由各种法律规范组成的统一整体。环境保护法律除具有法律的一般特征外,还具有综合性、科学技术性、公益性、世界共同性、地区特殊性等特征。其内容主要包括两个方面:一是关于合理开发利用自然环境要素,防止环境破坏的法律规范;二是关于防治环境污染和其他公害,改善环境的法律规范。另外还包括防止自然灾害和减轻自然灾害对环境造成不良影响的法律规范。环境保护法律规范,最早可以追溯到三四千年前,但作为一个独立法律领域的现代环境法出现是在20世纪60～70年代。

二、我国现行的环境法律效力体系

环境法律效力体系是根据环境法律的各种形式意义上的子法律的制定机关、具体内容的不同,按照不同的效力等级或层次而划分的环境法的内部结构。我国现行的环境保护法效力体系可表述如下。

1. 中华人民共和国宪法

宪法是制定我国环境保护法律、法规及政策的根本依据与原则。宪法中直接涉及环境保护方面的内容有下列几条:"第九条 矿藏、水流、森林、山岭、草原、荒地、滩涂等自然资源,都属于国家所有,即全民所有……国家保障自然资源的合理利用,保护珍贵的动物和植物。禁止任何组织或者个人用任何手段侵占和破坏自然资源。""第二十二条 ……国家保护名胜古迹、珍贵文物和其他重要历史文化遗产。""第二十六条 国家保护和改善生活环境和生态环境,防治污染和其他公害。国家组织和鼓励植树造林,保护林木。"

2. 环境保护基本法

《中华人民共和国环境保护法》(简称《环境保护法》)是我国环境保护的基本法,在环境法律体系中占有核心地位,它对环境保护的重大问题作出了全面的原则性规定,是构成其他单项环境法的依据。《环境保护法》不仅明确了环境保护的任务和对象,而且对环境监督管理体制、环境保护的基本原则和制度、保护自然环境和防治污染的基本要求以及法律责任作了相应规定。

3. 环境保护单行法

环境保护单行法是针对特定的生态环境保护对象和特定的污染防治对象而制定的单项法律。这些单行法在我国都是由全国人大常委会制定的,分为生态环境保护法和污染防治法两大类。

生态环境保护法主要包括环境要素保护法和区域保护法,如森林法、水法、野生动物保护法、水土保持法、风景名胜区保护法等;污染防治法主要包括环境要素污染防治法和有毒有害物质污染控制法,如水污染防治法、大气污染防治法、噪声污染防治法、放射性污染防治法等。

4. 环境法规

环境法规是由国务院制定并公布或者经国务院批准而由有关主管部门公布的有关环境保护的规范与文件,主要包括两部分内容:一部分是为执行环境保护基本法和单行法而制定的实施细则或条例;另一部分是对环境保护工作中出现的新领域或尚未制定相应法律的专门重要领域所制定的规范性文件。

5. 交通运输和环境保护等部门规章和规范性文件

部门规章是由国务院组成部门及直属机构在他们的职权范围内发布的规范性文件,它们有的由环境保护行政管理部门单独发布,有的由几个相关部门联合发布,是以相关的环境法律和行政法规为依据而制定的。如《交通建设项目环境保护管理办法》(交通部令2003年第5号)、《建设项目环境保护设计规定》(国家计划委员会、国务院环境保护委员会国环字第002号)、《关于执行建设项目环境影响评价制度有关问题的通知》(国家环境保护总局环发〔1999〕107号)、《建设项目环境保护设施竣工验收管理规定》(国家环境保护局令第14号)。

6. 地方性环境法规和地方政府规章

由各省、自治区、直辖市人大批准,依据国家环境保护法律、行政法规,以解决本地区某一特殊环境保护问题,依照法定程序制定的法规性规范文件,统称为地方性环境保护法规,如《武汉市环境保护条例》;由各省、自治区、直辖市人民政府以及省、自治区所在地的市和经国家批准的较大的市的人民政府依据国家法律法规规定,以解决本地区某一特殊环境保护问题,依照法定程序制定的法规性规范文件,统称为地方政府规章,如《北京市实施〈中华人民共和国大气污染防治法〉办法》。

7. 环境标准

环境标准是环境法律效力体系中的一个特殊组成部分。在我国,环境标准有国家标准和地方标准两级。国家级环境标准由生态环境部制定,地方级环境标准由省一级人民政府制定,并报生态环境部备案。环境标准属于强制性标准,违反环境标准应依法承担相应的法律后果。我国的环境标准主要分为环境质量标准、污染物排放标准、环境基础标准、样品标准和方法标准,另外还有一些行业性的环境保护标准。

8. 国际环境保护条约

根据我国宪法的有关规定,经过我国批准和加入的国际条约、公约和议定书与国内法同具法律效力。《中华人民共和国海洋环境保护法》第九十六条还规定,如遇国际条约与国内环境法有不同规定时,应优先适用国际条约的规定,但我国声明保留的条款除外。中国先后缔结了《联合国气候变化框架公约》《关于消耗臭氧层物质的蒙特利尔议定书》《防止船舶污染国际公约》《南极条约》《保护世界文化和自然遗产公约》《生物多样性公约》《濒危野生动植物种国际贸易公约》《关于特别是作为水禽栖息地的国际重要湿地公约(拉姆萨尔公约)》《联合国防治荒漠化公约》《保护臭氧层维也纳公约》等国际环境保护条约。

三、环境保护法律的基本原则

环境保护法律的基本原则，是环境保护方针、政策在法律上的体现，是调整环境保护方面社会关系的指导规范，也是环境保护立法、司法、执法、守法必须遵循的准则。环境保护法律的基本原则主要有以下五个方面。

(1) 经济建设与环境保护协调发展的原则，也称为协调发展原则，是指正确处理环境、社会、经济发展之间的相互依存、相互促进、相互制约的关系，在发展中保护，在保护中发展。根据经济规律和生态规律的要求，环境保护法必须认真贯彻经济建设、城市建设、环境建设"同步规划、同步实施、同步发展"的"三同步"方针和"经济效益、环境效益、社会效益"的"三统一"方针。

(2) 预防为主、防治结合的原则。预防为主的原则，就是防患于未然。环境保护中预防污染不仅可以提高原材料、能源的利用率，而且可以大大地减少污染物的产生量和排放量，减少二次污染的风险，减少末端治理负荷，节省环保投资和运行费用。"预防"是环境保护第一位的工作。然而，根据目前的技术、经济条件，工业企业做到"零排放"也是很困难的，所以还必须与治理相结合。

(3) 污染者治理、开发者保护的原则。也称为"谁污染谁治理，谁开发谁保护"原则，其基本思想是明确治理污染、保护环境的经济责任。

(4) 政府对环境质量负责的原则。环境保护是一项涉及政治、经济、技术、社会各个方面的复杂又艰巨的任务，是我国的基本国策，关系到国家和人民的长远利益，解决这种综合性很强的问题，是政府的重要职责之一。

(5) 依靠群众保护环境的原则，也称为环境保护的民主原则。环境质量的好坏关系到广大群众的切身利益，因此保护环境不仅是公民的义务，也是公民的权利。

第四节 交通建设环境保护

一、交通建设环境保护管理体制

交通建设环境保护主要包括道路、桥涵、隧道、港口、码头、航道、船闸、客运场站及相关设施施工建设养护的环境保护和水土保持工作。交通运输部历来十分重视环境保护工作，从1973年第一次全国环境保护工作会议开始，成立了以分管部长任主任、部内有关司局领导参加的环境保护委员会。40多年来，交通环保从以"三废"治理为主，逐步在港口、船舶、公路建设和运营中进行全面的环保管理，到现在已基本形成了较为完善的机构体系、法规标准体系、环境监测和环保科研体系等。交通环保在加强法制建设和组织机构建设的基础上，认真贯彻落实国家有关环境保护方面的方针、政策、法律法规，坚持"预防为主，管治结合，以管促治，谁污染谁治理，谁开发谁保护"的原则，坚持环境影响评价及环境保护"三同时"制度，做到"三统一"方针。

40多年来，环境保护工作逐步形成了以交通运输部环境保护委员会为核心、以交通运输部环境保护办公室为日常办事机构、以各级交通运输主管部门和交通企事业单位为主力、以科研院所为支持保障,协调统一、运转良好、管理得力、独具特色的行业环境保护工作体系。

二、交通建设环境保护发展

经过40多年的努力,交通运输部逐步完善形成了较为系统的环境管理、污染防治、科研监测、信息教育法规标准体系。在国家有关环保法规标准的基础上,交通运输部先后制定了《交通行业环境保护管理规定》《交通建设项目环境保护管理办法》《交通部环境监测工作条例》《公路建设项目环境影响评价规范》(JTG B03)、《公路环境保护设计规范》(JTG B04)、《港口建设项目环境影响评价规范》(JTS 105-1)、《港口工程环境保护设计规范》(JTS 149-1)等一系列交通环保法规及规范。在交通运输部颁发的现行数十项公路、水运工程技术标准规范中,《公路工程技术标准》(JTG B01)、《公路路基设计规范》(JTG D30)、《公路路基施工技术规范》(JTG/T 3610)、《公路隧道设计规范》(JTG 3370)、《公路路线设计规范》(JTG D20)、《公路工程标准施工招标文件(2018年版)》《水运工程节能设计规范》(JTS 150)、《河港工程总体设计规范》(JTS 166)等标准规范中都有专门条款规定环境保护工作内容。交通运输部根据国家环境保护新的法规制度,不断对本行业环境保护法规标准进行修订改进和补充完善。2003年修订了《交通建设项目环境保护管理办法》,强化了生态保护、噪声防治等重点工作,进一步充实"三同时"管理的内容,加强施工期的环境管理。

以1987年和1988年开展的陕西西临高速公路、贵州贵黄公路和广东深汕高速公路等项目环境影响评价为标志,公路建设项目的环境影响评价工作驶入了快车道,绝大多数的交通运输行业国家和省市立项的项目,在进行环境影响评价工作并得到审批后才开始建设。

2001年1月,水利部、交通部联合发布了《公路建设项目水土保持工作规定的通知》(水保〔2001〕12号)。从此交通建设项目的"水土保持方案"编制工作逐渐开展。2004年前后,水利部进一步要求进行单项"水土保持设施验收"工作,以及施工期的水土保持监测。随着行政审批条件的限制力度不断加大,有关工作在云南、湖南、湖北、北京等地陆续开展。2005年交通部发布了《交通部关于进一步加强山区公路建设生态保护和水土保持工作的指导意见》(交公路发〔2005〕441号),强调了山区公路建设中的水土保持问题。

2003年,交通部提出了对生态环境"最小程度的破坏,最大程度的保护,最强力度的恢复"的建设原则,要求贯彻"安全、舒适、环保、示范"的建设方针,落实生态保护和可持续发展战略、促进公路与自然环境相和谐。2004年交通部又将江西省景婺黄高速公路、甘肃省宝鸡至天水高速公路、北京京承高速公路等12条公路建设项目作为实践"安全、环保、舒适、和谐"勘察设计新理念的典型示范工程,并在此基础上,2005年又新增18条公路项目作为典型示范工程。

水运环保工作在20世纪70年代以三废治理为主,船舶污染防治为重点,开展了港口和船舶污染物处理和溢油应急清污设备工程技术、技术规程、相关环境标准等科研项目和成果推广应用等工作。青岛黄岛油库污水处理、溢油分散剂和吸油材料、船舶污染物排放标准、船用油水分离器、油分浓度监测报警装置等一批早期的研究成果发挥了重要的环境保护作用。交通部对大连、秦皇岛和青岛港等污水处理场进行专项投资建设,拉开了交通环保工作的序幕。之后,按MARPOL73/78国际公约的要求,船舶防污染工作开始起步并与国际接轨。20世纪80

年代是水运环保创业起飞阶段。这个阶段各港口开始大规模建设,同时完善了专职环保机构。70年代末和80年代初,交通部组织了深圳蛇口工业区,秦皇岛港煤码头一、二、三期工程环境影响评价和日照港环境调查等工作,开创了水运工程环保"三同时"工作的新局面。20世纪90年代,水运环境保护进入成长壮大阶段。各港口环境保护工作已形成完善的体系,海事系统主管的船舶防污染工作更加健全。

"十三五"时期,交通运输行业大力加强生态环境保护,持续推进生态文明建设,坚持追求交通运输行业绿色发展、循环发展、低碳发展。随着交通运输行业环境保护工作进一步加强,生态保护设施和污染防治设施的投入普遍受到重视,污染物排放总量得到有效消减,污染事故的应急处理能力进一步增加,环境保护管理落到了实处,为"十三五"时期交通环保发展和决策奠定了基础。

生态保护及污染防治设施投入进一步受到重视。2017年公路水路环境保护总投资206.28亿元,比2015年增长23.45%,其中公路165.65亿元,水运40.63亿元,分别增长17.9%和52.8%,生态保护投入108.07亿元,污染防治31.07亿元。

交通运输建设领域坚持节约资源和保护环境的基本国策,认真贯彻《中华人民共和国环境保护法》《中华人民共和国环境影响评价法》《建设项目环境保护管理条例》等有关法律法规规定,切实把交通建设环境保护管理工作落到实处,交通建设和环境保护工作协调发展。在2015年批复开工的公路水路建设项目中,环境保护投资估算总额平均占工程总投资的2.4%左右。当年通过环境保护验收的建设项目为290项,实施施工期环境监测的项目数量为530项,实施施工期环境监理的建设项目数量为539项。截至2015年底,用于交通运输行业噪声防治设置的声屏障共计134万米;隔声窗18.83万平方米,防噪声林带1883.38万平方米;固体废弃物处理处置设施总数达到1567台(套)。

污水处理基础设施的建设进一步加强。截至2015年底,交通运输行业公路水路污水处理设施配备总数达到7547台,比上年增加27%,污水处理设施的总设计处理能力达到3.15亿吨/年。大气污染防治力度进一步加大。截至2015年底,行业锅炉除尘设备配备总数增至1259台,比上年增加7%,总设计处理能力达到20.12万吨/年,比上年增加37%;锅炉脱硫设备总数为440台(套),与上年基本持平;作业粉尘处理设备总数为6973台(套),比上年增加20%。

交通运输行业全面贯彻落实"绿色发展"理念,各级交通企事业单位在生产建设过程中全面节约和合理利用各种资源、能源,大力开发新技术、新工艺,逐步控制和减少污染物排放,污染物排放量有效消减。

2015年,交通运输行业公路水路污水产生总量为0.94亿吨,污水处理总量为0.9亿吨,污水达标排放总量为0.78亿吨,污水回用总量为0.3万吨;交通运输行业公路水路污水治理设施运行投入4亿元。污水治理设施正常运行率为80%;经过处理后的污水达标排放率87%。同年,交通运输行业公路水路废气产生总量为1296.2亿标准立方米;公路水路固体废弃物产生总量为1777.02万吨,固体废物处置量为1691万吨,处置率为95%。

随着国家加大对交通基础设施的投入,交通环保在生态保护、水土保持、污染控制等方面取得了更大的成绩,在全行业管理、建设、设计、施工、监理和科研、环评等单位的共同努力下,交通运输行业建设项目环境保护工作在建设项目环评管理、环保"三同时"等方面走在了全国的前列。

2004年交通部下发了《关于开展交通工程环境监理工作的通知》,交通建设工程环境保护监理工作进入实质性阶段。为开展好这项工作,交通部(环保办)制定了《开展交通工程环境监理工作实施方案》,进一步规范和落实了公路工程环境保护监理。2007年部质监总站又发布了《关于在公路水运工程建设监理中增加施工安全监理和施工环保监理内容的通知》(交质监发〔2007〕158号),使环境保护监理更加适应当前建设项目环境保护工作的需要。

多年来,交通运输行业环境保护事业与时代同步,职工队伍从无到有,从弱到强,逐步发展壮大,环保工作从点到面,逐步展开。随着国家进入全面建设小康社会时期的到来,交通运输行业迎来了长期高速发展时期。交通运输行业环境保护工作与国家经济、交通事业共同发展,走出了具有行业特色的交通环保之路,成就斐然。

三、全面深入推进绿色交通发展

生态文明建设是中华民族永续发展的千年大计,是中国特色社会主义"五位一体"总体布局的重要组成部分。加快推进生态文明建设是加快转变经济发展方式、提高发展质量和效益的内在要求,是坚持以人为本、促进社会和谐的必然选择,是全面建成小康社会、实现中华民族伟大复兴中国梦的时代抉择,是积极应对气候变化、维护全球生态安全的重大举措。绿色交通是生态文明建设的重要内容。作为国民经济重要的基础型、先导型、战略型产业和服务型行业,交通运输在生态文明建设中具有举足轻重的地位和作用。从基础设施建设来看,交通是国土空间开发的重要依托。绿色交通建设,有利于积极引导主体功能区战略实施,减少对生态环境的破坏,集约节约利用土地、岸线等资源。党的十八大以来,交通运输行业深入贯彻落实以习近平同志为核心的党中央关于生态文明建设的新理念新思想新战略,全力推动交通运输的科学发展,在绿色交通方面取得了积极成效。但总体上看,交通运输发展方式相对粗放、运输结构不尽合理、绿色交通治理体系不尽完善、治理能力有待提高等问题依然存在,难以有效满足新时代人民日益增长的优美生态环境需要。为全面贯彻党的十九大精神,切实落实新发展理念,深入推进绿色交通发展,服务交通强国建设,交通运输部于2017年11月下发了《全面深入推进绿色交通发展的意见》。节选内容如下:

一、总体要求

(一)指导思想。

以习近平新时代中国特色社会主义思想为指导,紧紧围绕统筹推进"五位一体"总体布局和协调推进"四个全面"战略布局,坚持人与自然和谐共生的基本方略,牢固树立社会主义生态文明观,践行"绿水青山就是金山银山"的理念,以交通强国战略为统领,以深化供给侧结构性改革为主线,着力实施交通运输结构优化、组织创新、绿色出行、资源集约、装备升级、污染防治、生态保护等七大工程,加快构建绿色发展制度标准、科技创新和监督管理等三大体系,实现绿色交通由被动适应向先行引领、由试点带动向全面推进、由政府推动向全民共治的转变,推动形成绿色发展方式和生活方式,为建设美丽中国、增进民生福祉、满足人民对美好生活的向往提供坚实支撑和有力保障。

(二)基本原则。

生态优先,绿色发展。坚持尊重自然、顺应自然、保护自然,把绿色发展摆在更加突出的位置,落实最严格的生态环境保护制度,全方位、全地域、全过程推进交通运输生态文明建设,全面提升交通基础设施、运输装备和运输组织的绿色水平。

深化改革,创新驱动。坚持体制机制创新、管理创新、技术创新和方式创新,着眼于建设现代化经济体系的战略目标,着力深化交通运输供给侧结构性改革,加快推进综合交通管理体制等重点领域改革,转变交通发展方式,优化交通运输结构,推广绿色出行方式,推动形成交通运输绿色发展长效机制。

重点突破,系统推进。坚持抓重点、补短板、强弱项,针对绿色交通发展制约性强、群众反映突出的问题,在重点领域和关键环节集中发力,打好污染防治攻坚战,以点带面,示范引领,不断拓展绿色交通发展的广度和深度,形成交通运输发展与生态文明建设相互促进的良好局面。

多方参与,协同治理。坚持政府为主导、企业为主体、社会组织和公众共同参与,通过法律、经济、技术和必要的行政手段,着力构建约束和激励并举的绿色交通制度体系,努力建设政府企业公众共治的绿色交通行动体系。积极参与全球环境治理,加强交通运输应对气候变化等领域的国际合作与交流。

(三) 发展目标。

到 2020 年,初步建成布局科学、生态友好、清洁低碳、集约高效的绿色交通运输体系,绿色交通重点领域建设取得显著进展。

……

——资源利用效率明显提高。港口岸线资源、土地资源和通道资源的利用效率明显提高,交通运输废旧材料循环利用率和利用水平稳步提升。

……

——生态保护取得积极成效。交通基础设施建设全面符合生态功能保障基线要求。建成一批绿色交通基础设施示范工程,实施一批交通基础设施生态修复项目。

到 2035 年,形成与资源环境承载力相匹配、与生产生活生态相协调的交通运输发展新格局,绿色交通发展总体适应交通强国建设要求,有效支撑国家生态环境根本好转、美丽中国目标基本实现。

二、全面推进实施绿色交通发展重大工程

(一) 运输结构优化工程。

统筹交通基础设施布局。在国土主体功能区和生态功能保障基线要求下,进一步优化公路、水运、铁路、民航、邮政等规划布局,加快完善公路网,大力推进内河高等级航道建设,扩大铁路网覆盖面,统筹布局综合交通枢纽,完善港口、机场等重要枢纽集疏运体系,提升综合交通运输网络的组合效率。

……

(四) 交通运输资源集约利用工程。

集约利用通道岸线资源。推动公路、铁路和市政道路统筹集约利用线位、桥位等交通通道资源,改扩建和升级改造工程充分利用既有走廊。加强港口岸线使用监管,严格控制开发利用强度,促进优化整合利用。深入推进区域港口协同发展,促进区域航道、锚地和引航等资源共享共用。提高交通基础设施用地效率。推进交通基础设施科学选线选址,避让基本农田,禁止耕地超占,减少土地分割。积极推进取土、弃土与造地、复垦综合施措,因地制宜采用低路基、以桥代路、以隧代路等措施,严格控制互通立交规模,提高土地节约集约利用水平。

促进资源综合循环利用。积极推动废旧路面、沥青等材料再生利用,推广钢结构的循环利用,扩大煤矸石、矿渣、废旧轮胎等工业废料和疏浚土、建筑垃圾等综合利用。推进钢结构桥梁建设,提升基础设施品质和耐久性,降低全生命周期成本。积极推广温拌沥青等技术应用,在桥梁、隧道等交通基础设施中全面推广节能灯具、智能通风控制等新技术与新设备。

……

(七)交通基础设施生态保护工程。

推进绿色基础设施创建。把生态保护理念贯穿到交通基础设施规划、设计、建设、运营和养护全过程,强力开展绿色公路、绿色航道、绿色港口等创建活动。在公路沿线开展路域环境综合整治。积极推行生态环保设计,倡导生态选线选址,严守生态保护红线。完善生态保护工程措施,合理选用降低生态影响的工程结构、建筑材料和施工工艺,尽量少填少挖,追求取弃平衡。落实生态补偿机制,降低交通建设造成的生态影响。

实施交通廊道绿化行动。落实国土绿化行动,大力推广公路边坡植被防护,在公路、航道沿江沿线大力开展绿化美化行动,提升生态功能和景观品质,支撑生态廊道构建。

开展交通基础设施生态修复。针对早期建设不能满足生态保护要求的交通基础设施,推进生态修复工程建设。重点针对高寒高海拔、水源涵养生态功能区、水土流失重点治理区等重点生态功能区,结合国省道改扩建项目推进取弃土场生态恢复、动物通道建设和湿地连通修复。针对涉及自然保护区、世界自然文化遗产、风景名胜区的国省道改扩建项目,推进路域沿线生态改善和景观升级。在环渤海、长三角、珠三角等港航产业应用滩涂湿地恢复、生境营造、增殖放流等生态修复技术。在长江经济带内河高等级航道、西江干线航道等实施生态护岸、人工鱼巢等航道生态恢复措施。

三、加快构建绿色交通发展制度保障体系

(一)绿色交通制度标准体系。

加快构建绿色交通规划政策体系。研究制定绿色交通中长期发展战略,建立分层级、分类别、分方式的绿色交通规划体系。研究制定京津冀、长江经济带等重点区域绿色交通发展规划。将生态文明建设目标纳入综合交通运输规划,推动构建科学适度有序的国土空间布局体系和绿色循环低碳发展的产业体系。修订交通运输节能环保领域相关管理办法。

完善绿色交通标准体系。逐步构建基础设施等方面的绿色交通标准体系,配套制定绿色交通相关建设和评价标准,积极参与绿色交通国际标准制定,提升国际影响力。

(二)绿色交通科技创新体系。

强化绿色交通科技研发。强化科研单位、高校、企业等创新主体协同,开展以绿色交通新技术、新产品、新装备为重点的科技联合攻关,在特长隧道节能、自动驾驶、无人船、自动化码头、数字航道、公路发电等领域尽快取得一批突破性科研成果。

推动绿色交通科技成果转化与应用。完善绿色交通科技创新成果的评价与转化机制,加快先进成熟适用绿色技术的示范、推广与应用。加快推进移动互联、云计算、大数据等先进信息技术应用,大力推动"互联网+"交通运输发展,提升交通运输运行效率。借鉴国际绿色交通发展经验,加强国际间科技和成果交流合作。

(三)绿色交通监督管理体系。

提升行业节能环保管理水平。健全绿色交通管理体制机制,推动各级交通运输主管部门加强绿色交通管理力量配备。严格执行国家环保"三同时"制度,深入开展交通运输规划环境影响评价工作。加强与发展改革、环保等部门及地方政府协同合作,按照大气、水污染防治协作机制分工,配合完成大气、水污染治理攻坚任务。

……

四、绿色公路建设

实施绿色公路建设是公路行业落实创新、协调、绿色、开放、共享五大发展理念,推进"四个交通"发展的生动实践和有力抓手;是公路建设新理念的升级版,实现公路建设可持续科学发展的新跨越。2016年8月,交通运输部印发了《关于实施绿色公路建设的指导意见》,明确了绿色公路的发展思路和建设目标,提出了五大建设任务,决定开展五个专项行动,推动公路建设发展转型升级。内容如下。

为践行绿色交通,完成《交通运输节能环保"十三五"发展规划》目标,推进绿色公路建设,现提出以下意见:

一、总体要求

(一)指导思想。

深入贯彻党的十八大和十八届二中、三中、四中、五中全会精神,牢固树立创新、协调、绿色、开放、共享五大发展理念,落实"四个交通"发展要求,促进公路发展转型升级,建设以质量优良为前提,以资源节约、生态环保、节能高效、服务提升为主要特征的绿色公路,实现公路建设健康可持续发展。

(二)基本原则。

坚持可持续发展。高度重视公路、环境、社会各方面、各要素的关系,提高资源和能源利用率,发挥公路先导性和基础性作用,实现在发展中保护、在保护中发展。

坚持统筹协调。统筹公路规划、设计、建设、运营、管理、服务全过程,强调均衡协调,突出建、管、养、运并重,降低全寿命周期成本。

坚持创新驱动。大力推动理念创新、技术创新、管理创新和制度创新,强化创新的驱动与支撑作用,为公路建设注入强大动力。

坚持因地制宜。准确把握区域环境和工程特点,明确项目定位,确定突破方向,开展有特色、有亮点、有品位的工程设计,因地制宜建设绿色公路。

(三)建设目标。

到2020年,绿色公路建设标准和评估体系基本建立,绿色公路建设理念深入人心,建成一批绿色公路示范工程,形成一套可复制、可推广的经验,行业推动和示范效果显著,绿色公路建设取得明显进展。

二、主要任务

(一)统筹资源利用,实现集约节约。

1.集约利用通道资源。按照"统筹规划、合理布局、集约高效"原则,统筹利用运输通道资源。鼓励公路与铁路、高速公路与普通公路共用线位。改扩建公路要充分发挥原通道资源作用,安全利用原有设施。

2.严格保护土地资源。科学选线、布线,避让基本农田,禁止耕地超占,减少土地分割。积极推进取土、弃土与改地、造地、复垦综合施措,高效利用沿线土地。因地制宜采用低路堤和浅路堑方案,保护土地资源。统筹布设公路施工临时便道、驻地、预制场、拌和站等,做到充分利用,减少重复建设。

3. 积极应用节能技术和清洁能源。加强隧道等设施节能设计,推进节能通风与采光等技术应用。推广应用供配电系统节能技术、LED节能灯具、照明智能控制系统、温拌沥青技术和冷补养护技术等新技术与新设备。加快淘汰高能耗、高排放的老旧工程机械。因地制宜推广太阳能、风能、地热能、天然气等清洁能源应用。

4. 大力推行废旧材料再生循环利用。积极推行废旧沥青路面、钢材、水泥等材料再生和循环利用。推广粉煤灰、煤矸石、矿渣、废旧轮胎等工业废料的综合利用。开展建筑垃圾的无害化处理与利用。积极应用节水、节材施工工艺,实现资源高效利用。

(二)加强生态保护,注重自然和谐。

5. 推行生态环保设计。加强生态选线,依法避绕自然保护区、水源地保护区等生态环境敏感区。推行生态环保设计和生态防护技术,重点加强对自然地貌、原生植被、表土资源、湿地生态、野生动物等方面的保护。增强公路排水系统对路面和桥面径流的消纳与净化功能。

6. 严格施工环境保护。加强施工过程中的植被与表土资源保护和利用,落实环境保护、水土保持要求,做好临时用地的生态恢复。完善施工现场和驻地的污水垃圾收集处理措施,加强施工扬尘与噪声监管,推进公路施工、养护作业机械尾气处理。在环境敏感区域施工,应制定生态环保施工专项方案,严格落实环保措施,降低施工对环境的影响。

7. 加强运营期环境管理。加强各类环保设施的维护与运行管理,探索推行环境管理的市场服务机制,确保排放达标。全面推进沿线附属设施污水处理和利用,实现垃圾分类收集和无害化处置。强化穿越敏感水体路段的径流收集与处置。

(三)着眼周期成本,强化建养并重。

8. 突出全寿命周期成本理念。将公路运营和维护纳入工程设计与建设一并考虑,突出全寿命,强调系统性,强化结构设计与养护设施的统一。推进钢结构桥梁的应用,发挥其在全寿命周期成本方面的比较优势。积极应用高性能混凝土,保证结构使用寿命,有效降低公路运营养护成本。

9. 全面实施标准化施工。建立标准化施工长效机制,实现工地标准化、工艺标准化和管理标准化。鼓励工程构件生产工厂化与现场施工装配化,注重工程质量,提高工程耐久性,实现工程内外品质的全面提升。

10. 提高养护便利化水平。以科学养护为统领,注重公路设计与建设的前瞻性,统筹考虑后期养护管理的功能性需要,合理设置检修通道,做到可达、可检、可修、可换,提高日常检测维修工作的便利性与安全性。

(四)实施创新驱动,实现科学高效。

11. 加强绿色公路技术研究。大力开展绿色公路关键技术研发,加快研究湿地保护、动物通道设置、能源高效利用及节能减排、路域生态防护与修复、公路碳汇建设等新技术,开展绿色公路国际技术合作与交流,助力绿色公路发展。

12. 大力推进建设管理信息化。基于"互联网+"理念,加快云计算、大数据等现代信息技术应用,有效提升建设管理智能化水平。逐步建立智能联网联控的公路建设信息化管理系统,推进质量检验检测数据实时互通共享技术,促进信息技术在公路建设管理中的应用。

13. 总结推广建设管理新经验。鼓励应用建筑信息模型(BIM)新技术,探索应用健康、安全和环境三位一体(HSE)管理体系,积极推广合同能源管理,稳步推进建设与运营期能耗在线监测管理。鼓励代建制、设计施工总承包等管理模式的创新与应用,营造绿色公路建设市场发展环境。

14. 探索设置多元化服务设施。结合社会发展和消费升级,充分利用公路养护工区、场站等用地,科学设置服务区、停车场,探索增设观景台、汽车露营地、旅游服务站等特色设施,为公众个性化出行提供便利。鼓励在公路服务区内设置加气站和新能源汽车充电桩,积极做好相关设备安装的配合工作,为节能减排创造条件。

15. 丰富公路综合服务方式。继续推进高速公路联网不停车收费与服务系统(ETC)建设,扩大ETC覆盖范围,提高路网整体通过能力;鼓励拓展ETC技术应用业务,逐步实现ETC在通行、停车、加油、维修、检测等环节的深度应用。利用短信平台、门户网站、微信、微博等新媒体手段,构建公益服务与个性化定制服务相结合的公路出行信息服务体系。

(五)完善标准规范,推动示范引领。

16. 制定绿色公路标准规范。充分总结公路建设经验,修订绿色公路建设相关标准规范,出台《绿色公路建设技术指南》,完善建立绿色公路建设评价指标体系,明确技术要求,全面指导绿色公路建设。鼓励各地制定具有当地区域特色的绿色公路评价标准。

17. 开展五大专项行动。组织实施"零弃方、少借方""实施改扩建工程绿色升级""积极应用建筑信息模型(BIM)新技术""推进绿色服务区建设""拓展公路旅游功能"等五大专项行动,以行动促转型,以行动促落实,推进工程无痕化、智能化建设,实现工程填挖方的有效统筹,加强改扩建工程的资源节约与循环利用,推行服务区污水治理、建筑节能、清洁能源、垃圾处理等新技术应用,因地制宜拓展完善公路服务和旅游功能,推进绿色公路建设的全面实施。

18. 打造示范工程。以绿色公路建设专项行动为依托,继续推进试点示范,打造公路建设新亮点。各省级交通运输主管部门应结合已有工作创建1—2个绿色公路示范工程,丰富绿色公路新内涵,强化绿色公路设计、建设、运营等各环节的指导,组织开展绿色公路建设专项技术咨询,及时总结经验,以点带面,实现全行业绿色公路快速发展。

三、保障措施

19. 加强组织领导。建立健全部、省联动机制,加强行业指导,充分发挥各级交通运输主管部门积极性,建立协调机制,形成有利于推进绿色公路建设的工作格局。

20. 加强制度建设。省级交通运输主管部门应制定本地区的绿色公路建设激励约束机制,建立健全绿色公路建设综合评价制度,完善绿色公路评价指标,构建绿色公路建设可控、可量化、可考核的制度体系。

21. 加强行业协同。省级交通运输主管部门应加强与国土、环保、林业、旅游等相关部门的沟通与协调,建立多方联动、协同共享、有效管理的工作机制,形成合力,实现共赢。

22. 加强专家指导。动员各方面力量,加强组织遴选,成立绿色公路建设典型示范工程专家组,对绿色公路的勘察设计、建设施工、运营管理等全过程进行技术指导和咨询。

23. 加强宣传推广。开展绿色公路系列宣传活动,加大绿色公路建设理念的宣传力度,在政府交通门户网站开辟绿色公路建设专栏,组织开展绿色公路设计、建设技术研讨和交流,推广经验,宣传成果,统一思想,形成共识,促进绿色公路建设深入人心。

五、绿色航运建设

推进长江经济带绿色发展是党中央、国务院在新时期做出的重大决策部署。航运具有占地少、能耗低、运能大等比较优势,经济高效、节能环保。为贯彻落实《中共中央 国务院关于加快推进生态文明建设的意见》《长江经济带发展规划纲要》,推进长江经济带绿色航运发展,交通运输部于2017年8月印发了《交通运输部关于推进长江经济带绿色航运发展的指导意见》。意见要求统筹推进"五位一体"总体布局和协调推进"四个全面"战略布局,牢固树立和贯彻落实新发展理念,坚持生态优先、绿色发展,以推进供给侧结构性改革为主线,以长江生态环境承载力为约束,以资源节约集约利用为导向,以绿色航道、绿色港口、绿色船舶、绿色运输组织方式为抓手,努力推动形成绿色发展方式,促进航运绿色循环低碳发展。在水运工程建设领域重点做好以下工作:

(1)推进生态友好的绿色航道建设。优先采用生态影响较小的航道整治技术与施工工艺,积极推广生态友好型新材料、新结构在航道工程中的应用,加强疏浚土等资源综合利用。在航电枢纽建设和运营中采取修建过鱼设施、营造栖息生境和优化运营调度等生态环保措施。推动开展造成显著生态影响的已建航道工程与航电枢纽工程生态修复。加快推进三峡枢纽水运新通道建设,解决三峡枢纽瓶颈制约。建设智能化、绿色化水上服务区。

(2)高标准建设新建绿色码头。因地制宜制定老旧码头的升级改造方案,鼓励有条件的港区或港口整体创建绿色港区(港口)。

(3)坚持问题导向,全面排查船舶污染风险隐患。紧抓船舶航行与作业安全这一源头,加强风险防控。坚持系统治理,建立与完善船舶污染"防、治、赔"的综合治理机制,船舶污染物全部接收或按规定处置;新建大型煤炭、矿石码头堆场100%建设防风抑尘等设施,主要港口既有大型煤炭、矿石码头堆场建设防风抑尘等设施,使船舶污染物排放得到全面有效控制。

复习思考题

1. 全球环境保护的战略目标是什么?
2. 我国环境保护工作步入法制轨道的标志是什么?
3. 指导我国加快推进生态文明建设的重要指导思想是什么?
4. 简述大力推进生态文明建设的总体要求,其核心和实质是什么?
5. 简述我国环境保护法律法规体系的层次。
6. 环境保护单行法中,属于生态保护和污染防治的法律有哪些?
7. 环境保护法律法规体系中,环境标准的法律意义是什么?
8. 简述环境保护法律的基本原则。
9. 绿色公路建设"两个统筹"和"四大要素"分别是什么?

PART2 | 第二篇
环境保护基础知识

第二章　生态环境保护

【本章提要】本章叙述了生物与环境、生态系统的组成部分以及敏感生态问题等生态环境的基础知识,阐述了公路和水运交通建设对陆域及水域生态环境的影响形式、程度等,介绍了生态恢复与优化的原则,以及工程常用的生态环境保护措施。

第一节　生态环境基础知识

生态环境是指由生物群落及非生物自然因素组成的各种生态系统所构成的整体,主要或完全由自然因素形成,并间接、潜在、长远地对人类的生存和发展产生影响。生态环境由许多生态因子综合而成,对生物有机体起着综合作用。在自然界,生态因子不是孤立地对生物发生作用,各个生态因子相互联系、相互影响,在综合条件下表现出各自的作用。

从环境科学意义讲,生态环境可指影响生态系统发展的环境条件的总体,它是人类生存的自然环境和社会环境的综合。由于现代社会人的数量占据了陆地的大部分"生态位",其活动对自然界有不可忽视的影响力,所以研究生态环境不应低估社会环境这一重要因素。一切人为改变生态环境的活动都应符合生态规律,交通建设也不例外。

一、生物与环境

1. 大气的生态作用

大气的生态作用主要是指氧气(O_2)、二氧化碳(CO_2)和风对生物的作用。

O_2是动物生命活动的必需物。O_2主要由植物光合作用产生,少量来自大气层的光解作用。高层大气中的氧分子在紫外线作用下与高度活性的氧原子结合生成臭氧,保护地面生物免遭短波宇宙射线的伤害。CO_2则是植物光合作用的主要原料。O_2和CO_2的平衡是生态系统能否进行正常运转的重要因素,而植物在调节大气中O_2和CO_2的平衡中起着重要作用。

大气的流动产生风。有些风媒植物靠风的作用传播花粉、种子和果实;很多小型活动力差的动物靠风力被动迁移;风对动植物的生长发育、繁殖、行为、数量、分布以及体内水分平衡都有影响。但强风也会引起风灾。交通建设对大气的影响表现在:建设期产生扬尘、沥青烟等污染气体;汽车、船舶或港口设备排放污染物对生物的生长发育会造成直接影响;在林区修建公路,将会在密闭的森林中打开一条风道,车辆行驶造成的涡流会加强公路附近的空气流动,使原来郁闭的生境发生变化,可能使一些阴生植物消失。

2. 光的生态作用

光的生态作用包括4个重要方面,即全部能量都直接或间接地来自阳光;植物利用阳光进行光合作用,制造有机物,动物直接或间接从植物中获取营养;光是生物的昼夜周期、季节周期的信号;光污染给生物和人类带来危害。

光质、光强和光照时间的不同对动植物的影响不同。光对动物的生殖、体色、迁徙、毛羽更换、生长发育和形态建成等都有重要影响。不同光质对植物的光合作用、色素形成、形态建成不同,如红、橙光被叶绿素吸收最多,具有最大的光合活性;蓝光有利于蛋白质合成;红光有利于糖类的形成等。

适应于强光照地区生活的植物称阳地植物,如蒲公英、杨、槐、松等;适应于弱光照地区生活的植物称阴性植物,它们多生长在潮湿背阴的地方或密林内,如人参、玉簪和细辛等就属于阴性植物。介于二者之间的还有半阴性植物(耐阴植物)。

动物对光的适应也有三种:昼出性动物在强光下捕食和活动;夜出性动物或晨昏性动物如虎、狼、鼠类,在夜晚、早晨及黄昏的弱光下活动,适应弱光条件;全昼夜动物的活动不受光强的影响,白天和夜晚都可活动。

光污染有很多种,如夜间汽车照明灯、不适当的强闪光、紫外光等。严重污染环境的光化学烟雾,是工业废气、汽车尾气等污染物在强阳光作用下,发生光化学反应而形成的。它会刺激人的眼睛,并直接侵入呼吸道深处,引起支气管炎、肺气肿和气喘病等;对植物形态、结构也有不利影响,使植物叶、果等表现出各种伤害症状。

新建公路穿过密闭的林地时,可能改变两侧近距离处的通风和采光条件,对阴生植物的生长造成影响。公路建成以后,夜间灯光增多,使许多以月光为导向的昆虫在路侧的种类和数量明显增加,影响地区的生态平衡。公路施工期,施工现场和运输道路扬尘往往会造成附近植物叶面积灰,阻挡光合作用。

3. 温度的生态作用

(1)温度对生物的作用主要是变温。重要的温度指标有年平均温度、最冷最热月平均温度、日平均温度累计值、极端温度等。

种子萌发对温度有一定要求,如坡面绿化南方常用的狗牙根和北方常用的高羊茅,其萌发适宜温度白天分别为 20～25℃ 和 15～20℃。植物在白天的适当高温中进行光合作用,夜间适当低温使呼吸作用减弱,光合产物消耗少,净积累增多。同时低温对某些植物的开花结果有一定刺激作用,如冬小麦的春化作用。变温能提高种子萌发率,促进植物生长发育,增加开花数,果实丰满,品质好。

温度对动物胚胎发育有直接影响,并有极限性。适宜温区内,温度升高胚胎发育也随之加快。温度对动物的繁殖行为影响也很大,如鱼类繁殖洄游与水温有密切关系。

(2)热污染。工业化社会能源消耗与日俱增,同时产生大量的 CO_2、水蒸气、热废水,引起环境增温。热污染多发生在人口稠密和能源消费量大的地区。城市人口密集,建筑林立,内部产生的热能较多,加上一些建筑材料及深色的装饰,吸热性较强;同时城市上空的微尘云和大量 CO_2,阻隔热量向外散发,综合作用之下往往形成"热岛"。一般情况下白天城市气温要比农村高 1～3℃,夜间则高 3～5℃或更多。常见的还有水体热污染,来自热电站、冶金、造纸等工矿企业的高温废水或废热,导致水体温度升高,含氧量降低,并加速了其他污染物的化学反应,从而危害水生生态系统,进而影响人类。

(3)全球变暖是指全球气温升高。近100多年来,全球平均气温经历了冷—暖—冷—暖两次波动,总体为上升趋势。进入20世纪80年代后,全球气温明显上升,1981—1990年全球平均气温比100年前上升了0.48℃。根据气候模型预测,到2100年全球气温估计将上升大约1.4~5.8℃。全球气温将出现过去10000年中从未有过的巨大变化,给全球环境带来潜在的重大影响。

人类大量使用煤、石油等化石燃料,排放出大量CO_2等多种温室气体。这些温室气体对来自太阳的可见光具有高度的透过性,而对地球土壤和水体的长波辐射具有高度的吸收性,也就是常说的"温室效应",一般认为它们是导致全球变暖的主要原因。另据有关资料,促使温室效应产生的人类活动中,交通类是最高的,占27%。

为了阻止全球变暖趋势,1992年联合国专门制定了《联合国气候变化框架公约》,该公约于同年在巴西城市里约热内卢签署生效。依据该公约,发达国家同意在2000年之前将他们释放到大气层的二氧化碳及其他"温室气体"的排放量降至1990年时的水平。这些国家每年的二氧化碳合计排放量占到全球二氧化碳总排放量60%。另外,这些国家还同意将相关技术和信息转让给发展中国家。至今已有192个国家正式批准了该公约。2009年12月7~18日在丹麦首都哥本哈根召开了《联合国气候变化框架公约》缔约方第15次会议。尽管这是一次被喻为"拯救人类的最后一次机会"的会议,但未达成有关协议以代替2012年到期的《京都议定书》。《京都议定书》第一承诺期于2012年底到期,由于各国争执不下,2012年12月多哈气候大会通过《多哈修正案》,设定了缔约国家2020年前的量化减排目标,并确定于2013年开始执行。然而美国继续不合作,日本、俄罗斯和加拿大先后表示退出,加之第一承诺期后对没有达成减排目标的缔约方的惩罚形同虚设,严重打击了各方对第二承诺期的积极性,议定书实际约束力大幅下降。这无疑使人类遏制全球变暖的行动遭受重大挫折。

2021年《政府工作报告》中指出,扎实做好碳达峰、碳中和各项工作。制定2030年前碳排放达峰行动方案。优化产业结构和能源结构。推动煤炭清洁高效利用,大力发展新能源,在确保安全的前提下积极有序发展核电。扩大环境保护、节能节水等企业所得税优惠目录范围,促进新型节能环保技术、装备和产品研发应用,培育壮大节能环保产业,推动资源节约高效利用。加快建设全国用能权、碳排放权交易市场,完善能源消费双控制度。实施金融支持绿色低碳发展专项政策,设立碳减排支持工具。提升生态系统碳汇能力。中国作为地球村的一员,将以实际行动为全球应对气候变化作出应有贡献。

4. 水的生态作用

水是构成生命物质原生质的组成部分,参与体内一系列的新陈代谢反应。生物体内含水量约占体重的60%~80%,甚至还可能高达90%以上。水也是多种物质的溶剂,如土壤中很多矿物质要先溶于水后,才能被植物吸收和运转;水也是植物光合作用制造有机体的原料。

植物消耗的水分主要用于蒸腾作用,满足生理生化活动的需要。水是种子萌发的主要因素。根的发育与土壤水分含量有密切关系。土壤水分含量对植物果实和种子的蛋白质、淀粉等成分的含量也有影响。根据植物生境中水分多少及其对水的依赖程度,可将植物分为水生植物和陆生植物两大类。

对动物而言,水比食物更重要。水分和湿度对动物的形态、体色、生长发育、繁殖、分布代谢、活动和行为以及寿命都有影响。

降水影响可直接作用于某种生物,并可间接地因各种作用的结果而对其他生物和环境产生影响。如蝗虫的数量消长与雨水呈负相关关系,因为雨水多、温度低,蝗虫发育迟缓,而有利于天敌蟾蜍、寄生蜂、线虫等生长,从而使蝗害减少。

公路建设过程会导致地上、地下水流与数量的变化,进而影响路边甚至距路较远地区的动植物。一些山区公路,尤其是沿溪线开辟时,难免有一些废渣倾入河谷,造成暂时性的水流改道、水质透明度下降、耗氧量升高、pH值变化等直接影响。在新建公路的上游可能因堵塞了地上或地下水流而产生生态后果,新的排水系统会导致当地水位下降,使湿润的田地变得干涸。山区公路修建隧道的位置若处于潜水层,可能会造成地下水严重泄漏,长时间延续,山上植被将由于严重缺水而死亡。所以,隧道施工中工程监理应重视地下水渗漏问题。

在地下水位较高地区(水田、盐碱地等),为保证路基的稳定,往往在公路两侧修建排水边沟。边沟在降低路基地下水位的同时,也使得附近土壤的含水率有所下降,可能使地表植被类型由水生或耐盐碱型向干旱型变化。相反,有些地区在公路附近就地取土,造成地下水出露,从而使旱生植被向水生植被变化。

5. 土壤的生态作用

土壤是岩石圈表面的疏松表层,是生物生活的基质,它提供生物生活所必需的矿物质元素和水分。因而,它是生态系统中物质与能量交换的重要场所;同时,它本身又是生态系统中生物部分和无机环境部分相互作用的产物。

土壤是由固体(无机体和有机体)、液体(土壤水分)和气体(土壤空气)组成的三相复合系统。每个组分都具有自身的理化性质,相互间处于相对稳定或变化状态。土壤固相中的无机部分由一系列大小不同的无机颗粒所组成,有机部分主要包括有机质。对适于植物生长的土壤,按容积计,固体部分的矿物质占土壤容积的38%,有机质占12%,空隙(土壤水分和土壤空气)约占50%。

此外,每种土壤都有其特定的生物区系,例如细菌、真菌、放线菌等土壤微生物以及藻类、原生动物、轮虫、线虫、环虫、软体动物和节肢动物等动植物。这些生物有机体的集合,对土壤中有机物质的分解和转化,以及元素的生物循环具有重要作用,并能影响、改变土壤的化学性质和物理结构,构成了各类土壤特有的土壤生物作用。土壤中的各种组分以及它们之间的相互关系影响着土壤的性质和肥力,从而影响生物生长。肥沃的土壤能同时满足生物对水、肥、气、热的要求,是生物正常生长发育的基础。

认识土壤的属性,是做好生态恢复的基础之一。如酸性土地区,适合马尾松等酸性土植物生长,而公路经过石灰岩母质风化的土层,则适合用侧柏等碱性土植物进行生态恢复。

公路建设对土壤的影响有两个方面:一是路基占地,使得沿线的土壤固化,完全失去了土壤的生态功能;二是取、弃土场和公路的边坡,在施工过程中改变了土壤的理化性能,使土壤有机成分和生物成分减少或丧失。公路施工中应注意保存施工场地原表层土壤(俗称熟土),待施工结束后,再将这些表层土覆盖在取、弃土场及公路边坡的表层,保护地区土壤特有的物化和生物性能。

在一些生态脆弱地区施工时,更应注意表层土壤和表层植被的保存,例如青藏高原生态环境非常脆弱,几十年前挖草的痕迹,现在看上去还像个新伤疤。公路、铁路施工将对地表、植被产生扰动,也将改变地表冷热交换条件,处理不当会在冻土地带引发热融滑塌,破坏的生态环境也难以恢复。

6. 物候现象

动植物长期适应于一年中温度、水分的节律变化,形成与之相适应的发育节律称为物候。高等植物的发芽、生长、现蕾、开花、结实、果实成熟、落叶、休眠以及动物的冬眠、出蛰、交配、产仔(产卵)、换毛、迁徙及洄游等生长发育阶段,均称为物候阶段,即物候期。某个物候现象或物候期出现的日期为物候日期,如燕始飞、飞柳絮的时间一般情况下在北京分别为 4 月 19 日和 5 月 1 日,而在南京则为 4 月 3 日和 4 月 22 日。

7. 环境受生物的影响

生物的生命活动,不断从环境中吸取营养,并占据一定范围作为栖境,同时将代谢产物排到环境中去,植物的枯枝落叶和动物尸体作为资源的补偿归于自然。因此,生物也在改变和影响着周围的环境。

生物与环境、生物与生物之间无时无刻不在相互影响,总体保持着相对的稳定和平衡。一旦受到外来的强烈干扰,就可能造成生态平衡失调。例如黄河流域远在 3000 多年前曾有良好的森林和草原,直到唐朝,泾水、渭水清澈,航运繁忙。大约经过 2000 年,由于人口激增、毁林开荒,地面失去植被保护,黄土疏松,不能涵养水分,造成严重的水土流失;水循环系统的破坏,使湿度降低,雨量减少,干旱频繁,沙化土地日益扩大,灾害频繁发生。

二、生物种群和群落

1. 生物种群

种群是在特定的时间和一定的空间中生活和繁殖的同种个体所组成的群体。如某个湖泊中的许多鲤鱼就组成了鲤鱼种群。种群不等于个体的简单相加,而是通过相互之间的内在的关系,组成一个有机的统一整体。个体之间信息相通,行为协调,共同繁衍,表现出该种生物的特殊规律性。

从个体到种群是一个质的飞跃。个体的生物学特性主要表现在出生、生长、发育、衰老及死亡等。而种群则具有出生率、死亡率、年龄结构、性比、社群关系和数量变化等特征。种群由个体组成,而个体依赖于种群。

从进化观点看,进化过程就是种群中个体基因从一个世代到另一个世代的变化过程,因此种群也是一个进化的单位。

2. 生物群落

生物群落是指在一定时间,居住在一定区域或生境内的各种生物种群相互联系、相互影响的有规律的结构单元,由其组成的种类及一些个体的特点而显现出一些特性。它们和相邻的生物群落,有时界限分明,有时则混合难分。生物群落可简单分为植物群落、动物群落和微生物群落三大类。如在某自然保护区中,全部植物群落中包括 100 余种植物,全部啮齿动物群落中包括 3 科 5 属 6 种;而土壤微生物群落中,包括非常多的微生物种类。

(1) 群落演替。

生物群落的演替是指某一地段上一种生物群落被另一种生物群落所取代的过程。开始于原生裸地上的群落演替称为原生演替;开始于次生裸地上的群落演替称为次生演替。水生演替即开始于水体的演替,一般最后发展到陆地群落;旱生演替,即从干旱的基质上开始的演替,一般能够发展成水分适中的群落类型。

(2)群落与环境。

生物群落与环境关系密切,环境影响群落,群落适应环境,两者相互依存,保持相对稳定的平衡,以获得协同进化。地球上植被带与气候带的分布基本上是吻合的,这是植被长期演化过程中对气候条件逐渐适应的结果。但群落也影响着生境的气候,形成其特有的小气候,而不同于群落外的大气候。

植物群落是动物的栖息地和食物基地。不同的植物群落中,动物组成和生态类型各不相同,每种动物都有其相适应的植物环境。因此,根据植物群落的类型,就能了解其中有哪些动物。通过这种现象,可以认为植物群落对动物群落有指示作用。例如温带森林群落,其代表动物有虎、猞猁、马鹿,以及星鸦、黑啄木鸟等;草原群落的代表动物有黄羊、跳鼠,以及大鸨和百灵等。动物影响着植物群落的形成、发展与演替,影响着群落能量流动和物质循环。

三、生态系统

一个物种在一定空间范围内的所有个体的总和在生态学里称为种群(population),所有不同种的生物的总和即为群落(community),生物群落连同其所在的物理环境共同构成生态系统(ecosystem)。生态系统是生物群落和复杂的环境条件相结合所构成的自然基本单位。

按主体特征分,有森林、草原、荒漠、冻原、河流、湖泊、沼泽、海洋、农村、城市等生态系统;按地域特征分,有陆地生态系统、海洋生态系统、山地生态系统、平原生态系统、岛屿生态系统等;按性质分,有自然生态系统和人工生态系统。农田、农村、城市、水库等生态系统都属于人工生态系统。

1. 生态系统的组成成分

生态系统由两大部分、四个基本成分所组成。两大部分就是生物和非生物环境,或称为生命系统和环境系统。四个基本成分是指生产者、消费者、还原者和非生物环境。

生物环境中各种生物按作用不同,分为生产者、消费者和还原者。

生产者:利用太阳能等能源,将简单无机物合成复杂有机物的自养生物,如各种陆生植物、水生植物和藻类,还有一些光能细菌和化能细菌。生产者将光能转化为化学能,是一切能量的基础。

消费者:以其他生物为食的异养生物,主要是各类动物。

还原者:亦称分解者,也属于异养生物,包括细菌、真菌、放线菌和原生动物。它们的重要作用是把有机物分解为简单的无机物,归还到环境中。

非生物环境是生态系统的物质和能量的来源,包括生物活动的空间和参与生物生理代谢的各种要素,如光、水、二氧化碳以及各种矿质营养物质。

2. 生态系统的物质和能量流动

生态系统中,物质循环是组成生物体的各种化学元素的循环过程,包括在生物群落中和在无机环境中两方面。能量通过食物链而流动。食物链指不同生物之间通过取食关系而形成的链索式单向联系,例如草→兔→狐;浮游植物→浮游动物→小鱼→大鱼→海兽。可以概括为:生产者→植食动物→第一级肉食动物→第二、三、四级肉食动物。但自然界是复杂的,因为没有一个物种完全依赖于另一物种,资源总是分享的,例如树叶可以由多种昆虫和动物所用。而且一种动物的食性也是多样的。因此食物链就变成互相连环的关系,彼此交错连接成食物网。

绝大多数生态系统中,几种食物链同时存在,至于哪一种在能量流动中作用更大则与生态系统的类型有关。一般情况下,森林生态系统是以腐生性食物链为优势;草原和水生生态系统是以捕食性食物链为主。另外,各类食物链均不能无限加长,通常只有四个营养级左右。

在食物链上,每一个营养层次总是依赖前一个营养层次的能量,而且由于大量消耗而能量逐级减少。生态学中的食物利用存在"十分之一定律"。如果将通过各营养层次的能量流动总量由低到高排,就成为下大上小的金字塔形,称为"能量锥体",亦可称为"生产力锥体"。锥体底层是绿色植物,它的生产力最大,草食者次之,肉食者最小。在食物链的顶端,较高营养层次往往能量所剩无几,而处于这类层次的都是体形较大的凶猛肉食性鸟兽,如鹰、狼、虎、狮等,它们需要更多的能量和食物。一方面,处于食物链顶端的肉食性鸟兽可能要在多个生态系统的范围内活动,才能维持其生存的需要。因此,保护野生动物的生境比保护个别动物更为重要,所需生境的任何破坏,都可能威胁动物的生存,导致动物绝灭。另一方面,处于食物链顶端的肉食性鸟兽,在控制较小型和低等动物的数量上起着重要的作用,以保持生态系统的稳定和自然的平衡。反之,由于人为原因使肉食性鸟兽等天敌的减少,会引起鼠虫灾害的增加,给农林生产和国民经济带来严重的损失。

3. 路域生态系统

公路项目建成后,随着绿化和生态恢复为主的环保工程的实施,出现了一个新的生态系统,称为"路域生态系统"。这是在路域范围之内,由公路、土壤等非生物环境因子与栖息在其中的生物因子所组成的生态系统,与外界能量、物质和信息交流密切。它的范围应包括公路征地范围内的用地,宽约50～70m、长数十至数百公里的地带。它的非生物环境包括中央分隔带,土路肩,上、下边坡,排水沟,隔离栅,隧道,桥梁,声屏障等构造物及其周围,立交区、服务区、管理所等,取、弃土场地,临时道路等需要复垦的土地,以及水体、空气等;生物因子有路域的各种乡土或外来的绿化植物、许多小型哺乳和爬行动物、灌丛中栖息的鸟类、农田迁来的害虫和天敌、排水沟和水体中栖息的两栖类和鱼类等。这一系统中的成分、结构、演替等比周围自然生态系统单纯,比周围农业生态系统又要复杂。路域生态系统具有以下特点:

(1)纵向长距离的线性地域,同时植被呈现单元性的节奏变化。

(2)横断面分阶而成条形基地,植被立体三维布置。

(3)地区间的联系带来新物种,使沿线生物多样性发生变化,并且在光、湿、热条件变化的综合作用下,引起本地群落的改观;同时,也提供了有害生物侵入的途径。

(4)模仿自然的生态群落,在人为帮助下,短期达到稳定的顶级生态群落,其美化及维持时消耗的成本最小,系统建成后人为干扰较少。

(5)沿线生物群落之间的密切联系会很好地促进植物和动物群落的各种演替过程,从而有利于群落的稳定。

(6)生态工程有利于景观美感,有利于交通安全。

(7)承受废水、废气等环境压力,突出污染防治作用。

针对"路域生态系统",明确以提高安全和舒适性以及美化、生态恢复和优化等为目的,按照事先设计的步骤,采用土木工程材料的同时,注重生物材料,这样进行的设计与实施,被称为"公路生态工程"。它打破了原"绿化"观念带来的一种先主体、再绿化的印象,明确"生态工程"即是主体工程的一部分,有利于生态工程的落实。

"公路生态工程"理论建立于生态学基本理论之上,同时主要针对被破坏的公路沿线环境,强调恢复与优化,因而具有公路行业的特点和很强的实践意义,具有交叉科学的特征。它强调以下指导思想:

(1)工程防护为"骨架",生物材料为"血肉",既有土木工程坚实的基础,又发挥生物材料稳定性强、自然优美、生态平衡的特色,两相配合,共同协调,各展所长。

(2)用"演替"的长远观点,建立植物和动物的整体有机的生态系统,维持其长期稳定。

(3)在不同的条件下,采用人工恢复和自然恢复手段,注重高效、经济。

公路生态绿化工程具有防护和绿化的双重作用,是国土绿化的重要组成部分,同时要具有防治水土流失等工程病害、保障交通安全的作用,使公路舒适、优美,自然协调地融入周围环境之中。

4. 海洋生态系统和海洋污染

对于海洋生态系统来说,生物群落如相互联系的动物、植物、微生物等,是其中的生物成分,而非生物成分即是海洋环境,包括阳光、空气、海水、无机盐等。海洋环境又可划分为大小不一的范围,小至一个潮塘、一块岩礁、一丛海草;大到一个海湾,甚至整个海洋。

进入20世纪以来,尤其是50年代以后,随着现代工农业的发展,人口剧增和海上活动频繁致使大量生产、生活的废弃物无节制地排入海洋,超出了海洋的自净能力,导致海洋的严重污染,各个海域频频告急。这些污染主要有石油污染、重金属污染、有机物污染、放射性污染,以及城市排污和农药污染。

石油污染主要是在石油的开采、炼制、储运和使用过程中,进入海洋环境而造成的世界性的严重污染。

当重金属在海洋中被生物吸收,通过食物链一级级地传递、积累,最后导致鱼体内含有大量汞、铅等,除了危害鱼体本身,最终受害的是食用这些鱼类的人类本身。

有机物污染主要是由于生活污水、工业废水和农牧业排水中含有大量有机物质,如碳水化合物、蛋白质、脂肪等排入近海时造成的污染。这些丰富的有机物质和营养盐使生物大量繁殖,无论是生前还是死后都消耗了水中的溶解氧,造成海洋中生物的大量死亡,形成鱼虾绝迹,臭气难闻的"死海"。

农药污染也是不可小觑的海洋污染,尤其是目前广泛使用的有机氯农药,在海洋生物中有强大的富集能力,人类一旦食用被农药污染的鱼、贝等水产品,就会引起中毒和某些病变(如癌症等)。

海洋生境破坏也是一类严重的海洋生态环境问题,如过度开采珊瑚礁资源,不仅对依赖珊瑚礁生存的海洋生物造成严重影响,同时也使其丧失了护岸功能,导致海岸蚀退。红树林区是海洋生物或其他生物栖息、繁衍、避敌害、生长发育的极为有利的生态环境,是鱼虾、蟹贝类动物栖息繁殖的重要场所。此外,红树林形成一道缓解或抵抗风暴、海浪对海岸冲击的天然屏障,消浪、促淤、护岸作用明显。

总之,海洋生物资源衰竭、海洋环境污染、海洋生境破坏等导致的海洋生态环境问题,危害到了海洋生态系统功能的发挥,直接表现为海洋生物成分和海洋生物多样性减少、生产能力下降。

四、生态平衡

1. 生态平衡的概念

如果某生态系统各组成成分在较长时间内保持相对协调,物质和能量的输入、输出接近相等,结构与功能长期稳定,在外来干扰下,能通过自我调节恢复到最初的稳定状态,则这种状态可称为生态平衡。

生态平衡是相对的平衡,而不平衡才是绝对的。任何生态系统都不是孤立的,都会与外界发生直接的联系,受到外界的冲击。生态系统的某一个部分或某一个环节,经常在允许限度内有所变化,只是由于生物对环境的适应性,以及整个系统的自我调节机制,才使系统保持相对稳定状态。

2. 影响生态平衡的因素

生态系统之所以能保持相对平衡状态,是因为系统本身具有自动调节的能力。但是任何一个生态系统的调节能力都是有限的,外部冲击或内部变化超过了这个限度,生态系统就可能遭到破坏,这个限度称为生态阈值。

生态系统的自动调节能力与结构的多样性和功能的完整性因素有关。生态系统的结构越复杂,自动调节能力越强;反之,调节能力越弱。功能的完整性是指生态系统的能量流动和物质循环能得到合理地运转,运转得越合理,自动调节的能力就越强。

引起生态平衡失调的因素很多,通常是人为因素和自然因素共同作用。人类是生态系统中最活跃、最积极的因素,人类的生产活动越来越强烈地干扰着自然生态系统的平衡,强烈地改变着自然生态系统的面貌。由于人类对自然资源不合理的开发利用,导致一系列的生态系统失衡,如森林破坏、水土流失、土地沙化等。同时,人类各产业的发展带来的环境污染,使大量有毒有害物质排入大自然,这些污染物质参与生态系统的物质循环,将深刻地动摇甚至毁灭生态系统。

交通建设往往造成沿线地区生态环境变化,项目建成以后需要将被恶化的生态系统恢复到原来的自然平衡状态。而建设行为引起的环境变化,往往使完全恢复不切实际,这时需要建立新的群落,达到新的生态平衡。绿化是生态恢复和优化的主要途径。少数因子组成的系统,往往难以承受外界条件的激烈变化。大面积单一品种的作物或树林就特别适合病虫数量的大量增长。而绿化植物,在繁育本地区物种的同时,有时引进了无害有益的新物种,使地区生物多样性组成发生变化,并且在光、湿、热条件变化的综合作用下,引起生物群落的改观,增加了系统的抗逆性。该生态系统不同于周围农田环境,使害虫的天敌在没有农作物和害虫的季节里仍有生存之地,避免数量周期性的剧烈增减,更好地控制病虫害,减少农药的用量,保护环境。

五、敏感生态问题

1. 生物多样性

世界人口的激增和科学技术的巨大进步使人类以前所未有的规模和速度改变着生存环

境,造成全球范围内生物多样性的不断下降。据估计,目前生物物种灭绝速度比人类出现以前的自然灭绝速度高出上千倍。迄今,全球11500种鸟类已有20%受人类活动影响而灭绝。生物多样性是衡量生态系统生命力和持续性的重要指标,是当今世界人类应当特别关注的问题,交通建设无疑也应特别重视生物多样性的保护。

(1)生物多样性的定义。

《联合国生物多样性公约》中指出,生物多样性是指所有来源的形形色色生物体,即指地球上所有生物——动物、植物和微生物及其所构成的综合体。生物多样性通常包括3个层次,即生态系统多样性、物种多样性和遗传多样性。

(2)生物多样性的保护。

生物多样性的保护一般有三种方式:就地保护、迁地保护和离体保护。

建立自然保护区和国家公园,是国际上保护生物多样性所采取的最重要的就地保护形式。迁地保护主要是建立动物园、野生动物繁育中心、植物园、植物繁育中心等,保护和繁育珍稀生物,然后放回大自然。离体保护主要是利用现代科技将生物体的一部分或繁殖细胞保存下来,以便保护和发展珍稀生物种群,有效地拯救濒危物种。

2. 自然保护区

世界上绝大多数的生物种类仅在自然界中存在,因此,保护生物群落及其生境是保护生物多样性最有效的方法。保护生物群落最主要的步骤之一是为自然保护区立法,建立自然保护区,使自然保护区的保护具有法律效力。

自然保护区是指对有代表性的自然生态系统、珍稀濒危野生动植物物种的天然集中分布、有特殊意义的自然遗迹等保护对象所在的陆地、陆地水体或海域,依法划出一定面积予以特殊保护和管理的区域。

自然保护区内部,一般分为核心区、缓冲区和实验区。

(1)核心区:是保护区的精华所在,是保护对象最集中、特点最明显的地段。需要严格保护,属于绝对保护区。

(2)缓冲区:在核心区的外围,是为保护核心区而设置的缓冲地带,一般只允许进行科研观测活动。

(3)实验区:在缓冲区的外围,可以在不破坏生态环境与自然资源的前提下,进行科研、教学实习,生态旅游与优势动植物资源的开发工作。

《中华人民共和国自然保护区管理条例》规定:

第二十六条　禁止在自然保护区内进行砍伐、放牧、狩猎、捕捞、采药、开垦、烧荒、开矿、采石、挖沙等活动;但是,法律、行政法规另有规定的除外。

第二十七条　禁止任何人进入自然保护区的核心区……

第二十八条　禁止在自然保护区的缓冲区开展旅游和生产经营活动……

第二十九条　在自然保护区的实验区内开展参观、旅游活动的,由自然保护区管理机构编制方案,方案应当符合自然保护区管理目标。

在自然保护区组织参观、旅游活动的,应当严格按照前款规定的方案进行,并加强管理;进入自然保护区参观、旅游的单位和个人,应当服从自然保护区管理机构的管理。

严禁开设与自然保护区保护方向不一致的参观、旅游项目。

第三十条 自然保护区的内部未分区的,依照本条例有关核心区和缓冲区的规定管理。

3. 湿地

(1)湿地的定义和主要生态意义。

根据《关于特别是作为水禽栖息地的国际重要湿地公约》的定义,湿地是指天然或人工、长期或暂时的沼泽地、泥炭地,带有静止或流动的淡水、半咸水或咸水的水域地带,包括低潮位不超过 6m 的滨岸海域。全世界约有湿地 $8.56 \times 10^8 hm^2$,我国约有天然湿地和人工湿地 $0.63 \times 10^8 hm^2$,面积居世界第三。

湿地孕育着丰富的生物种群,生物多样性是湿地生态系统优劣的标志之一。湿地是世界上生物多样性最丰富的生境之一,而由生物多样性带来的生态系统多样性、物种多样性、遗传多样性,对我们的未来有重要的生态意义。湿地集土地资源、生物资源、水资源、矿产资源和旅游资源于一体。其中,湿地生物资源包括植物资源,如大面积的芦苇、草洲,水生动物资源如鱼虾等。湿地还可以起到自然水体的调蓄功能,并被喻为"地球之肾",具有自然净化功能。

(2)湿地的分类。

湿地包括天然湿地和人工湿地。天然湿地包括海洋与海岸湿地和内陆湿地。

海洋与海岸湿地包括浅海水域、海草床、珊瑚礁、岩石海岸、沙滩、砾石与卵石滩、河口水域、滩涂、盐沼、红树林沼泽、咸水、碱水湖、海岸淡水湖、海滨岩溶洞穴水系。内陆湿地包括内陆三角洲、河流、时令河、湖泊、时令湖、盐湖、时令盐湖、内陆盐沼、时令碱、咸水盐沼、淡水草本沼泽、泛滥地、草本泥炭地、高山湿地、苔原湿地、灌丛湿地、淡水森林沼泽、森林泥炭地、淡水泉、地热湿地、内陆岩溶洞穴水系。

人工湿地包括鱼虾养殖塘、水塘、灌溉地、农用洪泛湿地、盐田、蓄水区、采掘区污水处理场、运河、排水渠、地下输水系统。

中国各自然地带都有湿地分布,由于受各地水热条件、海陆分布、地质地貌、人为作用的不同影响,东部季风区、西北干旱区和青藏高原区三大部分的湿地各具特色。

4. 荒地

荒地大多是因光、热、水等自然条件恶劣,不易进行农林牧业活动,而尚未开垦的土地。荒地也是相对的,甚至较之农业生态系统,某些荒地的生物多样性更高、结构更复杂、生态系统功能更多。一般来说,面积较大的成片荒地,在自然历史的进化中,很可能有当地特有的动植物种类,因而具有特殊的保护价值。

5. 生态脆弱区

生态脆弱区是指抗外界干扰能力低、自身稳定性差的生态环境区域。我国生态脆弱区普遍分布在各地形地貌环境中,或因水土流失,或因水旱、高寒,或因人口过多,或因盐碱条件等,全国生态脆弱区总面积达 194.15 万 km^2,超过陆域国土面积的 1/5。生态脆弱区的基本特征包括以下几点:

(1)系统抗干扰能力弱。生态脆弱区生态系统结构稳定性较差,对环境变化反映相对敏感,容易受到外界的干扰发生退化演替,而且系统自我修复能力较弱,自然恢复时间较长。

(2)对全球气候变化敏感。生态脆弱区生态系统中,环境与生物因子均处于相变的临界状态,对全球气候变化反应敏感。具体表现为气候持续干旱,植被旱生化现象明显,生物生产力下降,自然灾害频发等。

(3)时空波动性强。波动性是生态系统的自身不稳定性在时空尺度上的位移。在时间上表现为气候要素、生产力等在季节和年际间的变化;在空间上表现为系统生态界面的摆动或状态类型的变化。

(4)边缘效应显著。生态脆弱区具有生态交错带的基本特征,因处于不同生态系统之间的交接带或重合区,是物种相互渗透的群落过渡区和环境梯度变化明显区,具有显著的边缘效应。

(5)环境异质性高。生态脆弱区的边缘效应使区内气候、植被、景观等相互渗透,并发生梯度突变,导致环境异质性增大。具体表现为植被景观破碎化、群落结构复杂化、生态系统退化明显、水土流失加重等。

六、生态恢复

美国自然资源委员会认为,使一个生态系统恢复到较接近其受干扰前的状态即为生态恢复。国际恢复生态学会认为,生态恢复是修复被人类损害的原生生态系统的多样性及动态的过程,是维持生态系统健康及更新的过程,是帮助研究生态整合性的恢复和管理过程的科学。

一般来说,在可能的情况下,恢复退化生态系统的终极目标是恢复生态系统的服务功能。生态系统服务功能是指人类直接或间接从生态系统功能中获取的利益,因此,恢复后的生态系统应尽量具有如下服务功能:生态系统的产品,生物多样性,为人类创造和丰富精神生活和文化生活,自然杀虫,传粉播种,净化空气和水,减缓旱涝灾害,土壤的形成、保护与更新,废物的去毒与分解,营养的循环和运移,保护海岸带,防止紫外线的辐射,调节气候等。

七、我国生态环境的地带性

我国除青藏高原以外的广大地区,从南往北,生态条件最明显变化的决定性因素是温度。从南往北地带性的变化依次为热带、亚热带、暖温带、中温带、寒温带,这是第一级的地理分异。从东南往西北,生态条件最明显变化的决定性因素是水分,按此方向地带性的变化依次为湿润、半湿润、半干旱、干旱地带,这是第二级划分。青藏高原生态条件变化最明显的决定性因素是高度,但高原因幅员辽阔,上述两个水平方向的变化,也有明显反应,因此,从南到北,亦即从低到高的变化依次为山地亚热带、高原温带、高原亚寒带、高原寒带;从东到西依次为湿润、半湿润、半干旱、干旱地带。

根据我国所处的地理位置、季节气候影响的程度,以及阶梯地形的特点,将我国划分为三大区:东部季风区、西北干旱区和青藏高原区。

东部季风区包括热带、南亚热带、中亚热带、北亚热带、暖温带、中温带、寒温带。

西北干旱区包括干旱区暖温带、干旱区中温带。

青藏高原区包括山地亚热带、高原温带、高原亚寒带、高原寒带。

八、交通景观

美学意义上的景观,是指视觉意义的景物及其景象,是人类对环境的一种感知,也是人类对环境的一种需求,此时,景观的含义与风景、景致、景色相一致。景观主要有自然景观和人文景观两大类别。自然景观主要指自然地理环境和生态环境所展示的景观形象。人文景观是指由人类生产和生活活动创造的一切文化所显示的景观形象。与环境保护直接相关的主要是古今建筑、园林建设以及其他人类活动遗迹或印记。

交通建设项目因其规模大、涉及面广,地貌破坏或改变剧烈,因此经常会遇到景观资源的影响与保护问题。

1. 识别景观资源

景观资源识别的任务是识别具有保护意义的景观。具有保护意义的景观主要是指具有美学意义和观赏价值的自然景观,这些景观有可能成为旅游资源,或虽构不成旅游资源,但对当地人民的审美活动有贡献,因此也具有一定的经济或文化意义。总之,所有具有审美价值、文化价值、科学价值以及潜在经济价值的景观,都应当识别。

具有标志性意义的景观,包括自然景观和人文景观。这些景观或与某种历史事件有关,或与一些历史名人活动相关联,或是地方的或民族民俗所敬重的事物等。

具有科学意义的景观,如特殊的或有代表性的自然生态系统、地震遗迹、断裂断层构造、滑坡体和泥石流遗迹、各种泉流洞穴等。

具有观赏价值的农业景观,如特产地、特色农业、园圃等。

2. 交通景观资源分析

交通景观包括交通项目如公路、航道、港口等本身形成的景观,也包括其周边或沿线的自然景观和人文景观(即交通景观环境),它是交通项目与其周围景观的综合景观体系。

以公路景观为例。公路自身的景观不同于单纯的造型艺术、观赏景观,而是为了满足交通运输功能而具有特定的形态、性能、结构特点,同时还可能包含一定的社会、文化、地域和民俗特点,其中地域性特点赋予公路特定的性质。

公路景观从设计、使用或周边观众欣赏的不同角度,可以有不同的分类方法,以下列举两种。

(1)公路景观按主体内容分类,可分为自然景观和人文景观,见表2-1。

公路景观分类 表2-1

自然景观(指公路用地范围外的自然景观客体)	
地形地貌	山峦丘陵、峭壁悬崖、荒原、沙漠、沟壑峡谷、平原梯田等
水体水面	江河湖海、岸滩沙洲、沼塘溪涧、瀑布流泉等
林木花草	森林、草原、花草、树木、地方植物、麦田菜花、果园苗木等
气象节令	日出日落、云霞雨雾、春花秋月、风雨虹霓等
人文景观(指公路沿线一切人类创造的景观事物)	
城镇	建筑风貌、空间廓线、街道景致、绿化体系、功能区域等
农村	建筑风貌、服饰礼仪、农业景观、乡村文化等
文化	名人遗迹、现代建筑(如桥、隧)、农灌系统、电网路网、林网水网等

(2)公路景观按使用时的属性特点分类,可分为动态景观和静态景观。

动态景观:乘车人在公路上高速行驶时对公路的感受和认知,如公路线形、坡度、上边坡的景观、公路提示标志、隔离栅边界等。

静态景观:公路外的居民对公路景观的感受和认知,如上下边坡、桥梁、路堤、空间廓线及公路与环境背景的调和程度等。

第二节　交通建设对生态环境的影响

交通建设对生态环境造成的影响可分为施工期和运营期两个阶段。一般情况下运营期造成的生态影响较小，施工期则是生态保护措施落实的关键。

根据不同时期的主要工作内容，又分为设计阶段、施工阶段和运营阶段。设计阶段生态保护的主要内容是进行项目环境影响评价及根据生态学原理制定、设计生态保护措施和方案；施工阶段主要是实施项目的各种生态保护方案；运营阶段主要对公路沿线的生态工程进行管理和维护。

一、对陆生生态环境的影响

交通建设会使本地区的生态环境发生变化，一些有特殊要求的物种种群向偏僻处或其他地区迁移，同时可能使大型动物的活动区域缩小，领地被重新划分。其结果可能使种群变小，种群间交流减少。另外，高等级公路的封闭系统影响了动物的迁徙，产生明显的公路廊道效应，如一些蝴蝶和两栖动物难以越过宽阔的马路，还有原生态区内的野生动物因受交通噪声的惊吓而大量迁出。同时，夜间灯光增多，使许多以月光为导向的昆虫，在路侧的种类和数量明显增加。

山区公路倾入溪谷的废渣，由于占据了动物的栖息和繁殖场所，使其不能取食、产卵、动物体不能发育。使水生动物种类减少，例如昆虫中双翅目、蜉蝣目等用鳃呼吸的清水型物种减少或消失。

综上，公路建设对野生动物的影响主要表现在对动物栖息地生态环境的破坏和封闭的带状构筑物对动物的阻隔，这些都影响到地区的生态平衡。

交通建设中施工对生态环境的影响，从时间上区分，可大致分为长期影响和短期影响。长期影响可以认为是由施工建设对当地生态环境产生的直接或间接的影响和效应，它们共同的特点是具有持续性，一旦产生则不易消除，有些甚至在施工结束后才逐渐显现出来。短期影响是在施工期间产生的临时影响，一旦施工结束，这类影响往往会自然消失，或可经过人工恢复手段而得以改善或消除。

1. 长期影响

(1) 道路的廊道与分隔效应。

对于生物来说，尤其是对地面的动物，交通建设将导致自然生境的人为分隔，使生境岛屿化，不利于生物多样性的保护。

为避免生境岛屿化造成的生物多样性受损，许多自然保护区需要建立与其他自然保护区相连的通道，以使保护区内的生物与相邻保护区或其他地区的生物进行遗传上的交流，这就是通常所说的"生物走廊"。国内外都有一些公路为动物保留下穿"兽道"，其目的在于缓解公路建设造成的生境隔离，为动物的觅食和交配等提供条件，保证了种群之间的联系，使物种延续不灭。

(2) 迫近效应。

交通运输的畅通使沿线的人流物流强度增加、速度加快、活动范围扩大，使许多原先难以进入的地区变得可达和易于进入。这给自然保护区珍稀资源的保护带来了巨大威胁。在我国,常常是路通到哪里,树砍到哪里,出现路通山空鸟兽尽的现象。迫近效应是一种间接影响。

（3）诱导效应。

从节省企业投资和增加自己的经济效益出发,新的工厂往往倾向于建在有土地可利用和基础设施较好的地方,首选地就是公路走廊地带或高速公路立交或进出口连接线地段。公路建成后,随之而来的是路旁商业的发展,于是沿着新修的公路就出现了带状或串珠状的城镇。公路交通运输诱导沿线的城镇化,从而间接地造成城镇景观代替农村景观或自然景观的巨变。

（4）水文影响。

交通建设可能改变地表径流的固有态势,从而造成冲、淤、涝、渍等局部影响。我国高速公路大多采用高路堤,阻隔地表径流,改变径流走向。在洪水季节,行洪道不足或未留行洪道的公路,就可能壅阻洪水,使局部地区受淹,严重者形成灾害。平原地带的高路堤公路,会因阻滞涝水排泄而导致局部地带渍涝,而在专门设置的行洪泄洪口处,因洪流量大又可能造成局部被冲刷或淤积。

（5）对土地利用的影响。

交通建设对土地利用的影响较为显著,将改变沿线被征用土地的利用现状,其中对耕地的占用较为突出,一部分农民在耕地被占用之后,会出现贫困或就业困难,从宏观上讲,交通占地会减少本已不多的耕地,加剧对剩余耕地的压力。

（6）生态敏感地区的影响。

交通运输工程路线长,会穿越各种生态系统,其中不可避免会涉及一些特殊的、敏感的生态功能区,如湿地、荒地、自然保护区、天然森林、森林公园、水源保护区、风景名胜区、特殊地质地貌以及生态脆弱区、自然灾害多发区等。

①湿地。公路建设对湿地生态的影响,主要是阻隔效应引起水源短缺,以及建设废弃物占用湿地,污染了湿地水质,使湿地的面积减小,功能降低。

占用湿地所产生的生态影响大小,取决于所占湿地的生态功能,也取决于采取的保护措施。如果某公路必须穿越一片河口湿地,那么用桥梁跨越的生态影响就比填筑路基小得多,因为桥梁能基本保持河口湿地的水文状态,而路基则会使河口封闭,令湿地水文状态发生根本变化,乃至使湿地生态系统消亡。

②荒地。交通建设占用荒地会对荒地生态系统产生分割、缩小、功能降低等影响,有些动物可能因阻隔或生境改变而消失。

③自然保护区。交通建设对自然保护区的影响主要表现在其分隔自然保护区、噪声扰动、大气污染、人员进入增加等。单纯的植物类保护区,在采取封闭措施和设路卡管理的情况下,可以减少影响;对于动物类保护区,后续环保措施的作用十分有限。

④生态脆弱区。生态脆弱的地区或脆弱生态系统,其显著的特点是对外力作用的承受力差,遭破坏后不易恢复。由于各种脆弱的生态系统的本质不同,主要的生态环境问题各异,因而公路建设的影响和造成的问题也各不相同。

在北方半干旱-半湿润生态脆弱区施工时,要注意预先采取水土保持措施。由于黄土疏松多孔、遇水易崩解、抗冲刷能力差,遇水浸润后摩擦力降低,导致上覆土层不稳,这些特征常使土体处于重力不稳定状态,遇暴雨或地震触发很容易产生崩塌、滑坡和泥石流等重力侵蚀。

在西北干旱生态脆弱区及华北平原生态脆弱区施工时,土石方开挖可能加剧风蚀作用,易引起新的土壤沙化过程,且造成的破坏难以恢复;在南方丘陵生态脆弱区施工时,应注意减少对植被和土壤的破坏和扰动,否则将加剧水土流失,诱发地质灾害;在西南石灰岩生态脆弱区施工时,植被一旦破坏后也很难恢复,并将引起水土流失加剧,导致局部生态环境功能迅速退化;而在青藏高原生态脆弱区施工时,如何安全通过大面积冻土地带,摸清土壤冻融活动的规律,是保护当地生态的重要课题。

(7)景观影响。

交通建设对自然景观的影响是不可避免的,其影响实际上是人造景观(公路港口等)与自然景物相互作用的问题;或者交相辉映,相互增彩;或者互不协调,破坏景观,尤其是破坏自然景观的美感。交通建设对景观环境的影响主要有:

①切割连续的自然景观,使其空间连续性被破坏。

②占领和破坏重要的自然景观和人文景观,使区域景观资源受到损害。

③新景观影响传统的视觉环境,使沿线居民的景观环境受到影响。

总体而言,现代交通景观以保护自然景观为主,而以突出构筑物、夸张人工建筑物为主的理念则在逐渐消退,因此,保护和表现自然景观美是公路景观保护的主流。

2. 短期影响

交通建设施工对生态环境造成的短期影响,主要是指施工期间及其前后1~2年的短暂时间内造成的,并且随着施工行为的停止而自然恢复,或按有关法律法规要求进行人工设计、恢复的影响。主要有以下几方面:

(1)施工车辆穿越田间,扬尘四起,可能使果木庄稼蒙尘,花不受粉,穗不结实,农业减产。

(2)施工车辆碾压草原,造成草死沙扬,或车道成沟,逐渐形成沟壑。

(3)为开辟施工辅道和作业场地要清除地表植被,有可能影响珍稀物种的生长,亦会加剧水土流失。

(4)筑路民工,偷闲行猎,会使公路沿线动物受威胁。

(5)筑路改变地表排水,会使低地积水。

(6)高填深挖、隧道等地段,可能影响地下水脉,造成泉流涸断,继而影响人畜饮水,或改变表层土壤的含水率,从而使植被类型发生变化。

(7)路基开挖或堆填会改变局部地貌。深谷高山架桥打洞、劈山开道,会引发塌方滑坡;在地质构造脆弱的地带引起崩塌、滑坡等地址灾害。

(8)挖山弃土弃石,顺坡滚滑,埋压植被。弃土弃石随水流失,会淤塞下游河床、水库、湖泊,严重时会形成泥石流。

(9)河道架桥或填筑路基,施工场地废水溢流,会污染河水,破坏水生生物生境,有时还会使下游水源地受到影响。

(10)施工作业场地土地固化和水泥、石灰等流失先进入土壤,影响土壤理化性能。

二、对水生生态环境的影响

1. 工程疏浚、抛泥、吹填施工对生态影响的影响

航道和港口水下工程疏浚、抛泥、吹填水下作业时,对生态环境的影响包括以下几点。

(1)悬浮物增加对施工水域近岸水生生态环境的影响。

另外,疏浚吹填往往设置围堰,围堰溢流口流出的低浓度泥浆进入水域,产生的污染物主要是悬浮物,它会引起施工水域内的局部水域水质浑浊,这将使阳光的透射率下降,从而使得该片水域内的游泳生物迁移到别处,尤其是滤食性浮游动物和进行光合作用的浮游植物受到的影响较大。

(2)底质破坏对底栖动物的影响。

在港池、航道工程建设中,由于疏浚挖掘泥沙、填充石料、填海造陆等施工作业,改变了作业区域原有的底质和岸线,改变了生物的原有栖息环境,生活在其中的潮间带生物和底栖生物,少量活动能力强的底栖种类逃往它处,大部分底栖种类将被掩埋、覆盖,除少数能够存活外,绝大多数将死亡。从这个意义上讲,施工作业对施工区潮间带和底栖生物群落的破坏是不可逆转的。港口建成后,在堤坝及其他水工建筑物上会逐渐形成以藤壶、牡蛎、贻贝等附着生物为主的新的生物群落。

(3)工程建设中,港池、航道疏浚物(泥沙等)除一部分用于进行吹填造陆外,其余部分都将外运至抛泥区进行抛投。挖泥船撒漏和抛泥将对航线附近水域及抛泥水域造成污染。

2. 水下炸礁对海洋生态环境的影响

炸礁是港口施工中用来保证设计水深的常见方法,所采用的工艺通常为打孔装药、起爆、清除,所采用的炸药多为防水硝铵炸药。水下炸礁对环境的影响主要是对水质及海洋生态环境的影响。

(1)水下炸礁对海洋生态环境的影响。

水下爆破后,水体中重金属含量、化学需氧量(COD)和总需氧量(TOD)的浓度、无机氮的浓度以及 pH 值和溶解氧量(DO)均有所变化。水下爆破对海水的影响主要是浑浊度和悬浮体的增高,产生的高浑浊水团由于潮流产生的输移、扩散和沉降作用,会影响周围生态系统,威胁海洋生物资源。由试验得知,水下爆破对鱼类的致死范围较小,主要是与距爆炸中心的距离有关,而与鱼种的关系较小。另外,位于爆炸中心的底栖生物,除强声压致死外,那些致昏而处于半致死状态的底栖生物,在遭到炸礁产生的大量泥沙石块掩埋之后会窒息、死亡。

(2)水下炸礁对渔业资源的影响。

短时间的连续爆破,除首炮之外,其余各炮对洄游鱼类的直接杀伤力相对要小。所以,在某一海域长期持续进行水下爆炸,将会起到大范围驱赶洄游鱼类的作用;如果在某一渔场禁捕期进行爆炸、勘探,可使该海域渔场中鱼类的生息繁殖环境受到破坏,导致习惯在该渔场产卵、育幼、索饵的洄游鱼类游迁至其他海域,从而造成作业区域渔业资源匮乏。

第三节　交通建设中生态环境保护措施

一、陆生生态环境保护、恢复与优化措施

1. 生态恢复与优化的原则

陆生生态环境保护、恢复与优化,应对永久用地和临时用地同样予以关注。永久用地包括

交通建设项目周边绿化带、公路中央分隔带绿化、公路和港口附属小区园林绿化等环保工程；临时用地包括临时便道、临时营地、拌和站、预制厂等施工场地，以及大量的取弃土场。进行生态保护、恢复与优化的设计和工程实施时，应贯彻以下原则：

(1)"工程措施与生物措施并重"的原则。在保证主体工程发挥社会和经济效益的同时，充分发挥生物措施的环保、生态和景观效益。

(2)"因地制宜"的原则。应根据项目周边环境状况，适地适树，宜林则林、宜草则草、宜荒则荒。在水热条件优越的地区，宜尽多采用生物措施，使工程占地内的生态环境得到恢复与优化；在干旱高寒的西北地区，则可采用砾石压盖等措施，以恢复原地形地貌为主，尊重自然规律，少数因强求绿化或景观效果，而增加不适当的灌溉等工程措施和经费的实例，也被证明是不科学和不可持续的。

(3)"临时占地应不低于原生态功能"的原则。依照此原则，临时用地占用的临时便道、临时营地、拌和站等施工场地，以及大量的取弃土场，应进行专项的土地复垦工程，原为耕地或林草地的，应恢复为耕地或林草地，不得荒芜。

(4)"乡土和归化植物优先、外来物种慎用"的原则。乡土和多年引种已经适应环境的归化植物可被优先采用，而外来物种引种时，则应经过专业论证和小规模试验，避免造成难以控制的生态扩散，进而造成持久的生态危害。

(5)"建设和养护并重"的原则。

2. 景观恢复与优化的原则

(1)识别项目周边既有景观，保留自然风景，综合表现项目周边景观。交通建设对自然景观资源和人文景观资源的影响和保护要求，随景观资源的保护级别而有所不同。在风景名胜这类已有保护级别的地段，交通建设应避免对景观资源造成破坏或影响，建设项目的景观应服从这类特殊景观的保护要求。此外，一般而言，许多地质遗迹(如火山口、地震断裂、各种名泉溪流、丹霞地貌和喀斯特地貌等)，地理特征物(如分水岭、河源地、地理标志物等)，各种历史文化遗迹(如古长城、古战场、古关隘、古栈道、古名人遗迹等)，现代生态学关注的珍稀植物、特殊生态系统以及岸滩湿地等，也都是重要的景观资源。

(2)完善公路、航道线形和工程构筑物人工景观，适当塑造新景观。

3. 生态恢复与优化技术

包括场地平整，乔木、灌木、草地等各种常规种植技术、管护技术等。特别是经过近十多年来的科学研究和生产实践，曾为舶来品的植生带绿化技术、客土喷播技术等先进技术洋为中用、逐步适应国情、不断成熟，为交通建设的生态恢复与优化提供了保证。具体内容见"第十四章 环境保护工程及监理要点"。

二、水生生态恢复与补偿措施

目前世界各国对河口地区和海岸带采取了多种保护措施。早在1972年10月27日，美国颁布了《海岸带管理法》(CZMA)，随之韩国、日本、新加坡、英国等国也先后制定了海岸带管理法律、法规。同时，为了减少资源破坏和避免生态进一步恶化，许多地方利用人工措施对已受到破坏和退化的海岸带进行生态恢复。由于人类对河口、海岸带生态系统复杂性的认识存在局限性,目前对海岸带生态恢复和补偿措施的研究还主要集中在单个的生态因子上,对河口、海岸带生态综合系统恢复技术的研究仍处在探索阶段。

我国是世界上河口、海岸带生态系统退化最严重的国家之一,也是较早开始海岸带保护的国家之一。在20世纪50年代至20世纪90年代共开展了3次大规模海岸带、滩涂和海岛资源综合调查,为随后海岸带保护和修复工作奠定了基础。20世纪90年代末,在南海、东海、黄海、渤海等海域实施了伏季休渔制度。虽然我国在海岸带保护工作方面取得了巨大进步,但在海岸带生态修复技术研究和应用方面所做的工作很少,还基本处于起步阶段。

目前,国内对于河口及海岸带开发采取的生态恢复及补偿措施主要有以下几方面。

1. 过鱼设施

(1) 过鱼设施的分类。

在河流上设置水工建筑物,阻挡了鱼类游上或游下,阻隔了鱼类的洄游通道。为使鱼类能够在上、下游间通过,枢纽大坝一般设过鱼设施,其类型有鱼道、鱼闸、升鱼机、集运鱼船等。

过鱼设施类型可以按如下分类:水渠式鱼道,如平面式鱼道、导墙式鱼道、阶梯式鱼道等;捞扬式鱼道(升鱼机式鱼道);闸门式鱼道;其他特殊鱼道。从发展的趋势来看,捞扬式鱼道有望成为高坝过鱼的途径,闸门式鱼道被广泛应用于河口大堰及河流中下游通江湖泊出口节制闸;河流中上游地区大部分采用水渠式鱼道,特别是阶梯式鱼道;平面式和导墙式鱼道已渐成过去。

我国学者在20世纪80年代也提出了如下过鱼设施分类系统:鱼梯,如直墙式鱼梯、导墙倾斜式鱼梯、深导墙式鱼梯、池式鱼梯、丹尼尔式鱼梯等;鱼闸(闸门式鱼道);升鱼机与索道式鱼道;集鱼船;特殊鱼道,如鳗鱼梯、浮鱼梯、幼香鱼鱼梯、管道式鱼梯、过鱼闸窗等。

鱼梯或水渠式鱼道的基本设计原理都是一致的,有的形式结构是从另一种形式结构改良而来的,因此简单地将其归纳为槽式鱼道和池式鱼道两种类型。合适鱼道的选择取决于鱼的种类、水力条件、蓄水位、费用和其他因素。

(2) 几种主要过鱼设施的结构和原理。

① 过鱼闸(窗)。

在与江河隔离的湖泊、河闸门处,采用过鱼闸(窗)纳入鱼、蟹苗种,补充水产资源的方法称开闸(窗)纳苗。在长江流域颇为盛行,并有一定效果。

过鱼闸(窗)的形式有如下几种:

纳苗窗:在原闸门专设供纳苗用的窗口,如武汉市的武太闸、安徽省的裕溪闸。窗口位置视汛期水位而定,可设上、下两个窗口。人力或机械启闭均可。此窗口操作方便,具有进水少、纳苗多的优点。

两节闸门:把原闸门分割成上、下两块,加固后,上半闸门可单独启闭进行纳苗。如湖北省蔡甸区黄矶闸、阳新县富池闸。该闸适用于水位稳定处,水位太高或太低时均无法使用。

分节闸板:在预备闸中改装分节闸板,一般分成2~3块,按闸外水位变动,调节闸板数目进行纳苗。

② 水渠式鱼道(鱼梯)。

槽式鱼道:槽式鱼道有斜行导水堤、简单槽式、丹尼尔式。槽式鱼道是一种上、下游的斜槽,槽内沿边壁或底壁设置各种形式的加糙部件,以增加水流阻力,减缓流速,便于鱼类向上溯游。

池式鱼道：池式鱼道有阻流隔板式、竖缝式、变形槽式、水池式等几种类型。其内部设有各式隔板，将水槽分隔成一系列互相沟通的水池，有时呈阶梯式。隔板上设有潜(底)孔或溢流孔，或者两者兼有，以供鱼、蟹通行。

③鱼闸。

鱼闸的运作原理与船闸相同。这种鱼道一般有两个闸室，一个位于坝的上首，另一个位于坝的底部，上、下两端闸门交错启闭进行过鱼，两者由斜井或竖井相连接。每隔一定时间，关闭底部闸室。底部闸室关闭时，闸室内水位上升，闸室中的鱼群可沿斜井往上游，并通过上闸室的溢水闸游出。

④升鱼机。

升鱼机适宜建在高坝上，其基本形式有两种，一种是单线，另一种是双线。与其他类型的过鱼设施相比，升鱼机的主要优点在于它的建设费用低，即实际费用跟大坝的高度无关；总体积小；对上游水位变化的敏感度低。升鱼机的主要缺点就是它的运行及维修的费用很高。

⑤集运鱼船。

集运鱼船即浮式鱼道，可移动位置，能适应下游流态变化，移至鱼类高度集中的地方诱鱼、集鱼。集运鱼船由集鱼船和运鱼船两部分组成。即由两艘平底船组成一个鱼道。集鱼船驶至鱼群集区，打开两端，水流通过船身，并用补水机组使其进口流速比河床流速大 $0.2 \sim 0.3 \mathrm{m/s}$，以诱使鱼进入船内，通过驱鱼装置将鱼驱入紧接其后的运鱼船，即可通过船闸过坝后将鱼放入上游。

⑥特殊鱼道。

特殊鱼道均为特殊对象而设，如香鱼道、鳗鱼道等。香鱼道为幼香鱼梯，兼捕幼香鱼。鳗鱼道是一种独特装置，在各形式鱼梯侧墙设置鳗洞或建造成特殊结构的鳗鱼梯。

2. 海洋生物人工放流增殖技术

人工增殖放流是恢复天然渔业资源的重要手段，通过有计划地开展人工放流种苗，可以增加鱼类种群结构中低、幼龄鱼类数量，扩大群体规模，储备足够量的繁殖后备群体，达到遏制鱼类资源衰退的目的。

增殖放流站的目标和主要任务是进行鱼类的野生亲本捕捞、运输、驯养；实施人工繁殖和苗种培育；提供苗种进行放流。

海洋生物人工放流增殖技术在我国应用较早，自 20 世纪 80 年代以来，我国先后在渤海、黄海、东海放养了以中国对虾为代表的近海海洋资源，目前规模化放流和试验放流种类已扩大到日本对虾、三疣梭子蟹、海蜇、虾夷扇贝、魁蚶、海参、鲍鱼以及梭鱼、真鲷、黑鲷、牙鲆等 10 多个品种，对近海海洋生物恢复起到了积极作用。

3. 人工鱼礁技术

人工鱼礁技术在我国南方海区近年来开始大规模试验。2000 年，广东省在阳江近海海面沉放了两艘百余吨级的水泥拖网渔船，以改善近海渔场生态环境。2001 年，我国首次在珠海东澳进行人工鱼礁试验。随后的 2002 年和 2003 年，在浙江省舟山群岛、江苏省连云港市赣榆秦山岛及海南省三亚市等海域先后开展大规模的人工鱼礁试验。

4. 海岸带湿地的生物恢复技术

采用人工方法恢复和重建湿地是海岸带生态恢复的重要措施。在海湾,利用工程弃土填升逐渐消失的滨海湿地,当海岸带抬升到一定高度,就可以种植一些先锋植物来恢复沼泽植被。2000年在山东省东营市开展的黄河三角洲湿地生态恢复是我国近年来较为成功的海岸带生态恢复项目,此工程通过引灌黄河水、沿海修筑围堤、增加湿地淡水存量,同时强化生态系统自身调节能力来进行海岸带生态恢复。目前,淡水湿地面积明显增大,植被生长旺盛,许多候鸟纷纷在保护区内筑巢产卵。

需要指出的是,河口、海岸带是世界上最复杂和最不稳定的生态系统,目前人类虽然对生态系统退化总体原因已有所认识,但是还不够深入。例如,对海岸带生态系统各部分之间以及其与海洋生态系统和陆地生态系统之间的关系和相互作用机理了解仍不够深入;河口、海岸带生态系统修复和试验示范研究还停留在一些小的、局部的区域范围内,或集中在某一单一的生物群落或植被类型,缺乏从海岸带整体系统水平出发的区域尺度综合研究与示范;河口、海岸带恢复目标主要集中在生态学过程的恢复,没有与海岸带管理法律、法规以及海岸带社会经济发展和居民的福利有机地结合起来,生态修复往往难以达到最初的目标。

复习思考题

1. 简述光、水、温等因子的生态作用及环境与生物的适应性。
2. 什么是生物种群和群落?公路工程可能对生物群落产生什么影响?
3. 什么是湿地?有什么生态意义?针对公路建设中可能遇到的湿地类型,应采取什么样的保护措施?
4. 交通建设行业在减缓全球气候变暖行动中,怎样发挥积极的作用?
5. 生态系统有哪些主要组成成分?它们是如何构成生态系统的?
6. 什么是"路域生态系统"?试述你所遇到的"路域生态系统"的特征,简述其与周围生态系统的关系。
7. 什么是生态平衡?公路建设过程中如何保护地区的生态平衡?
8. 什么是生物多样性?公路建设如何保护生物多样性?
9. 如何保护和创造交通景观?
10. 简述陆域交通建设生态保护、恢复与优化的原则。
11. 结合工程环境保护实践,如何理解宜荒则荒的生态恢复原则?
12. 简述疏浚、吹填及抛泥的生态环境影响及防治措施。
13. 简述水下炸礁对生态环境的影响及防治措施。
14. 海洋生态的恢复和补偿措施有哪些?

第三章 水土保持

【本章提要】本章叙述了水土保持基础知识、公路和水运工程建设对陆域及水域生态环境的影响,介绍了水土保持的指导方针和原则,以及水土保持工程的重点和常用的水土保持工程措施。

第一节 水土保持基础知识

一、水土保持有关概念

《中国大百科全书·水利》中,水土流失（water and soil loss）是指在水力、重力、风力等外力作用下,水土资源和土地生产力的破坏和损失,包括土地表层侵蚀和水土损失。

同时,书中对土壤侵蚀的定义为:土壤及其母质在水力、风力、冻融、重力等外力作用下,被破坏、剥蚀、搬运和沉积的过程。

从水土流失和土壤侵蚀的定义来看,两者存在着共同点,但两者也有明显差别,即水土流失中包括了在外力作用下水土资源和土地生产力的破坏和损失,而土壤侵蚀中则没有。在自然状态下,纯粹由自然原因引起的地表侵蚀过程非常缓慢,常和自然土壤形成过程处于相对平衡状态,这种侵蚀称自然侵蚀,也称地质侵蚀。人类活动破坏了植被,加速和扩大了地表土壤破坏和土体物质的移动、流失,称为加速侵蚀,也就是一般所讲的土壤侵蚀。

水土保持是防治水土流失,保护、改良与合理利用水土资源,维护和提高土地生产力,以利于充分发挥水土资源的经济效益和社会效益,建立良好生态环境的综合性技术。显然,土壤侵蚀是水土保持的工作对象。

二、土壤侵蚀类型

按照产生侵蚀的外力和影响侵蚀过程的因素,侵蚀可分为水力侵蚀、冰川侵蚀、雪蚀、风蚀和人为侵蚀。各种侵蚀可以单独出现,也可以综合起作用。就世界范围来说,对经济破坏最大的是水蚀和风蚀。

(1)水力侵蚀,是由雨滴动能的击溅作用和地表径流的机械作用力引起的。地表径流是由降雨、融雪水以及天然或人工水文网的集中水流而形成的。堤岸侵蚀是由水流以及地下水引起的。其他还有水流对堤岸和基岩床的涡流侵蚀,以及湖泊和海洋水流的浪蚀等。

按照侵蚀方式,水力侵蚀又可分为面蚀、沟蚀和潜蚀。其中面蚀包括溅蚀、片蚀、细沟状面蚀等;沟蚀是最重要的侵蚀方式,可形成浅沟、切沟、冲沟及河沟等,它们是沟谷发育的不同阶段。

(2) 雪蚀,是雪崩引起积雪运动造成的,在春季融雪期,雪蚀也可能由于积雪层沿着未冻土表面缓慢运动而引起,这种侵蚀主要影响亚高山区。

(3) 重力侵蚀,是指地表土石物质受到地震、降水、地表径流和地下水、海浪、风、冻融、冰川、人工采掘和爆破等任何一种外力作用时,在以自重力为主的作用下,失去平衡而产生破坏、迁移和堆积的一种侵蚀过程。常见于山地、丘陵、河谷和沟谷的坡地上。根据土石物质破坏和位移的方式不同,主要分为泻溜、崩塌、滑坡等三类。

(4) 泥石流,是山区沟谷中,由暴雨、冰雪融水等水源激发的,含有大量泥沙、石块的特殊洪流。它是水力和重力混合作用的结果,也称为复合侵蚀。严格地说,它是介于水流和滑坡之间的一系列过程。

(5) 风力侵蚀,是土粒在风流动能的作用下产生的运动,当风的能量减弱时,土粒又沉积下来。风蚀主要出现在无植被覆盖、物理性质不良的干旱土壤区。

(6) 人为侵蚀,一般认为其消极影响是破坏天然植被,代之以土壤保护作用较小的其他植被,如农作物,这就使土壤的理、化和生物学性质恶化,造成侵蚀。

三、土壤侵蚀类型和区划

《土壤侵蚀分类分级标准》(SL 190—2007)对我国土壤侵蚀类型的区划、土壤侵蚀强度分级、侵蚀土壤程度等作了规定。

按土壤侵蚀外力作用,将全国土壤侵蚀区划分为3个一级区(水力侵蚀为主区、风力侵蚀为主区、冻融侵蚀为主区),根据地质、地貌、土壤等形态将3个一级区又分别划分为若干二级区。

1. 水力侵蚀为主的类型区

西北黄土高原区:主要在黄河上中游。

东北黑土区(低山丘陵和漫岗丘陵区):主要在松花江流域。

北方土石山区:主要在淮河流域以北,黄河中下游、海河流域。

南方红壤丘陵区:主要在长江中游及汉水流域、洞庭湖水系、鄱阳湖水系、珠江中下游,包括江苏、浙江等沿海侵蚀区。

西南土石山区:主要在长江上中游及珠江上游。

2. 风力侵蚀为主的类型区

三北戈壁沙漠及沙地风沙区:包括青海、新疆、甘肃、宁夏、内蒙古、陕西、黑龙江等省区的沙漠戈壁和沙地。

沿河环湖滨海平原风沙区:主要在山东黄泛平原、鄱阳湖滨湖沙地及福建、海南滨海区。

3. 冻融侵蚀为主的类型区

北方冻融土壤侵蚀区:主要在东北大兴安岭山地及新疆的天山山地。

青藏高原冰川侵蚀区:在青藏高原和高山雪线以上。

四、土壤侵蚀强度划分标准

土壤侵蚀强度是地壳表层土壤在自然力和人类活动综合作用下,单位面积和单位时段内被剥蚀并发生位移的土壤侵蚀量,以土壤侵蚀模数表示,通常为吨/(平方公里·年)[t/(km²·年)]。《土壤侵蚀分类分级标准》(SL 190—2007)确定了我国不同地区、不同条件下的土壤侵蚀分类分级标准。

1. 土壤容许流失量标准

土壤容许流失量是指在长时间内能保持土壤的肥力和维持土地生产力基本稳定的最大土壤流失量。根据我国地域辽阔、自然条件千差万别、各地区的成土速度也不相同的实际,该标准规定了我国主要侵蚀类型区的土壤容许流失量,见表3-1。

我国主要侵蚀类型区的土壤容许流失量　　　　　　　　　　　表3-1

侵蚀区类型	土壤容许流失量 [t/(km²·年)]	侵蚀区类型	土壤容许流失量 [t/(km²·年)]
西北黄土高原区	1000	南方红壤丘陵区	500
东北黑土区	200	西南土石山区	500
北方土石山区	200		

2. 土壤水力侵蚀的强度分级

土壤水力侵蚀的强度分级见表3-2。

土壤水力侵蚀的强度分级　　　　　　　　　　　表3-2

级　别	平均侵蚀模数[t/(km²·年)]	平均流失厚度(mm/年)
微度	<200,500,1000	<0.15,0.37,0.74
轻度	200,500,1000~2500	0.15,0.37,0.74~1.9
中度	2500~5000	1.9~3.7
强度	5000~8000	3.7~5.9
极强度	8000~15000	5.9~11.1
剧烈	>15000	>11.1

3. 风蚀强度分级

风力侵蚀的强度分级按植被覆盖度、年风蚀厚度、侵蚀模数三项指标划分,见表3-3。

风蚀强度分级　　　　　　　　　　　表3-3

级　别	植被覆盖度(%)(非流沙面积)	年风蚀厚度(mm)	侵蚀模数[t/(km²·年)]
微度	>70	<2	<200
轻度	70~50	2~10	200~2500
中度	50~30	10~25	2500~5000
强度	30~10	25~50	5000~8000
极强度	<10	50~100	8000~15000
剧烈	<10	>100	>15000

第二节 交通建设对水土保持的影响

一、交通建设项目水土流失特点

(1)侵蚀时期短而集中。

公路、航道和港口建设的土壤侵蚀主要集中在施工和运营初期。

(2)侵蚀类型复杂,方式多样。

交通建设活动以人为侵蚀为主,又叠加了自然侵蚀外力,导致建设区域既有地带性侵蚀类型分布,也有人为活动侵蚀类型分布。项目建设改变了区内的环境因子,塑造出各种新的微地形,进而改变项目区内的侵蚀力大小及其组合,出现了建设活动开展之前极为少见的侵蚀方式。交通建设项目的建筑物、施工工艺等的多样性和复杂性,导致侵蚀方式的多样性和复杂性。如公路工程跨越不同区域的各种地貌类型,形成千姿百态的侵蚀形态。

(3)侵蚀发生具有潜在性和突发性。

侵蚀的潜在性是指侵蚀发生的主要因素或条件已经存在(或形成),但尚缺乏激发或诱发因素而未发生侵蚀,具有潜伏和可能发生、发展趋势的特性;一旦激发因素显现(或活化),则即刻发生侵蚀。侵蚀的突发性是指引起侵蚀发生的主要因子隐匿或随机性很大,人们不易察觉难以预料,侵蚀发生突然且可能造成较大危害的特性。交通建设项目水土流失的潜在性十分普遍,在建设和运营中均可能发生。如堆积的弃渣一旦出现不均匀沉陷或裂隙,就会引发重力侵蚀;各类边坡缓慢变化,发生各种侵蚀。

(4)侵蚀区域差异大,强度剧烈。

交通建设项目,尤其是线形工程,横跨不同地貌单元和气候类型区,因此主要侵蚀力、地面组成物质、地表植被等随着区域发生变化,这里的区域包括不同的水土流失类型区、地形地貌类型区等,导致区域间的侵蚀方式、侵蚀过程和侵蚀结果等有明显差异。侵蚀强度剧烈是指建设项目人为活动引起的水土流失强度很大,是侵蚀强度分级中的极强度、剧烈侵蚀以上的等级。

据观测,大暴雨从不稳固的公路路基上冲走的土壤比从耕地上冲走的土壤要多10倍。水土流失的直接起因是植被的破坏。建设工程离不开土石方作业,清表、填方、挖方等作业都会改变沿线的植被和地貌,对工程范围内的植被造成很大破坏,对土壤结构和地形等也有不同程度的影响,从而损害了其原有的水土保持功能。施工区、采石、取土、弃土(渣)区及临时材料堆放区是最易产生土壤侵蚀的地段。施工作业形成的裸露坡面还会使植被难以生长,这类问题在原来植被覆盖度就很低的北方山区更具有代表性。当植被覆盖了裸露坡面之后,流失过程趋于稳定。

二、交通建设项目水土保持的影响

(1)破坏地表植被,产生新的裸露坡面,为水土流失提供了有利条件。

施工前的场地清理和路基清表作业需将征地和借地范围内的植被进行清理、掘除,这些施工作业均造成了地表植被的破坏,使土壤表层裸露,从而降低了它的抗蚀能力,诱发新的水土流失。

(2)改变局部地貌和土壤结构,加剧水土流失。

施工,特别是土石方工程,必然出现大量挖方、填方,改变了沿线的局部地貌,使裸露坡面的土壤结构发生变化,加之有机质含量少,抵抗侵蚀的能力减弱,从而产生新的水土流失。边坡的改造还有可能引起崩塌、滑坡,进一步加剧水土流失。

(3)取土、弃土、弃渣产生的水土流失。

工程建设过程中为满足填方需要而大量取土,或因挖方产生大量的弃土弃渣,这些岩土孔隙大、结构疏松,遇下雨或刮风将会导致新的水土流失及生态环境的恶化。弃入山谷的弃土、弃渣会阻塞过水通道,有时还会为泥石流的产生提供固体碎屑。桥梁钻孔灌注桩施工产生的泥浆、钻渣及池塘清淤等,若处理不当,也会引起新的水土流失。

(4)临时工程和临时设施建设产生的水土流失。

临时用地的清理、填方和挖方等作业,与主体工程施工一样,也将造成地表植被的破坏,使土壤表层裸露,从而降低了它的抗蚀能力,产生新的水土流失。

(5)路面排水处理不当,引起坡面下游冲刷而带来水土流失。

(6)港口、航道护岸处置不当,产生水土流失。

(7)防波堤等水工建筑物边坡防护措施不当,产生水土流失。

(8)疏浚土陆域回填处置不当,产生水土流失。

第三节 交通建设项目水土流失的防治措施

一、交通建设项目水土保持的原则和目标

1. 水土保持的指导方针

《中华人民共和国水土保持法》确定了水土保持工作实行"预防为主、保护优先、全面规划、综合治理、因地制宜、突出重点、科学管理、注重效益"的方针。

结合交通行业特点,交通建设项目水土保持的指导方针应为:

(1)预防为主,开发建设与防治并重。

(2)积极采用综合的工程措施及生物措施,因地制宜,因害设防。

(3)可根据其工程建设特点采取分区分散防治,重点治理与一般防护相结合。

(4)水土保持与工程建设相结合,恢复和改善工程范围内及周边影响范围的水土保持设施,保证主体工程安全运营。

(5)交通建设水土保持管理与地方水土保持管理相结合。

2. 水土保持的预期目标

通过布设水土保持工程和生物措施,恢复和保护沿线水土保持设施,使工程新增水土流失得到有效控制,项目区原有的水土流失得到有效治理,减少水土流失造成的危害,水土资源、林草植被得到最大限度的保护与恢复,改善生态环境,具体目标如下:

(1)工程与生物措施相结合,综合防治,使工程结构物以及边坡、山体、岸基等周边环境稳定,避免水土流失对工程本身的危害,为安全生产运营服务。

(2)取土场全部做防护处理,使开挖坡面不裸露,并覆土加以利用。

(3)工程施工过程中产生的弃土、石渣得到有效拦挡或利用。

(4)最大限度控制泥沙不进入下游河道和海域,减少对河流正常行洪能力和各项生态功能的不利影响。

(5)做好公路、港口和航道绿化工程的养护,优化生态环境。

(6)水土流失治理度、土壤流失控制比、渣土防护率、表土保护率、林草植被恢复率、林草覆盖率六项指标应符合现行《生产建设项目水土流失防治标准》(GB/T 50434)的规定。

3.水土保持的责任范围

按照现行《生产建设项目水土保持技术标准》(GB 50433)规定,交通建设项目水土流失防治责任范围包括项目建设区和直接影响区。

项目建设区一般指建设主体工程区中的路基路面区、立交区、桥梁区、隧道区、附属设施区、港口工程陆域回填区、水工建筑物护坡区、疏浚土回填区、航道工程护岸区,以及临时工程如取土场、弃渣场、拌和站以及施工营地占地等;直接影响区一般指由于建设行为而造成水土流失危害、直接产生影响的区域,如项目区外的拆迁安置区、排水系统下游的承纳区等。

二、交通建设项目水土保持工程措施

1.公路工程项目水土保持工程措施

(1)排水系统。

①路基排水设施。

公路路基应设置完善的排水设施。路基地表排水系统包括边沟、截水沟、排水沟、跌水及急流槽、拦水带、蒸发池(油水分离池)、排水泵站等设施。将边沟、截水沟、边坡和路基附近积水引排至桥涵或路基以外时,应采用排水沟。水流通过陡坡地段时可设置跌水或急流槽。

当路基范围内出露地下水或地下水位较高,影响路基、路面强度或边坡稳定时,应设置暗沟(管)、渗沟、检查井等地下排水设施。高速公路、一级公路应设置路面排水设施。路面排水设施由路肩排水设施和中央分隔带排水设施组成。

②排洪设施。

处于和近邻行洪范围内的交通设施,其排洪渠道采用何种形式(明渠或暗渠)应结合具体地形条件确定。一般郊外的排洪渠可采用明渠形式,以节省工程建设和养护费用。

(2)路基防护措施。

路基在水、风、冰冻等自然力的长期作用下,经常发生变形和破坏,如边坡的表土剥落形成冲沟以及滑坍等。为保证边坡的稳定性,除做好排水工程外,还必须采取有效措施,对黏土、粉砂、细砂及容易风化的岩石路基边坡进行必要的防护与加固。

路基防护的方法,一般可分为坡面防护和冲刷防护两类。坡面防护可分为抹面、喷浆、勾缝与灌浆;冲刷防护可分为护面墙、挡土墙、砌石护坡、抛石、石笼等。

对于水流、风力、降水以及其他因素可能引起路基破坏的,均应设置防护工程。在冲刷防护设计中要综合考虑,使防护工程具有更好的效果。

在不良气候和水文条件下,对粉砂、细砂与易于风化的岩石坡,以及黄土和黄土类边坡,均宜在土石方施工完成后及时防护。路堑边坡应根据边坡岩层组成及坡面弱点分布情况考虑全面防护或局部防护。

对于冲刷防护,一般在水流流速不大及水流破坏作用较弱地段,在沿河路基边坡设砌石护坡、石笼和混凝土预制板等,以抵抗水流的冲刷和淘刷。需要改变水流或提高坡脚处粗糙率以降低流速、减缓冲刷作用时,可修筑坝类构造物。对于冲刷严重地段(急流区、顶冲地区),可采用加固边坡(砌石护坡)和改变水流情况的综合措施;水下部分可视水流的淘刷情况,采用砌石、石笼或混凝土预制板等护底固脚措施。

(3)路堑边坡防护措施。

路堑坡面防护的常用工程措施有灰浆、三合土等抹面,喷浆,喷混凝土,浆砌片石护墙,锚杆喷浆护坡,挂网喷浆护坡等。其中,坡面喷混凝土防护分为普通喷射、挂网喷射、钢纤维喷射和造膜喷射四种。喷成的护坡强度高,黏结力强,无脱落、开裂、鼓起等情况,喷层虽薄但能和原岩共同作用,防止风化和岩块松动。

(4)水土保持临时防护——覆盖、拦挡和排水措施。

在施工期间,由于工程挖填方量大,施工周期长,其裸露面在雨季受雨滴的击溅、径流的冲蚀,极易产生水土流失,甚至影响工程安全和进度。临时防护措施主要包括临时拦挡措施、临时排水措施、临时覆盖措施(工程材料覆盖或植物材料覆盖层)。

①临时覆盖措施。

可用无纺布、土工布、塑料彩条布,或撒播速生草籽,尽快形成覆盖层,以防止降雨对工程裸露面的击溅侵蚀。这是防止水土流失的源头。

②临时拦挡措施。

临时拦挡措施可利用土工布等材料,也可以就地取材,采用工程本身废弃的石块和袋装弃土弃渣进行拦挡,以减少水土流失。

在开挖路基时,根据地形条件,设置临时沉沙池,以减缓地表径流流速,沉淀泥沙,在临时沉沙池出水的一侧设土工布围栏,再次拦截泥沙。

桥梁钻孔桩施工可就势建立临时围堰,防止泥浆进入沟道和河流。路基两侧临时弃渣周围也要进行拦挡。

③临时排水措施。

在雨季,地表短时间可汇集大量地表径流,水流在路基边坡流动,常造成大面积面蚀、沟蚀和重力侵蚀。因此,搞好施工工地临时排水尤为重要。

临时排水措施主要包括在工程边界设置的排水沟和临时挡水埂。临时排水沟可以汇集地表径流并将其排导至自然排水系统内;一定高度的临时挡水埂可以拦截无组织的地表漫流,将水流有序地导至排水系统妥善排出。

(5)水土保持临时防护——施工便道水土保持措施。

施工便道是材料运输的重要通道,承受的行车荷载及交通量都很大。由于施工便道是临时修建的,道路质量不高,在雨水淤积及冲刷的情况下极易破损,造成水土流失。因此,施工便道需修建并且保持临时的防止表面侵蚀和控制沉淀物的设施。

临时施工便道应修建临时排水设施,永久施工便道应修建永久排水设施。排水设施修建应与便道路面整治同时进行。在高边坡端或路基两侧建排水沟,来控制和顺引坡面下冲水流,结合地形在排水沟出口处设沉沙池,并在沉沙池出水口处设土工布围栏,再次拦截泥沙,水流经沉沙池沉淀和土工布围栏过滤后,排向附近的自然沟道。

一般的施工便道主要采用简单生物措施进行防护。在临时便道挖、填方坡面撒播草籽,尽快形成覆盖层,防止水土流失。草种选择根据当地自然条件决定,选择抗逆性能好、生长快的乡土草坪。永久便道道路两旁还应栽植行道树进行绿化。边坡条件较差时,需采取工程护坡措施。如防护工程不能紧跟施工时,对坡面应采用加覆盖物等临时防护措施。

(6)水土保持临时防护——弃土(渣)场水土保持措施。

①拦渣措施。

可供选择的拦渣工程措施主要有拦渣坝、挡渣墙和拦渣堤等(详见有关章节)。

②护坡措施。

a.削坡和反压填土。在渣体堆置完毕后,对于在剖面形态上呈凹形、凸形或有临空状态的上陡下缓的斜坡,应采取分级削坡或修筑马道削坡的措施将其上部陡坡(产生滑坡的滑体)挖缓。通过削头取土,减轻滑坡体上部的荷载,减小滑体的体积,并将其反压在下部缓坡(阻滑体)上。这样,既可把坡面修成一定的坡度(使总坡比控制在 $1:1.75 \sim 1:2$ 之间),又可增加阻滑体的阻滑力量,控制上部向下滑动,防止冻融滑塌或由于山体抗剪强度不足引起的滑塌。

b.护坡工程。护坡工程是为了稳定弃土、弃渣堆积边坡,避免裸露坡面遭受雨滴直接击溅和地表径流冲刷而采取的水土保持措施。护坡工程分为工程护坡、植物护坡和综合护坡三种。

工程护坡能提高边坡的稳定性,对雨滴击溅和地表径流冲刷的防治效果好,但投资较大,适应变形能力也较差,易随弃土(渣)的不均匀沉降而遭到破坏;植物护坡能适应弃土(渣)的沉降变形,控制水土流失,而且对公路沿线生态环境改善具有重要意义,但在建植初期,其对水土流失的防治效果较差,需加强管护,确保植物保存率和成活率;综合护坡兼有工程护坡和植物护坡的优点,它是在工程护坡措施间隙上种植植物,不仅具有增加坡面工程强度、提高边坡稳定性的作用,而且具有绿化美化的功能。所以针对弃土(渣)比较松散,不均匀沉降等特性,其堆积边坡应优先采用植物护坡或综合护坡。

③排水措施。

为了保护弃土(渣)安全稳定,排除弃土(渣)场周边坡面及域内的洪水危害,需修建相应的排水设施。

a.弃土(渣)场四周排水。弃土(渣)场边缘四周排水工程基础应尽量修筑在自然山坡上,以避免弃土(渣)不均匀沉降带来的不利影响。排水工程设计应根据集水面积、产渗流系数以及降雨强度等确定其结构形式、布置方式和过水能力。排水设施主要由挡水埂、排水沟、急流槽、墙前边沟和沉沙池组成。

b.弃土(渣)场坡面排水。水对斜坡具有软化作用,尤其是对滑动面具有润滑作用,水还能冲刷、切割坡面和坡角,从而侵蚀坡面和影响斜坡稳定性。因此,排水对治坡就显得尤为重要,而治水的主要措施则是建设排水工程。排水工程可以减免地表水或地下水对坡体稳定的不利影响,一方面能提高现有条件下坡体的稳定性,另一方面允许坡度增加而不降低坡体的稳定性,同时,排水设施的建设应尽可能与现有的排洪系统相结合,从而降低治理费用。排水工程主要分为排除地表水工程和排除地下水工程。

2. 水运工程项目水土保持工程措施

(1)港口、航道护岸工程。

港口和航道工程一般采用护岸工程减少岸坡的水土流失,护岸结构可采用斜坡式、直立式、斜坡与直立相结合的结构形式。对岸坡较缓、水深较浅、地基较差、石料来源丰富、用地不紧张的地段和就地修坡的岸坡,宜采用斜坡式护岸;对岸坡较陡、水深较深、地基较好、岸线纵深较小和用地紧张的地段,宜采用直立式护岸。

为保证防护效果,护岸工程设计时应遵循以下原则:根据海岸和河岸动力特点进行防护,有利于岸滩稳定;减少波浪集中;避免相邻建筑物的连接处形成薄弱点;与邻近建筑物和环境相协调。

(2)疏浚回填土处理。

疏浚回填土处理的水土保持措施包括两个方面。一方面,在疏浚吹填时,为防止泥沙随排水流入海域,在吹填区四周设置抛石围堤,让排水在吹填区内经过较长距离的沉淀过程后变得较为澄清,再从溢流口排出。吹填围堰应有闭水或过滤功能,以保证泥沙不经堰体泄漏;必要时,围堰外尤其是溢流口处,可以再设置过滤网,进一步降低溢出水体的悬浮物浓度。陆域吹填需在围堰高出海面后进行。另一方面,吹填完成后,在疏浚土固化过程中,做好围挡加固设施,防止水土流失。

三、交通建设项目水土保持生物措施

植物覆盖是自然因素中防止土壤侵蚀的积极因素,几乎在任何条件下都有阻缓水蚀和风蚀的作用。植物在水土保持上的作用主要表现在:①拦截雨滴;②调节地表径流;③改良土壤性状;④根系的土壤加强作用;⑤降低坡体孔隙水压力;⑥减低风速,防止风害等。

对于公路工程建设项目的水土保持措施,要积极采取综合措施。依靠工程措施主要发挥坡面整体稳定的作用,依靠生物措施主要发挥坡面表层稳定和生态及景观效益,有机地将工程措施及生物措施相结合,是交通建设项目水土保持的指导方针之一。常用的坡面土保持生物措施有人工播种、铺草皮、植生带护坡、土工格室植草、藤本植物护坡、液压喷播、客土喷播等。有关生物措施可参见"第二章 生态环境保护"相关内容。

对于水运工程建设项目的水土保持措施,传统的航道护岸结构往往只片面强调岸坡的耐久性,较少考虑护岸与河道生态之间的关系,而新型生态护岸结构是在满足内河航道航运功能的前提下,实现护岸结构耐久性与生态性的有机结合,最终达到恢复河岸生态环境的目的,是近年来护岸建设和研究的一种趋势。如京杭运河两淮段采用苇坨深水栽植生态护岸,固土护坡、消浪效果明显。连云港港疏港航道整治工程的护岸工程,在对岸坡各高程的防护方式和设置方式进行详细分析后,通过适当的植物防护和永久工程相结合,形成既满足固坡要求又能恢复河岸生机的新型护岸结构,效果良好。

复习思考题

1. 简述交通建设项目中水土保持的原则、目标和方式。
2. 简述公路水土流失防治责任范围及防治分区。
3. 交通建设主体工程水土保持工程措施主要有哪些？弃土(渣)场的水土保持工程措施又有哪些？
4. 简述水运工程水土流失发生源和针对性防治措施。
5. 参考第十四章，试列举常用的边坡水土保持生物措施。

第四章 声环境及振动环境保护

【本章提要】 本章介绍了声和振动的基础知识，探讨了交通建设施工期和营运期，声和振动对环境的影响，并提出了相应的防治、减缓措施。

第一节 声及振动基础知识

一、基本概念

1. 噪声的定义

物理学里，声被定义为一种通过弹性介质传播的波。声波是由物体振动或空气振动产生的。振动的物体称为声源，声源的振动引起周围空气的疏密交替变化，这种疏密变化由声源向外传播就产生声音。声音在介质中传播时，传播出去的是物质运动的能量，而不是物质本身。

噪声是声波的一种，是声强、频率变化没有规律、杂乱无章、听起来不和谐的声音。从广义上来讲，凡是人们感觉不适、使人烦躁的声音都是噪声。

环境噪声是户外各种噪声的总称。按照声源类别可分为交通噪声、工业噪声、施工噪声和生活噪声。

2. 振动的定义

在外力作用下，物体产生振动。振动的物体（声源）除了向空间辐射"空气声"外，还通过基础或相连的固体结构传播"固体声"。"固体声"在传播的过程中将向外辐射噪声，特别是当引起物体共振时，会辐射很强的噪声。

3. 环境噪声

指在工业生产、建筑施工、交通运输和社会生活中所产生的干扰周围生活环境的声音。噪声的强度可用声级表示，单位为分贝[dB(A)]。一般来说，声级在30~40dB(A)是比较安静的环境，超过50dB(A)就会影响睡眠和休息，70dB(A)以上会干扰人们的谈话，使人心烦意乱，精力不集中。长期工作和生活在90dB(A)以上的噪声环境，会严重影响听力并导致其他疾病发生。日常噪声源的声级及其对人的影响如表4-1所示。

日常噪声源的声级及其对人的影响　　　　　　表4-1

噪　声　源	声级[dB(A)]	对人的影响
火箭、导弹发射	150~160	无法忍受
喷气式飞机喷口	130~140	无法忍受

续上表

噪 声 源	声级[dB(A)]	对人的影响
球磨机	110~120	很吵
电锯	100~110	很吵
载货汽车	90~100	很吵
大声说话(附近很吵)	70~80	较吵
一般说话	60~70	一般
普通房间	50~60	较静
静夜	30~40	安静
轻声耳语	20~30	安静
消声状态	10~20	极静
室内听觉下限	0~10	听阈

4. 环境噪声污染源分析

环境噪声污染是指所产生的环境噪声超过国家规定的环境噪声排放标准,并干扰他人正常生活、工作和学习的现象。声音构成环境噪声污染,除了扰民之外,还必须超过排放标准,二者缺一不可。

(1)交通运输噪声。交通运输工具(如火车、汽车、摩托车、飞机、轮船等)在行驶时都会产生噪声。随着城市机动车的增加,交通噪声已成为一个重要的城市环境问题。

(2)工业生产噪声。工业噪声有空气振动噪声,如鼓风机、空压机、锅炉排气等产生的噪声;也有机械振动产生的噪声,如织布机、球磨机、碎石机、电锯、车床等产生的噪声;还有电磁力作用产生的噪声,如发电机、变压器产生的噪声。

(3)建筑施工噪声。建筑工地使用的打桩机、推土机、挖掘机等产生的噪声,还有起重机、灌浆机和其他建筑工具的使用产生的噪声。

(4)生活噪声。生活噪声常见的有高音喇叭,商场、自由市场、练歌房、餐饮服务场所等产生的噪声。

5. 噪声的危害

噪声对人的生理、器官和心理等都会产生不良影响,对儿童及孕妇的损害更为严重。

(1)损伤听力。在强噪声[100~120dB(A)]环境中工作一天,就会产生暂时性听力损伤,经过休息可以恢复,如果长期在强噪声环境中工作,就会造成永久性听力损伤。极强的噪声[>120dB(A)]能使人的听觉器官发生急性外伤,引起耳膜破裂出血,使人双耳变聋、神志不清、脑震荡和休克。

(2)造成神经衰弱。长期在噪声环境中工作、生活,会使人产生头痛、脑胀、昏晕、耳鸣、多梦、失眠、嗜睡、心慌、记忆力衰退、全身乏力等症状。

(3)对视力产生影响。噪声也会造成眼痛、视力衰退、眼花等症状。

(4)使人胃功能紊乱,出现食欲不振、恶心、消瘦、体质减弱等症状。

(5)干扰内分泌,使人体血液中油脂及胆固醇升高,甲状腺活动增强并轻度肿大。

(6)干扰睡眠、交谈、工作、思考。当环境噪声为45dB(A)时,人感觉很安静,保持正常谈话的距离为 10m；而当噪声超过 65dB(A)时，人感觉吵闹，相距 1.2m 时谈话都较困难。

(7)对人体心理的其他影响。主要表现在令人烦恼，易激动，甚至失去理智。

(8)对动物的影响。强噪声会使鸟类羽毛脱落、不产卵，甚至内出血，最终死亡等。

6. 振动的危害

振动对人、建筑物、仪器设备都会带来直接的危害。对人体的危害表现为影响作业工人的身心健康和工作效率。

在交通建设中与振动有关的例子有：打桩引起临近房屋地基受损、墙体开裂；重载汽车经过时，引起沿街房屋窗玻璃共振；开山放炮的冲击波引起临近房屋玻璃破碎或墙体开裂等。

二、噪声与振动的计量

1. 计量声音的物理量

(1)声功率。声源在单位时间内辐射的总声能量称为声功率。声功率的大小，只与声源本身有关。

(2)声强。声场中，在垂直声波传播方向上，单位时间内通过单位面积的声能称作声强。声场中某点声强的大小与声源的声功率、该点与声源的距离、波阵面的形状及声场的具体情况有关。

(3)声压。目前，在声学测量中，直接测量声强较为困难，故常用声压来衡量声音的强弱。某一瞬间介质中的压强相对于无声波时压强的改变量称为声压。声压是声场中某点声波压力的量度，影响它的因素与声强相同。

2. 声压级、声强级和声功率级

(1)声级和分贝数。

我们能听到的声音，从最微弱到最大，声压的范围很大，使用中很不方便。用分贝来表示声功率、声强、声压，就可以大大地缩小这个数量级。分贝 $L(dB)$ 定义为表示两个量 Q 和 Q_0 相对关系的单位，其关系式为：

$$L = 10\lg(Q/Q_0) \qquad (4\text{-}1)$$

式中：Q_0 —— Q 的参考量。

在环境噪声中，以分贝表示的声功率、声强和声压分别称为声功率级、声强级和声压级，分别写作 L_W、L_I 和 L_P。

(2)声级的叠加。

在许多噪声问题中，我们关心的是多个声源的噪声在某点上的总和。例如，假设一个声源产生的声压级 $L_P = 70$dB，请问，两个或 N 个同样的声源产生的声压级是多少？在两个声源时，答案不是 140dB 而是 73dB，因为分贝数不可直接相加。更确切地说，首先应把声强相加（或声压的平方相加），然后再换算成分贝数。

如两个声源 L_1 和 L_2 不等，L_1 和 L_2 的和可在计算出两个声压级的差 $(L_2 - L_1)$ 后，由表 4-2 查出 ΔL 加到 L_1 和 L_2 较大的一个上，就得到复合声压级。

$L_2 - L_1$ 与 ΔL 对应关系表(单位:dB)　　表4-2

L_2-L_1	0	1	2	3	4	5	6	7	8	9	10	11
ΔL	3	2.5	2.1	1.8	1.5	1.2	1.0	0.8	0.6	0.5	0.4	0.3

3. 振动的计量

振动分为水平方向和垂直方向,其影响大致相同。人对振动的反应与频率、振幅有关,还与主观感觉有关。振动的评价量为振动级。环境振动讨论的是铅垂向 Z 振级,符号为 V_{LZ},单位也是 dB。在规定的时间内有 $N\%$ 的时间中 Z 振级超过某一 V_{LZ} 值,这个 V_{LZ} 值叫做累积百分 Z 振级,计为 V_{LZN}。对于无规振动就以 V_{LZ10} 为评价量。

三、噪声的主观评价

1. A 声级

环境噪声的度量,不仅与噪声的物理量有关,还与人对声音的主观听觉感受有关;人耳对声音的感觉不仅和声压级大小有关,也和频率的高低有关。根据听觉特性,在声学测量仪器中,设置有"A 计权网络",测得的噪声值较接近人耳的感觉,其测得值称为 A 声级(L_A),单位为 dB(A)。

2. 等效连续 A 声级

有时候将某一段时间内连续暴露的不同 A 声级变化,用能量平均的方法表示该段时间内的噪声大小。这个声级称为等效连续 A 声级,简称等效声级(L_{Aeq}),单位也是 dB(A)。当等效声级与分贝同时标注时,用 $L_{Aeq}[dB(A)]$ 或 $L_{eq}[dB(A)]$ 表示。

在评定非稳定噪声时,等效连续 A 声级尤为必要。

敏感点的环境噪声评价时,通常用等效连续 A 声级。由于环境噪声标准中都用 A 声级,故如不加说明,则等效声级就是等效连续 A 声级,并常简单地用符号 L_{eq} 表示,单位也可简单地用 dB(A) 表示。

3. 统计声级

统计声级是指某点噪声级有较大波动时,用于描述该点噪声随时间变化状况的统计物理量,一般用 L_{10}、L_{50}、L_{90} 表示。L_{10} 表示在取样时间内,10% 的时间超过的噪声级,相当于噪声平均峰值;L_{50} 表示在取样时间内,50% 的时间超过的噪声级,相当于噪声平均中值;L_{90} 表示在取样时间内,90% 的时间超过的噪声级,相当于噪声平均底值。其计算方法是将测得的 100 个(或 200 个)数据按大小顺序排列,第 10 个(或第 20 个)数据即为 L_{10}。第 50 个(或第 100 个)数据即为 L_{50},第 90 个(或第 180 个)数据即为 L_{90}。交通噪声评价时,通常用统计声级。

四、噪声与振动标准

为控制噪声影响,合理采用控制技术,我国制定了一系列噪声标准。其中与公路交通有关的有《声环境质量标准》(GB 3096—2008)、《建筑施工场界环境噪声排放标准》(GB 12523—2011)。前者为环境质量标准,后者为污染控制标准。

1. 声环境质量标准

《声环境质量标准》(GB 3096—2008)中规定的声环境质量标准值见表4-3。该标准值是针对不同功能的环境区域而制定的,这是交通环境影响评价及噪声控制的主要依据。

声环境质量标准值[等效声级L_{Aeq},dB(A)]　　　　表4-3

适用区域	类别	昼间	夜间
康复疗养区等特别需要安静的区域	0	50	40
以居民住宅、疗养卫生、文化教育、科研设计、行政办公为主要功能,需要保持安静的区域	1	55	45
以商业金融、集市贸易为主要功能,或者居住、商业、工业混杂,需要维护住宅安静的区域	2	60	50
以工业生产、仓储物流为主要功能,需要防止工业噪声对周围环境产生严重影响的区域	3	65	55
高速公路、一级公路、二级公路、城市快速路、城市主干路、城市次干路、城市轨道交通(地面段)、内河航道两侧区域	4a	70	55
铁路干线两侧区域	4b	70	60

2. 建筑施工场界环境噪声排放标准

该标准适用于城市建筑施工场地产生的噪声(表4-4)。如有几个施工阶段同时进行,以高噪声阶段的限值为准。

标准中的"装修"阶段,是针对城市建筑施工而言的。交通建设工程中的临时工程、路基土石方工程、防护工程、排水工程、路面工程、桥涵工程、隧道工程等,应按实际情况,套用施工场界噪声标准的时段。

建筑施工场界噪声标准[等效声级L_{Aeq},dB(A)]　　　　表4-4

施工阶段	主要噪声源	噪声限值	
		昼间	夜间
土石方	推土机、挖掘机、装载机等	75	55
打桩	各种打桩机等	85	禁止施工
结构	混凝土搅拌机、振捣棒、电锯等	70	55
装修	起重车、升降机等	65	55

3. 工业企业场界环境噪声排放标准

工业企业场界环境噪声排放标准见表4-5。

工业企业场界环境噪声排放标准[等效声级L_{Aeq},dB(A)]　　　　表4-5

场界外声环境功能区类别	昼间	夜间	场界外声环境功能区类别	昼间	夜间
0	50	40	3	65	55
1	55	45	4	70	55
2	60	50			

夜间频发噪声的最大声级超过限值的幅度不得高于 10dB(A)。

夜间偶发噪声的最大声级超过限值的幅度不得高于 15dB(A)。

工业企业若位于未划分声环境功能区的区域,当场界外有噪声敏感建筑物时,由当地县级以上人民政府参照现行《声环境质量标准》(GB 3096)和《声环境功能区划分技术规范》(GB/T 15190)的规定确定场界外区域的声环境质量要求,并执行相应的场界环境噪声排放限值。

当场界与噪声敏感建筑物距离小于 1m 时,场界环境噪声应在噪声敏感建筑物的室内测量,并将相应的限值减 10dB(A) 作为评价依据。

4. 城市各类区域铅垂向 Z 振级标准

《城市区域环境振动标准》(GB 10070—88)中规定城市各类区域铅垂向 Z 振级标准值见表 4-6。

城市各类区域铅垂向 Z 振级标准值(dB)　　　　表 4-6

适用地带范围	昼间	夜间	适用地带范围	昼间	夜间
特殊住宅区	65	65	工业集中区	75	72
居民、文教区	70	67	交通干线道路两侧	75	72
混合区、商业区	75	72	铁路干线两侧	80	80

第二节　交通建设项目噪声及振动的影响

一、施工噪声及振动污染源和源强

由于施工机械不单是噪声源,同时也是振动源,因此,下面对噪声源的论述同时适用于振动源。为节省篇幅,不一一说明。

随着工程进度的不同阶段,会采用不同的机械设备,如在基础(路基、场基)施工阶段采用的挖掘机、推土机、装载机、凿岩机、平地机、压路机等;混凝土预制浇筑的噪声源为水泥混凝土拌和设备、振捣器;在路面、场地面阶段采用的混凝土切缝机、起重机、沥青摊铺机等;在桥梁、港口泊位施工中采用的钻孔灌注桩机,大管桩的施工噪声源为打桩机;挖泥机械噪声源为挖泥船。此外,备用电源如柴油发电机、空压机、轴流风机、破碎机、大吨位载货汽车、爆破作业等都是强噪声源。

通过对建筑施工现场监测,主要施工机械不同距离处的噪声值见表 4-7。当多台不同机械同时作业时,声级将叠加,增加值在 1~8dB(A)之间,视施工机械的种类、数量、相对分布的距离等因素而不同。

除了打桩和爆破作业外,其他施工阶段一般施工噪声的达标距离,在昼间约需 60m,而在夜间则需 200m,甚至更远。因此,大型施工场地的选址,应尽可能离开居民集中点 200m 以外;否则,应停止夜间高噪声作业的施工。

主要施工机械不同距离处的噪声值[单位:dB(A)] 表4-7

机械名称	距离(m)									
	5	10	20	40	60	80	100	150	200	300
装载机	90	84	78	72	68.5	66	64	60.5	58	54.5
振动式压路机	86	80	74	68	64.5	62	60	56.5	54	50.5
推土机	86	80	74	68	64.5	62	60	56.5	54	50.5
平地机	90	84	78	72	68.5	66	64	60.5	58	54.5
挖掘机	84	78	72	66	62.5	60	58	54.5	52	48.5
摊铺机	87	81	75	69	65.5	63	61	57.5	55	51.5
拌和机	87	81	75	69	65.5	63	61	57.5	55	51.5
振捣器	—	81	—	—	—	—	—	—	—	—
打桩机	—	—	—	79	—	—	—	—	—	—
挖泥船	—	—	—	—	68	—	—	—	—	—

港口、码头等工程营运期的噪声污染主要来源于装卸机械。主要装卸机械单机噪声值见表4-8。

主要装卸机械单机噪声值 表4-8

声源	平均声级[dB(A)]	测点距声源的距离(m)
皮带输送机	68	10
装卸船	78	10
桥式卸船机	72	30
斗轮堆取料机	80	10

二、运营期交通噪声

1. 车辆噪声源

公路交通噪声,主要是汽车噪声。汽车是由许多零部件或机械总成装配而成的。汽车在运行过程中,除了内燃机和机械传动机构发出的噪声外,所有的零部件都会产生振动和噪声。因此,汽车噪声大致可分为:燃烧噪声、进气和排气噪声、风扇运转噪声、机械噪声、车身噪声。汽车在公路上行驶时,还有轮胎与地面的摩擦噪声。

2. 车辆噪声强度的影响因素

车辆噪声大小还与车速、载质量、新旧状况及维护状况、路况(路面性能、粗糙度及平整度)、路面纵坡等因素有关。

(1)载质量。载质量加大,会使中型载货汽车的噪声级稍有增加。大型载货汽车载重时的噪声级比空车时增加约3dB(A)。

(2)路面材料。小型车在刚性路面上的噪声级比在柔性路面上大3dB(A),原因是小型车在刚性路面上的轮胎噪声比在柔性路面上要大得多;中型车和大型车在刚、柔两种路面上的行驶噪声级基本相同,在相同车速下,刚性路面上的噪声级比柔性路面上的噪声高出1dB(A)

左右。

(3)路面粗糙度和平整度。一般来讲,路面越粗糙不平,高速行驶时噪声越大,这主要是由轮胎摩擦和爆破噪声引起的。同时,路面严重破损或砂石路面,会因车体振动而使噪声强度增加。

(4)路面纵坡。路面纵坡对小型车的行驶噪声无明显影响。载货汽车因上坡时发动机转速的增加,增大了动力噪声,使噪声明显增强。

3. 港口机械运营噪声影响

不同港口码头,由于装卸机械不同,其噪声影响差异较大。一般来讲,受码头工艺特点的影响,专业化的油码头、煤码头产生的噪声相对较小,而集装箱码头生产作业产生的噪声影响较大。

由集装箱码头装卸工艺可知,噪声主要污染源为岸边集装箱装卸桥、轮胎式场桥、轨道式场桥、集装箱叉车、集装箱牵引车等装卸机械运行中的机械噪声和船舶、运输车辆的交通噪声。以上各装卸设备的噪声值列于表4-9。

集装箱码头作业机械设备噪声值 表4-9

设　　备	测试距离(m)	噪声值[dB(A)]
岸边集装箱装卸桥	10	84
轮胎式场桥	10	80
轨道式场桥	10	76
集装箱牵引车	5	84
集装箱叉车	5	81

第三节　交通建设噪声与振动的防治措施

一、噪声与振动控制的主要原理

1. 吸声

声音遇到吸声材料(或吸声结构)时,部分声能转换成热能(或储存起来)而被吸收。吸声常用于室内混响声的降低。吸声材料(或结构)有阻性和抗性两种。吸声系数是被吸收的能量与入射声能之比,最小为0,最大为1,一般在0与1之间。吸声系数越大,表示吸声性能越好。吸声系数与材料本身的性质、使用条件、声波入射的角度、频率等有关,常用的超细玻璃棉、岩棉等吸声材料1000Hz的吸声系数在0.6以上。

2. 隔声

隔声是利用屏蔽物将声源与接受者分开,阻断空气声的传播。屏蔽物可以是隔声屏障、隔声罩、隔声间(室)等,在噪声控制技术中称为隔声结构,在建筑声学中称为隔声围护结构。

隔声量 R 用来表征隔声结构的隔声能力。

$$R = 20\lg(P_i/P_t) \qquad (4\text{-}2)$$

式中:P_i、P_t——入射声压和透射声压。

通常用插入损失 IL 来评价隔声罩、隔声屏障的实际降噪效果。它的定义是:在离开声源一定距离的某处所测得的两个声压级 L_1 和 L_2 之差。L_1 为该隔声结构设置前的声压级,L_2 为设置后的声压级。

$$IL = L_1 - L_2 \tag{4-3}$$

3. 消声

消声器是控制气流噪声的设备,既要减少噪声,又要尽量不影响气流的通过,通常用在气流通过的管道中或进气、排气口上,例如风机消声器、空压机消声器、内燃机消声器、轴流风机消声器、空调管道消声器、排气放空消声器等。消声器有阻性消声器、抗性消声器、阻抗复合性消声器、微穿孔板消声器、小孔扩散消声器和有源消声器等类型。

通常也用插入损失来评价消声器的消声量。

4. 消振

消除或减弱振源,这是最彻底和最有效的消振办法。因为受控对象的响应是由振源激励引起的,振源消除或减弱,响应自然也消除或减弱。如改善机器的平衡性能、改变扰动力的作用方向、增加机组的质量、在机器上装设动力吸振器等。

这里要特别强调的是,一定要控制共振。共振是振动的一种特殊状态,当振动机械所受扰动力的频率与设备固有频率相一致的时候,就会使设备振动得更加厉害,甚至起到放大作用,它可能成为主要噪声源或引起结构疲劳损伤的主要原因。

5. 隔振

使振动传输不出去,从而消除振动的不良影响。通常是在振源与受控对象之间串加一个子系统来实现隔振,用以减小受控对象对振源激励的响应,这是一个应用非常广泛的减振技术。具体说来,可以有以下几种方法实现隔振:

(1)采用大型基础,这是最常用和最原始的办法。

(2)防振沟。在机械振动基础的四周开设一定宽度和深度的沟槽,里面填以松软物质(如木屑、沙子等),用来隔离振动的传递。

(3)采用隔振元件,通常在振动设备下安装隔振器,如隔振弹簧、橡胶垫等,使设备和基础之间的刚性连接变成弹性支撑。

6. 吸振(动力吸振)

在受控对象上附加一个子系统使得某一频率的振动得到控制,称为动力吸振,也就是利用吸振器产生吸振力以减小受控对象对振源激励的响应,这种技术应用也十分广泛。

7. 阻振(阻尼减振)

在受控对象上附加阻尼器或阻尼元件,通过消耗能量使响应最小,也常用外加阻尼材料的方法来增大阻尼。阻尼可使沿结构传递的振动能量衰减;还可减弱共振频率附近的振动。阻尼材料是具有内损耗、内摩擦的材料,如沥青、软橡胶以及其他高分子涂料。

二、噪声与振动的防治措施概述

按《公路环境保护设计规范》(JTG B04—2010),在防治交通噪声措施中,噪声与振动控制的措施有三大类;第一类是法律、法规;第二类是规划、管理,如调整项目选址、周边敏感建筑区域和功能规划;第三类是声学技术措施,包括设置隔声设施,如堆筑工程弃方、建造声屏障、栽植绿化林带等,其原理可分为吸声、隔声、消声、减振及阻尼、消振、隔振、吸振、阻尼减振,简单介绍如下。

1. 法律规范

我国颁布了一系列的噪声污染防治法律、法规和标准,为噪声污染控制提供了法律依据及行政保障。《中华人民共和国环境噪声污染防治法》是实施噪声污染控制的基本法律。此外,还颁布了一系列噪声标准和噪声控制的规定,如对车辆实行年检和车辆出厂检验等。此外,许多城市施行了市区禁鸣或夜间禁鸣、禁止拖拉机或大货车进入市区、车辆限速等规定。

2. 项目规划

合理选线选址,避绕敏感区,在规划时就避免产生噪声污染问题。交通干线、港口应避免选址于城市市区和乡镇的中心区,并尽可能避让学校、医院、城镇居民住宅区和规模较大的村庄等环境敏感点。噪声随传播距离的衰减和在传播途中的吸收衰减是声波的基本性质。对于线声源模型,在硬地面时,距行车线的距离增大1倍时,噪声级降低3dB(A)。在软地面环境中,如接受点距地面高度小于3m,由于地面吸收衰减的作用,噪声衰减量增大为4.5dB(A)。

3. 项目周边敏感建筑区域和功能规划

在区域发展规划中,公路、航道两侧以及港口周边的规划红线内,不再新建学校、医院、居住区等敏感点。城市中临街应布置商业、工贸等建筑,以起声屏障作用。临街如建住宅时,将临路侧布置厨房、厕所等非居住用房,或采用封闭门、窗、走廊等隔声措施。如公路为南北向时,可将敏感性建筑的山墙朝街,以减小噪声干扰。

4. 运营环保管理

在交通建设项目周边,如有学校、医院、居民区等敏感建筑,可采用禁止鸣笛、限制车速、禁止夜间作业等方法,减少噪声污染。

5. 噪声控制工程

公路、码头设计中,应尽可能利用地貌地物,如土丘、山冈作声屏障,降低噪声。必要时,可降低路面高程,利用两侧边坡降低噪声。对于环境敏感路段,采用路堑形式能起到相当好的噪声防治效果。减噪路面(低噪声路面)是降低车辆行驶噪声的有效途径。低噪声路面与其他降噪措施相比,具有经济合理、保持原有环境风貌、降噪效果好和行车安全等优点。

噪声传播途中遇到声屏障,会使声波反射、吸收和绕射而产生附加衰减。实际工程中,大量的声屏障工程被应用在公路路侧或敏感目标周围。

隔声窗工程一般包括两类。一类是单纯的隔声窗,窗体采用双层或多层玻璃,中间真空,起到隔声、反射噪声的减噪效果;另一类是通风隔声窗,即在隔声窗体系中加装低噪声的排风换气扇。

6. 劳动者防护

在高噪声作业环境中的工作人员应采取自身保护。工作时间应满足《工业企业设计卫生标准》(GBZ 1—2010)中日接触8h噪声限值85dB(A)的要求。防护的措施包括轮流操作高噪声机械、佩戴防声耳罩等。

三、噪声与振动控制的一般原则和步骤

噪声自声源至接受者的过程是声源辐射—传播途径—接受者。由此,噪声控制的原则应是首先降低声源噪声辐射,其次控制传播途径,最后接受者防护。

(1)降低源强。交通噪声主要由动力噪声、车辆风噪、轮胎噪声和振动噪声等构成。为降低车辆动力噪声,各国汽车专业人员在这方面已做了大量工作,并已取得很大成果。随着车速的提高和车辆动力噪声的降低,轮胎噪声的影响已举足轻重。

(2)控制传播途径。控制路线与学校、医院、村庄及城镇居民区等环境敏感点的距离,这是最有效,也是最经济的噪声防治措施。

在噪声传播途中设置声障使其产生衰减;在振动传播途中设置减振沟使其产生衰减。

(3)接受者防护。可对接受者生活、工作的地点,如学校教室、医院病房和居民住宅等建筑物实施隔声降噪措施。这是被动的措施,在农村地区实施较困难,耗资也较大。

四、声屏障的设计原理

声屏障是使声波在传播中受到阻挡,从而使其达到某特定位置时起降噪作用的装置。

声屏障可以定义为任何一个不透声的固体障碍物,它挡住声源到声音接受点(受声点)的传播,从而在屏障后面建立一个"声影区",在声影区内,声音的强度比没有屏障时的衰减要大。

1. 声屏障声学设计

噪声源辐射的噪声遇到声屏障时,它将沿着四条途径传播:第一条途径是直达声波直接传给未被声屏障屏蔽的接受点(受声点)。第二条途径是绕射至声屏障屏蔽区,声波绕射角越大,屏蔽区中的噪声级越低,即较大的绕射角比较小的绕射角的绕射声能低。第三条途径是声波直接透过声屏障到达屏蔽区。第四条途径是声波在声屏障壁面上产生的反射。声屏障对声音的衰减主要取决于声源辐射的声波沿这四条途径传播的能量分配。

在噪声传播的四个途径中,绕射是最重要的设计指标。在决定声屏障隔声性能时,一般只对绕射声进行计算,根据所需的隔声量来确定声屏障的尺寸。但具体设计时还要同时考虑其他三个途径的影响,必要时做一定修正。

(1)声屏障噪声衰减量。

声屏障可以是墙、竖在地上的小隔板或其他固体物,以及其他阻断声源与接受者之间的途径或视线的无孔物体。为了方便分析,假设声屏障是无限长的,而且与视线垂直。在这种理想条件下,噪声衰减量可通过下面的计算来确定。

①计算路程差 δ(声程差)(m):

$$\delta = A + B - C \tag{4-4}$$

式中:A——声源至屏障顶端的距离(m);

B——屏障顶端至受声点的距离(m);

C——声源至受声点的距离(m)。

②计算菲涅耳系数 N：
$$N = \delta/\lambda = (A + B - C)/\lambda \tag{4-5}$$
式中：λ——声波波长（$\lambda = c/f$，我国公路交通车辆噪声等效频率为 500Hz）(m)。

得到 N 后，声屏障衰减量就能从图 4-1 中得到。通过试验，声屏障衰减量实际上限可达 24dB(A)。隔断视线的声屏障衰减量通常为 5~7dB(A)。一般而言，合理设计声屏障的高度和长度，可以降低噪声 5~15dB(A)。

衰减值的估算偏差主要是由于屏障不够长造成的，其次来源于大气影响、地面吸收等。

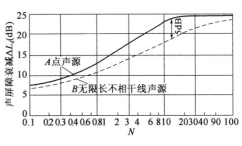

图 4-1　声屏障衰减曲线

(2) 设计噪声衰减量。

接受点的道路交通噪声级（实测值或预测值）与期望环境噪声级之差，称为声屏障的设计噪声衰减量。

(3) 声屏障的位置。

位置应根据受保护对象与声源之间的地形条件综合确定。一般地形平坦时，声屏障越接近声源或接受点，其噪声衰减量越大（此时声程差 δ 最大）。通常将声屏障建于靠近道路、航道或港口声源的一侧。

(4) 声屏障的高度。

高度确定需要先确定声源及接受点高度。如果被保护的多数住宅的楼层高于一层，应以多数住宅卧室窗户为参考值。

当声屏障位置、声源及接受点的高度确定后，它与接受点、声源（等效行车线）三者之间的相对距离及高差便可确定。根据设计的噪声衰减量，查图 4-1 可得菲涅耳系数 N 或声程差 δ，再由计算得无限长声屏障高度。设计时在满足噪声衰减的前提下，应努力使屏障的高度经济合理。

临近居住区、学校、医院等公共社区高速公路上的声屏障，其高度一般为 2~5m。为防止过大的声屏障风荷载带来的交通安全隐患，屏障高度不宜超过 5m。如需超过 5m 时，可将屏障的上部做成折形或弧形，将端部伸向道路，以使其更接近声源。

(5) 声屏障的长度。

声屏障的长度应大于其保护对象沿道路方向的长度。一般来讲，声屏障的外延长度应大于受保护对象到声屏障距离的 3 倍。声屏障如果不能做到足够长，则降噪量将大大减少。

2. 声屏障的材质

包括声学性能和物理性能要求。声学性能主要规定材料的吸声、隔声性能；物理性能主要规定材料的防潮、防尘、防腐、防老化、防火要求等。

(1) 声学性能要求。

声反射型屏障结构材料的隔声量应大于设计绕射声衰减量 10dB(A)。一般隔声量取 20~35dB(A)。

声吸收型结构材料的吸声材料吸声系数应大于 0.6，同时具有与声反射型结构相同的隔声量。

(2)物理性能要求。

密度:当要求降噪量大于10dB(A)时,要求声屏障的透射声衰减量一般应大于15dB(A),这就需使用密度高的材质,材料要求表面密度大于$10kg/m^2$。实体材料构造通常可以满足。

防腐性:钢结构的抗腐蚀层应符合现行《冷弯薄壁型钢结构技术规范》(GB 50018)的规定。

防潮(水):吸声型声屏障应具有防潮(水)的性能,在高湿度或雨水环境中其吸声性能不受影响。构造中应设置排水措施,避免构件内部积水。

防老化:对易老化的声屏障材料应采取防老化措施,对合成材料要有防紫外线保护层或涂料。

防尘:吸声型声屏障设计中应考虑道路扬尘不影响其吸声性能。

防火:根据道路交通运输的特点,声屏障材料和涂料的防火性能应符合道路设计的有关要求。

除考虑以上因素之外,在材料的选择中还需考虑:①材料的造价;②当建筑在桥梁上时,还需考虑其质量;③材料的强度等因素。

公路常用声屏障材料有砖、混凝土块及轻质材料。早期用砖石、混凝土块等材料较多,后来为了减少现场作业,便于工厂化生产,标准化的金属结构声屏障得到广泛应用。砖、混凝土块具有造价低、降噪效果优良的特性。轻质材料的降噪效果低于砖及混凝土,但与声屏障顶端绕声引起的噪声相比,穿透声屏障的噪声可忽略,所以轻质材料常被使用。

3. 声屏障的结构设计

(1)声屏障的构造。

声屏障的构造直接影响其技术性能、造价及寿命等,是声屏障设计的关键之一。声屏障的构造设计应满足技术经济合理、高强度、施工简便、美观、耐久、防火、抗风等性能要求。声屏障一般可做成砌块及板体两类。声屏障常可采用土堤结构、混凝土结构、木质结构、金属和复合材料结构等,类型见表4-10。

常见声屏障结构类型 表4-10

类 型	特 点
土堤结构	适用于地广人稀的区域,是最经济的减噪办法,降噪效果约3~5dB(A),建造此类声屏障所需空地比较大
混凝土结构	适用于郊区和农村区域,易与周围自然环境相协调,价格便宜,且便于施工与维护,降噪效果约10~13dB(A)
木质结构	适用于农村、郊区个人住宅或院落且木材资源比较丰富地区的噪声防护,降噪效果约6~14dB(A)
金属和复合材料结构	世界各国普遍使用,材料易于加工,可制成各种形状,安装简便,易于景观设计和规模制造生产,降噪效果也很好
组合式结构	必须根据现场条件、周围环境、景观要求和经济性决定

(2)结构设计的原则。

①应贯彻国家的技术经济政策,同时必须在满足声学性能要求的前提下,做到技术先进、经济合理、安全适用和确保质量。

②优先采用易生产、已定型、标准化的结构和构件。

③结构形式上属悬臂结构,其设计比较简单。基础、立柱、板材及构件之间的连接及使用过程中的强度、荷载、稳定性和刚度等,均应符合相应的国家标准和部颁标准。

④声屏障构件设计考虑公差、密封、防渗和积水、构件可换性及表面处理的要求,同时应考虑便于维修。

⑤声屏障的荷载以风载和自重为主,必要时考虑冰雪载及侧向土压力等。

⑥确保交通安全。声屏障的设置应不影响道路交通安全设施的功能。结构设计时还应考虑防撞击的安全措施。对于低于安全净空高度的弧形、折板型声屏障,其顶端不能超越土路肩的内侧,并应有防落下装置。

4. 景观设计

声屏障作为一种建筑,应遵循建筑形式美的一般原则,尽量做到与自然、周围环境的和谐统一,作为道路的一部分融入整体景观。

五、低噪声路面

低噪声路面与其他降噪措施(如声屏障)相比,具有保持环境原有风貌、降噪效果好和行车安全等优点,目前国际上发达国家已广泛展开应用研究。我国于1993年开始,对低噪声路面的机理、面层材料构造、沥青改性及添加剂等做了较为系统的研究,目前仍处于研究阶段,未大量采用。

1. 低噪声路面的材料构造

低噪声路面也分为沥青混凝土和水泥混凝土两类,目前对沥青混凝土低噪声路面的研究较多。沥青混凝土低噪声路面一种是多孔性沥青路面,另一种是有一定弹性的沥青混凝土路面。目前我国多采用的是多孔性沥青路面。

(1)单层多孔隙沥青混合料面层路面。该路面的构造是在普通密级配的沥青混凝土路面上,再铺筑一层开级配多孔隙沥青混合料面层。由测定及资料介绍,面层的厚度以4~5cm、孔隙率以20%左右为宜。该路面铺筑较简单,也较经济。

(2)超厚多层多孔隙沥青混合料面层路面。该路面的多孔隙沥青混合料层厚度为40~50cm,一般设四层排水沥青混合料和4cm厚的多孔隙沥青混凝土面层,每层的材料级配不同,其目的是增加降噪效果。

2. 低噪声路面的可能降噪量

从欧洲一些国家铺筑的开级配多孔隙沥青路面试验路段测得的结果看,其较传统的密级配路面降低噪声3~6dB(A),雨天可降低约8dB(A)。试验路面层的孔隙率大多为20%左右。

3. 低噪声路面的耐久性、可靠性和经济性

国外试验路表明,多孔隙沥青路面在使用多年后(如法国使用6年)测试,其透水性和附着性仍令人满意,对抗车辙、疲劳、老化等都表现出很好的耐久性。也有一些国家,如日本研究认为,多孔隙沥青面层的孔隙率随使用时间下降,路面抗冻性差,车辙出现早,表面空隙被泥沙堵塞导致透水性及降噪效果下降。

采用多孔隙沥青混合料面层的低噪声路面比普通沥青混凝土路面的造价略高。因此,在道路交通噪声干扰人们正常生活的地方修筑低噪声路面才是有意义的,也符合经济的原则。

六、绿化林带

当声波通过公路两旁成行列分布的乔木、灌木林带时,由于植物的吸收、散射效应产生声衰减。绿化林带的降噪效果因声波频率、树林密度和深度而异。由于树叶的吸收作用是在树叶的周长接近或大于声波波长时才有较好的效果,所以树要种得密,林带要相当宽,而且要栽植阔叶林、常绿树种。冬天落叶的树种不能保证冬天的降噪效果,故不宜采用。

结构良好的林带有明显的降噪效果。近年调查结果表明,结构良好的40m宽林带,可降低10~15dB(A)的噪声。绿化带声衰减的实测数据差别很大,衰减量的计算只能用经验公式进行估算。声波穿过的树木密集程度不同,其衰减量差别较大。树林对噪声传播的影响随其在树林中的传播距离增加而衰减,密集的绿化林带对噪声的最大附加衰减量一般不超过10dB(A)。绿化带如果不宽,衰减声波的作用不明显,但却对人的心理有重要影响。

复习思考题

1. 我国对噪声和振动有哪些控制标准?
2. 车辆噪声的影响因素有哪些?
3. 公路施工的哪些工序会产生哪些显著的噪声影响?如何减少这些影响?
4. 防治噪声和振动的措施有哪些?公路施工过程中具体是怎样做的?

第五章 水环境保护

【本章提要】本章介绍了水环境基础知识,重点介绍了常用水质指标和标准、交通建设对水环境的影响,以及水污染防治措施。

第一节 水环境基础知识

一、水的循环

自然界中的水在太阳照射和地心引力等影响下不停地流动和转化,通过降水、径流、渗透和蒸发等方式循环不止,构成水的自然循环,形成各种不同的水源。

降水(包括雨、雪等)到达地面之后,除自然蒸发外,一部分流入江、河、湖、海、水库或池塘,成为地表水水源,另一部分渗入地层成为地下水水源。在自然循环中几乎在每个环节都有杂质混入,使水质发生变化。

人们为满足生活和生产的需要,要从各种天然水体中取用大量的水,使用后形成的生活污水和工业废水被排出,最终又汇入天然水体。这样,在人类社会中,水的流动也被人为地形成了一个循环体系,这个局部循环体系称为水的社会循环。社会循环中所形成的生活污水和各种工业废水是天然水体最大的污染来源。

二、水体污染与水体自净

1. 水体污染及污染源

水污染是指某种污染物进入水体,改变了水体原有物理、化学性质,使水体使用价值降低或丧失的现象。水污染按形成原因可分为自然污染和人为污染两大类。自然污染是指现代工业出现之前,自然环境中受特殊地质、地貌、矿藏等条件的影响,某种化学元素异常富集或天然动植物腐烂产生的物质而引起的水污染。人为污染指人类生活、生产活动排放的废物引起的水污染。

形成水污染或者说对水环境质量造成不利影响的物质和能量输入,称为水污染源;从水污染源的排放方式看,有些废水常通过排水管道集中排出,如工业废水、矿山废水和生活污水等,被称为"点污染源";农田排水及地表径流分散、成片地排入水体,其中往往含有化肥、农药、石油及其他杂质,被称为"面污染源"。人为活动造成水污染的污染物来源主要包括以下几个方面:①工业废水;②生活废水;③农业废水;④废气;⑤废渣;⑥农药、化肥。

2. 施工期生活污水及其特征

生活污水是人们日常生活中产生的污水,主要含有人的排泄物和生活废料。生活污水包括厕所排水、厨房洗涤排水、沐浴排水、洗衣排水。其成分主要取决于人们的生活水平和习惯,与气候条件也有密切关系。

生活污水的特征是水质比较稳定、浑浊、深色、有恶臭、呈微碱性,一般不含有毒物质,但常含有营养物质,且含有大量细菌(包括病原菌)、病毒和寄生虫卵。

3. 施工期施工废水和地表径流及其特征

(1)临时施工场、站的施工废水。临时施工场地内(如搅拌站、拌和站、预制场、材料堆场等场站),因施工产生的施工废水,其水质特征为含砂量大,悬浮物多,主要污染物为SS(悬浮固体)。

(2)施工机械和车辆的维修、冲洗废水。主要是指运输车辆定期维护时冲洗车辆的废水,机械维修站、油料储存供应点在日常操作过程中产生的含油废水,其主要污染物为石油类、SS。

(3)隧道施工废水。隧道施工涌水导致产生的废水,其主要污染物为石油类、SS。

(4)桥梁施工废水。桥梁施工中,钻机及其他施工机械在操作过程中产生的含油废水以及桩基础施工过程中产生的泥浆废水,其主要污染物为石油类、SS。

(5)施工船舶含油污水。船舶的机舱部分舱底水也称机舱水,是机舱内各闸阀和管路中漏出的水与机器在运转时漏出的润滑油、主辅机燃料油、加油时的溢出油、机械及机舱板洗刷时产生的油污水等的混合物,其主要污染物为石油类、SS。

(6)地表径流。地表径流是指经过地表漫流的雨水或融雪水。在施工过程中施工场地地表径流所含污染物以泥沙颗粒物为主。

4. 水体自净

废水排入水体会造成严重的危害,但从另一方面看,水体也有一定的自身净化废水中污染物的能力。

广义的水体自净是指在物理、化学和生物作用下,受污染的水体逐渐自然净化,水质复原的过程。狭义的水体自净是指水体中微生物氧化分解有机污染物而使水体净化的作用。水体自净可以发生在水中,如污染物在水中的稀释、扩散和水中生物化学分解等;可以发生在水体与大气的界面上,如酚的挥发;也可以发生在水与水底间的界面上,如水中污染物的沉淀、底泥吸附和底质中污染物的分解等。

水体自净的过程大致分为三类,即物理净化、化学净化和生物净化。它们同时发生,相互影响,共同作用。

(1)物理净化。

物理净化是指污染物质由于稀释、扩散、混合和沉淀等过程而降低浓度。污水进入水体后,可沉性固体在水流较弱的地方逐渐沉入水底,形成污泥。悬浮体、胶体和溶解性污染物因混合、稀释,浓度逐渐降低。污水稀释的程度通常用稀释比表示。对河流来说,用参与混合的河水流量与污水流量之比表示。污水排入河流经相当长的距离才能达到完全混合,因此这一比值是变化的。达到完全混合的距离受许多因素的影响,主要有稀释比、河流水文情势、河道弯曲程度、污水排放口的位置和形式等。在湖泊、水库和海洋中影响污水稀释的因素还有水流方向、风向和风力、水温和潮汐等。

(2)化学净化。

化学净化是指污染物质由于氧化还原、酸碱反应、分解化合和吸附凝聚等化学或物理化学作用而降低浓度。流动的水体从水面上大气中溶入氧气,使污染物中铁、锰等重金属离子氧化,生成难溶物质析出沉降。某些元素在一定酸性环境中,形成易溶性化合物,随水漂移而稀释;在中性或碱性条件下,某些元素形成难溶化合物而沉降。天然水中的胶体和悬浮物质微粒,吸附和凝聚水中污染物,随水流移动或逐渐沉降。

(3)生物净化。

又称生物化学净化,是指生物活动尤其是微生物对水体中有机物的氧化分解使污染物质的浓度降低。工业有机废水和生活污水排入水域后,即产生分解转化,同时会消耗水中的溶解氧。水体中一部分有机物经生物净化后分解转化为无机物;另一部分有机物被微生物摄取而转化为生物有机体的构成成分,从而进入水生生态系统的食物链。随着水体中有机物的逐渐分解和转化,水体得到净化。然而,如果水体中的有机物含量过高,水体中的溶解氧消耗量大于外界给予的补充量,水中溶解氧会不断减少,终于因缺氧使得有机物在水体中的分解过程由好氧分解转为厌氧分解,此时水体会表现出变黑发臭的现象。

第二节 水质指标及水质标准

一、水质和水质指标

水在自然循环中,无时不与外界接触。水极易与各种物质混杂,溶解能力又较强,所以天然水体都不同程度地含有多种杂质。当水源受到生活污水、工业废水及其他废弃物污染时,水中杂质将更趋复杂。各种杂质按它们在水中的存在状态可分为三类:悬浮物、胶体和溶解物。

水质指标项目繁多,可以分为三大类。

(1)物理性水质指标。

感官物理性状指标,如温度、色度、嗅和味、浑浊度、透明度等。

其他物理性状指标,如总固体(TS)、悬浮固体(SS)、溶解固体、可沉固体、电导率(电阻率)等。

(2)化学性水质指标。

一般的化学性水质指标,如pH值、碱度、硬度、各种阳离子、各种阴离子、总含盐量、一般有机物质等。

有毒的化学性水质指标,如重金属、氰化物、多环芳烃、各种农药等。

有关氧平衡的水质指标,如溶解氧量(DO)、化学需氧量(COD)、生化需氧量(BOD_5)、总需氧量(TOD)等。

溶解氧量(DO):指水体中所含溶解氧的量。天然水体中溶解氧浓度一般为5~10mg/L。

化学耗氧量(COD):又称化学需氧量。在规定条件下,使水样中能被氧化的物质氧化所需用氧化剂的量。以每升水消耗氧的克数(mg/L)表示。其值用于反映水体受有机物污染的程度。

生化需氧量(BOD):指在好氧条件下,微生物分解水体中有机物的生物化学过程中所需溶解氧的量,是反映水体中有机污染程度的综合指标之一。由于微生物分解有机物是一个缓慢的过程,往往需要 20d 以上时间,且与环境温度有关。实践中生物需氧量指标普遍采用 20℃培养 5d 的生物化学过程需要氧的量为指标。它大约只占最终生化需氧量的 65% ~ 80%,记为 BOD_5,以 mg/L 为单位。

总需氧量(TOD):水中有机物除含有机碳外,尚含有氢、氮、硫等元素。当有机物全部被氧化时,碳被氧化为二氧化碳,而氢、氮、硫则被氧化为水、一氧化氮、二氧化硫等。此时氧化所需要的氧量称为总需氧量。

(3)生物学水质指标。

包括细菌总数、总大肠菌群数、各种病原细菌、病毒等。

二、水质标准

水的用途十分广泛。不同用途的水均应满足一定的水质要求,也就是水质标准。水质标准是环境标准的一种,包括水质量标准和污水处理后的排放标准。

1. 地表水环境质量标准

地表水环境质量标准是规定地表水体中污染物含量容许容量的具有法律性的技术规范,是地表水环境保护的目标值和制定水污染物排放标准的依据。《地表水环境质量标准》(GB 3838—2002)依据地表水水域环境功能和保护目标,按功能高低依次划分为五类。

Ⅰ类:主要适用于源头水、国家自然保护区。

Ⅱ类:主要适用于集中式生活饮用水地表水源地一级保护区、珍稀水生生物栖息地、鱼虾类产卵场、仔稚幼鱼的索饵场等。

Ⅲ类:主要适用于集中式生活饮用水地表水源地二级保护区、鱼虾类越冬场、洄游通道、水产养殖区等渔业水域及游泳区。

Ⅳ类:主要适用于一般工业用水区及人体非直接接触的娱乐用水区。

Ⅴ类:主要适用于农业用水区及一般景观要求水域。

对应地表水上述五类水域功能,将地表水环境质量标准基本项目标准限值分为五类,不同功能类别分别执行相应类别的标准限值。水域功能类别高的标准限值严于水域功能类别低的标准限值。同一水域兼有多类使用功能的,执行最高功能类别对应的标准限值。选录有关交通项目特征污染物的标准限值,见表 5-1。

地表水环境质量标准基本项目标准限值(选录)(单位:mg/L) 表 5-1

分类		Ⅰ类	Ⅱ类	Ⅲ类	Ⅳ类	Ⅴ类
水温(℃)		人为造成的环境水温变化应限制在:周平均最大温升≤1;周平均最大温降≤2				
pH 值(无量纲)		6~9				
溶解氧	≥	饱和率90%(或7.5)	6	5	3	2
高锰酸盐指数	≤	2	4	6	10	15
化学需氧量(COD)	≤	15	15	20	30	40
五日生化需氧量(BOD_5)	≤	3	3	4	6	10

续上表

分类		Ⅰ类	Ⅱ类	Ⅲ类	Ⅳ类	Ⅴ类
氨氮(NH_3-N)	≤	0.15	0.5	1.0	1.5	2.0
总磷(以P计)	≤	0.02 (湖、库0.01)	0.1 (湖、库0.025)	0.2 (湖、库0.05)	0.3 (湖、库0.1)	0.4 (湖、库0.2)
总氮(湖、库,以N计)	≤	0.2	0.5	1.0	1.5	2.0
铜	≤	0.01	1.0	1.0	1.0	1.0
氟化物(以F计)	≤	1.0	1.0	1.0	1.5	1.5
砷	≤	0.05	0.05	0.05	0.1	0.1
汞	≤	0.00005	0.00005	0.0001	0.001	0.001
镉	≤	0.001	0.005	0.005	0.005	0.01
铬(六价)	≤	0.01	0.05	0.05	0.05	0.1
铅	≤	0.01	0.01	0.05	0.05	0.1
石油类	≤	0.05	0.05	0.05	0.5	1.0
粪大肠菌群(个/L)	≤	200	2000	10000	20000	40000

2. 海水水质标准

《海水水质标准》(GB 3097—1997)是为贯彻《中华人民共和国海洋环境保护法》,防止和控制海水水质污染,保障人体健康,保护海洋生物资源,保持生态平衡,保证海洋的合理开发利用而制定的。

按照海域的不同使用功能和保护目标,海水水质分为四类。

第一类:适用于海洋渔业水域,海上自然保护区和珍稀濒危海洋生物保护区。

第二类:适用于水产养殖区、海水浴场、人体直接接触海水的海上运动或娱乐区,以及与人类食用直接有关的工业用水区。

第三类:适用于一般工业用水区,滨海风景旅游区。

第四类:适用于海洋港口水域,海洋开发作业区。

海水水质标准基本项目标准限值(选录)见表5-2。

海水水质标准基本项目标准限值(选录)(单位:mg/L) 表5-2

项 目	第一类	第二类	第三类	第四类
漂浮物质	海面不得出现油膜、浮沫和其他漂浮物质		海面无明显油膜、浮沫和其他漂浮物质	
色、臭、味	海水不得有异色、异臭、异味		海水不得有令人厌恶和感到不快的色、嗅和味	
悬浮物质	人为增加的量≤10	人为增加的量≤100	人为增加的量≤150	
大肠菌群(个/L)	≤10000,供人生食的贝类增养殖水质≤700			—
粪大肠菌群(个/L)	≤2000,供人生食的贝类增养殖水质≤140			
病原体	供人生食的贝类增养殖水质不得含有病原体			
水温	人为造成的海水温升夏季不超过当时当地1℃,其他季节不超过2℃		人为造成的海水温升不超过当时当地4℃	

续上表

项　　目	第一类	第二类	第三类	第　四　类
pH 值	7.8~8.5,同时不超出该海域正常变动范围的 0.2pH 值单位		6.8~8.8,同时不超出该海域正常变动范围的 0.5pH 值单位	
溶解氧 >	6	5	4	3
化学需氧量(COD)≤	2	3	4	5
生化需氧量(BOD_5)≤	1	3	4	5
无机氮(以 N 计)≤	0.20	0.30	0.40	0.50
非离子氨(以 N 计)≤	0.020			

3. 生活饮用水水源水质标准

《生活饮用水水源水质标准》(CJ 3020—93)适用于城乡集中式生活饮用水的水源水质(包括各单位自备生活饮用水的水源),见表 5-3。分散式生活饮用水水源的水质,亦应参照使用。生活饮用水水源水质分为二级。

生活饮用水水源水质标准(选录)　　　　表 5-3

项　　目	标　准　限　值	
	一　级	二　级
色	色度不超过 15 度,并不得呈现其他异色	不应有明显的其他异色
浑浊度(度)	≤3	—
嗅和味	不得有异臭、异味	不应有明显的异臭、异味
pH 值	6.5~8.5	6.5~8.5
总硬度(以碳酸钙计)(mg/L)	≤350	≤450
硫酸盐(mg/L)	<250	<250
氯化物(mg/L)	<250	<250
氟化物(mg/L)	≤1.0	≤1.0
氰化物(mg/L)	≤0.05	≤0.05
砷(mg/L)	≤0.05	≤0.05
汞(mg/L)	≤0.001	≤0.001
铬(六价)(mg/L)	≤0.05	≤0.05
氨氮(以氮计)(mg/L)	≤0.5	≤1.0
硝酸盐(以氮计)(mg/L)	≤10	≤20
化学耗氧量($KMnO_4$法)(mg/L)	≤3	≤6
总大肠菌群(个/L)	≤1000	≤10000

一级水源水:水质良好。地下水只需消毒处理,地表水经简易净化处理(如过滤)、消毒后,即可供生活饮用。

二级水源水:水质受轻度污染。经常规净化处理(如絮凝、沉淀、过滤、消毒等),其水质即可达到现行《生活饮用水卫生标准》(GB 5749—2006)的规定,可供生活饮用。

水质浓度超过二级标准限值的水源水,不宜作为生活饮用水的水源。

4. 其他水质标准

除上述水质标准外,我国还颁布了适用于单一渔业保护区、鱼虾产卵场水域的《渔业水质标准》(GB 11607—89);适用于城市污水、工业废水用作农田灌溉用水时的《农田灌溉水质标准》(GB 5084—2005)以及工业用水的水质要求等。

5. 污水综合排放标准

为了保护水环境,除了规定地表水体中各类有害物质的允许标准值之外,还须控制地面水体的污染源,对污染物排放浓度作出规定。《污水综合排放标准》(GB 8978—1996)适用于现有单位水污染物的排放管理,以及建设项目的环境影响评价、建设项目环境保护设施设计、竣工验收及其投产后的排放管理,根据排放污染物的性质及控制方式,将其分为两类。

第一类污染物,不分行业和污水排放方式,也不分受纳水体的功能类别,一律在车间或车间处理设施的排放口采样,其最高允许排放浓度必须达到本标准要求。第一类污染物最高允许排放浓度(选录)见表5-4。

第一类污染物最高允许排放浓度(选录) 表5-4

污 染 物	最高允许排放浓度	污 染 物	最高允许排放浓度
总汞	0.05mg/L	六价铬	0.5mg/L
烷基汞	不得检出	总铅	1.0mg/L
总镉	0.1mg/L	苯并[a]芘	0.00003mg/L
总铬	1.5mg/L	总银	0.5mg/L
总α放射性	1Bq/L	总β放射性	10Bq/L

第二类污染物,在排放单位排放口采样,其最高允许排放浓度必须达到本标准要求,并分为一级标准值、二级标准值和三级标准值。排入GB 3838—2002中规定的Ⅲ类水域和排入GB 3097—1997中规定的二类海域的污水,执行一级标准;排入GB 3838—2002中规定的Ⅳ、Ⅴ类水域和排入GB 3097—1997中规定的三类海域的污水,执行二级标准;排入设置二级污水处理厂的城镇排水系统的污水,执行三级标准。排入未设置二级污水处理厂的城镇排水系统的污水,必须根据排水系统出水受纳水体的功能要求,分别执行相关的规定。GB 3838—2002中规定的Ⅰ、Ⅱ类水域和Ⅲ类水域中划定的保护区,GB 3097—1997中规定的一类海域,禁止新建排污口,现有排污口应按水体功能要求,实行污染物排放总量控制,以保证受纳水体水质符合规定用途的水质标准。第二类污染物最高允许排放浓度(1998年1月1日后建设的单位,选录)见表5-5。

第二类污染物最高允许排放浓度(选录)(单位:mg/L) 表5-5

污 染 物	适用范围	一级标准	二级标准	三级标准
pH值	一切排污单位	6~9	6~9	6~9
色度(稀释倍数)	一切排污单位	50	80	—
悬浮物(SS)	城镇二级污水处理厂	20	30	—
	其他排污单位	70	150	400

续上表

污染物	适用范围	一级标准	二级标准	三级标准
五日生化需氧量（BOD_5）	城镇二级污水处理厂	20	30	—
	其他排污单位	20	30	300
化学需氧量（COD）	城镇二级污水处理厂	60	120	500
	其他排污单位	100	150	500
石油类	一切排污单位	5	10	20
动植物油	一切排污单位	10	15	100
氨氮	医药原料药、染料、石油化工工业	—	—	—
	其他排污单位	15	25	
磷酸盐（以P计）	一切排污单位	0.5	1.0	—

第三节 交通建设对水环境的影响

交通建设项目在施工过程中对水环境的影响主要来自施工作业中的生产废水、施工人员生活污水以及疏浚、吹填、抛泥、水下炸礁等作业对水体的污染。其中，施工作业的生产废水主要指工程中各大、中、小桥梁建设过程中钻孔桩污水、施工船舶和施工机械所产生的含油污水。

一、陆上施工对水环境的影响和后果

1. 隧道施工的影响

隧道施工过程中的施工废水主要来自涌水，天然的涌水水质情况较好，然而隧道施工后，涌水混合了施工过程中所产生的灰尘颗粒、水泥砂浆和炸药爆破后的残余或残留物等，水质变差。隧道施工废水中混合的水泥等注浆材料，使出水 pH 呈碱性，pH 值最大可达 12。隧道施工废水中污染物质多为无机物，因此其 COD 含量小于 100mg/L，SS 成为主要的污染物，浓度可达 1000mg/L。另外，废水中的少许炸药残留物，会使隧道出水呈现微量毒性污染。隧道出水 pH 呈强碱性，水泥颗粒的凝固性以及炸药残留物的毒性，直接排放进入水体会对水中鱼类生存造成影响，严重时会影响河流下游生活饮用水水质。隧道施工工艺流程及可能的水污染环境影响环节分析图如图 5-1 所示。

2. 施工物料流失及取、弃土场冲蚀的影响

由于建筑材料堆放、管理不当，特别是易流失的物资如黄沙、土方等露天堆放，遇暴雨时可能被冲刷进入水体。在桥梁或靠近水体区域施工，往往容易发生物料流失；另外，建材在运输过程中的散落，也会随雨水进入附近的水体；在施工中，多余的建筑材料、残料若未经及时处置，也会随雨水进入附近的水体。公路工程施工初期对原有路面清表、施工拌和作业沥青混合料不符合摊铺要求或摊铺违反作业规定（如雨中施工）造成返工等会形成废弃沥青渣。沥青渣内含有多种致癌物质和强致癌物质苯并[a]芘，如处理不当，将可能对水体造成污染。

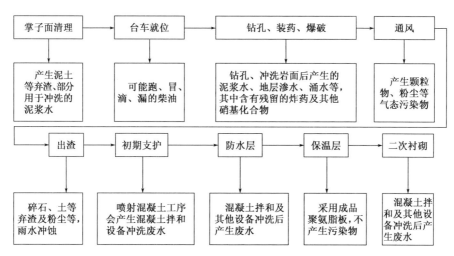

图 5-1 隧道施工工艺流程及可能的水污染环境影响环节分析图

取土场及弃土场若不能及时挡护、组织排水,经暴雨冲蚀可能进入水体,形成水土流失,使水中悬浮物增加,水质混浊。

3. 施工人员和机械污水点源排放的影响

公路施工时,施工人员集中生活,在特大桥、大桥、互通等大型施工场地,施工人员可达数百人。如果施工营地生活污水直接排放,对附近河道会产生一定的污染。

汽车维修站及施工设备维修站的污水,常含有泥沙和油类物质,若不经过处理直接排入周围水体,必将造成水域的油类污染。

4. 工地试验室污水的影响

工地试验室除了少许的生活污水之外,在进行水泥强度、材料抗性、集料性能等试验时会产生生产废水,试验过程采用强酸强碱等化学药剂或放射源,使得试验室出水中不仅含有 BOD_5、COD、悬浮物、石油类等常见污染物,而且含有酸碱性和化学污染性物质,直接排放对水环境会造成严重污染。试验后废弃物经雨水浸淋后污染物也会部分溶入水中,随径流造成水体污染。

二、涉水施工对水环境的影响和后果

1. 桥梁、码头施工的影响

桥梁、码头施工对水体的影响主要是桥桩建设时采用钻孔灌注桩,其对水体的影响主要是钻孔扰动河水使底泥浮起,使局部悬浮物(SS)增加,河水变得较为混浊。钻孔作业会产生一定量的钻渣和泥浆,由于钻渣和泥浆含水率高,特别是泥浆的含水率高达90%以上,须进行沉淀和干化等处置。钻孔扰动也会使底泥中含有的污染物溶入水中,对下游生活或渔业用水造成影响。上部结构现浇或预制施工与养护会产生工艺废水。桥梁、码头施工生产废水的主要污染物是悬浮物、石油类,以及底泥中的污染物质(如重金属类)。

桥梁钻孔灌注桩施工工艺水污染环节分析图如图 5-2 所示。

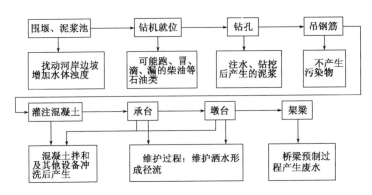

图 5-2　桥梁钻孔灌注桩施工工艺水污染环节分析图

2. 船舶油污水的影响

船舶的机舱部分舱底水也称机舱水,是机舱内各闸阀和管路中漏出的水与机器在运转时漏出的润滑油、主辅机燃料油、加油时的溢出油、机械及机舱板洗刷时产生的油污水等的混合物。施工船舶上的机舱含油污水因管理不严易进入水域,同样会造成水域的油类污染。

3. 船舶生活污水的影响

船舶生活污水,主要是船员和施工人员在生活中产生的排放物,包括任何形式的厕所排出孔排出物及其他废弃物,医务室(药房、病房等)的面盆、洗澡盆等排出孔的排出物,厨房、餐厅下水道的排出物,或混有以上排出物的其他废水。船舶生活污水若未经收集处理而直接排放,对水域会产生相应的污染。

4. 疏浚、挖泥作业的影响

挖泥船挖泥作业时,绞刀头(或耙头)将水底泥沙松动、扰动,虽然大部分泥沙被吸入泥泵,但少部分泥沙仍引起悬浮,在紊动水流的作用下,向四周扩散,从而引起局部水域浊度增大。

5. 吹填作业的影响

挖泥船挖掘出来的泥沙通过输泥管送到围堰,经一定时间沉淀,上层泥浆水悬浮物浓度减小后通过溢流口回流入水体,造成溢流口附近水域悬浮物增加,从而对溢流口附近水域环境造成一定的影响;另外,由于吹填引起疏浚物的理化环境的改变,造成疏浚物中有毒、有害物质的释放,从而对水质产生一定程度的影响。

6. 抛泥作业的影响

疏浚物向抛泥区倾倒过程中大部分泥沙迅速沉降至水底,少部分泥沙再悬浮,造成水体浑浊,水质下降,对水生生物的生存环境也产生影响。倾倒区原有底质和底栖生态环境因受泥沙覆盖而造成破坏;倾倒活动对周围游泳生物还将起到驱赶作用。

7. 水下爆破的影响

水下爆破导致水体浑浊度增高和悬浮物增加,这将妨碍水生生物的卵和幼体的正常发育,影响鱼类和其他水生动物的栖息环境,抑制水生植物的光合作用,减少水生动物饵料等。

第四节 交通建设水污染防治的主要措施

一、废水处理的基本方法

1. 废水处理的基本原理

废水处理的基本原理可归纳为物理法、化学法、生物法等。

物理法是利用物理作用来分离废水中的悬浮物。例如,沉淀法不仅可以除去废水中相对密度大于1的悬浮颗粒,同时也是回收这些物质的有效方法;气浮法(浮选法)可去除乳状油或相对密度接近1的悬浮物;筛网过滤可除去纤维、纸浆等。

化学法是利用化学反应来处理废水中的溶解物质或胶体物质。例如,用中和法处理酸性或碱性废水;消毒法处理含有大量病菌的生活污水。

生物法是利用微生物作用处理废水的方法,主要用于除去废水中胶体的和溶解的有机物质。例如,废水灌溉就是利用和处理废水的一种生物方法,废水中的有机物在微生物的作用下,分解氧化成无机盐类,成为农作物的良好肥料,这样,不仅利用了废水,也降低了废水中有机物的浓度。除灌溉外,目前公路上常用的生物法有生物膜法和活性污泥法及氧化塘等。通过生物处理,废水可以得到较好的净化效果。

以上各种处理方法都有各自的特点和适用条件,往往要配合使用。对某种废水究竟采用何种方法或几种方式联合处理,须根据水质和水量、回收的经济价值、排放标准和处理技术特点等比较决定。必要时,要进行试验研究。

2. 废水处理的技术方法

城市污水处理通常分为三个级别:污水一级处理、污水二级处理和污水三级处理。在一级处理中又包含常规一级处理和一级强化处理,在二级处理中又包含常规二级处理和二级强化处理。

一级处理是指应用物理处理方法,即用格栅、沉沙池、沉淀池等构筑物,去除污水中不溶解的污染物。处理的原理是通过物理法实现固液分离,将污染物从污水中分离去除。

一级强化处理是在常规一级处理(重力沉降)基础上,增加化学混凝处理、机械过滤或不完全生物处理等,以提高一级处理效果的处理工艺。

二级处理是指应用生物处理方法,通过微生物的代谢作用将污水中各种复杂的有机物氧化降解为简单的物质。处理对象是污水中的胶体态和溶解态有机物。采用的典型设备有生物曝气池(或生物滤池)和二次沉淀池。

二级强化处理是指在去除污水中含碳有机物的同时,也能脱氮除磷的二级处理工艺。

三级处理是指进一步去除常规二级处理所不能完全去除的污水中杂质的净化过程。深度处理通常由以下单元技术优化组合而成:混凝、沉淀(澄清、气浮)、过滤、活性炭吸附、脱氨、离子交换、微滤、超滤、纳滤、反渗透、电渗析、臭氧氧化、消毒等。

典型的生活污水三级处理工艺流程如图5-3所示。

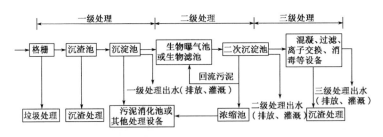

图 5-3 典型的生活污水三级处理工艺流程

三级处理的任务是进一步除去二级处理未能去除的污染物,包括微生物、未能降解的有机物磷、氮和可溶性无机物,经三级处理后的污水可达到回收复用的标准,可用于绿化、地面冲洗等。

二、生活污水的处理

1. 生活污水一级处理常用工艺——旱厕及化粪池

(1)旱厕。

在一些干旱或半干旱地区的公路施工营地或已建成的公路服务设施内,如果使用人口较少,或无给排水设施,则修建旱厕是一种因地制宜的环保措施。旱厕中沉积的粪便经长时间的自然厌氧消化后是最好的农田肥料,而其上部清液也可作农田肥液用。

(2)化粪池。

化粪池是同时进行污水澄清和污泥消化处理的小型污水处理构筑物。最初是为了对未建城镇污水处理厂的城镇建筑物排放的粪便污水进行初步的处理,以减轻污水对环境水体的污染。分散的住宅或无法排入城市污水处理厂的建筑物排水(生活污水)通常可采用化粪池处理。

化粪池处理污水的机理为:污水从一端流入后,在池内缓慢流动,污水中的悬浮固体得以沉淀分离,储存于底部,在常温下进行厌氧消化。由于污泥的消化过程完全是在自然条件下进行的,所以效率低、历时长,一般需 6~12 个月,相应所需污泥储存容积较大。上部流动的污水则在池内停留 12~24h 后排出。化粪池主要去除了污水中的悬浮物,对溶解性有机污染物的去除有限(一般情况下,BOD 去除率为 20%~30%),出水难以达到排放标准,通常作为生活污水初步处理的设施,其出水除用于农灌之外,一般难以达到有关污水排放标准的要求。

相对于旱厕而言,化粪池适用于水冲式厕所排水或设有水冲式厕所的建筑排水的处理。

2. 生活污水一级强化处理工艺——改良式化粪池

为解决常规化粪池出水水质较差的缺陷,近年来研究开发了改良式化粪池,将折板式厌氧反应器或厌氧滤池的工作原理应用于化粪池,使常规化粪池上清液得以充分地与厌氧污泥接触,增强溶解性有机物的分解去除效率。除具有施工简便、易于管理、无需动力、不占地方(埋地)等常规化粪池的优点外,还能有效改善出水水质,一般可以达到《污水综合排放标准》(GB 8978—1996)二级的水平。适用于受纳水体对排水水质要求较为宽松的场合。

化粪池出水一般不能满足排放标准的要求,所以需要与其他处理方法形成组合工艺进行处理。公路建设期施工营地距城市较远,且水量较小,其环境特征有利于污水土地处理或稳定塘处理的实施,可作为化粪池的后续处理工艺。

3. 生活污水二级处理工艺——组合式生活污水处理设备

无法排入城市污水处理厂的小规模集中住宅或厂矿生活区污水,目前常采用组合式生活污水处理设备(一体化生活污水处理器)处理,该污水处理器将一、二级处理单元组合在一个设备内完成(也有利用化粪池作为一级处理单元来沉淀固体悬浮物及污泥消化),节省了占地,便于施工安装及产品化。产品分地埋式和地上式两种。从原理方面讲,属于二级生物处理。其处理后的出水可以达到《污水综合排放标准》(GB 8978—1996)一级或《城镇污水处理厂污染物排放标准》(GB 18918—2002)一级标准 B 标准或二级标准的要求,适用于受纳水体对排水水质要求较为严格的场合,其缺点是一次性投资及运行费用较高。根据目前市场情况,组合式生活污水处理设备工艺介绍如下。

(1)单级好氧处理设备。目前,这类设备的生产厂家为数最多,应用也较广泛,其工艺流程如图5-4所示。这种设备一般是把初沉池、接触氧化池、二沉池和消毒池四个工序组合在一个设备内。调节池是混凝土池子。初沉池的停留时间一般为 1.0~1.5h,消毒池为 0.5h,设备总停留时间为 6~8h。接触氧化池的容积负荷为 $1.0 \sim 1.5 kgBOD_5/(m^3 \cdot d)$。这些设计参数和城市污水处理厂的很相似。好氧处理采用接触氧化,运行管理方便,不需污泥回流,稳定性好。

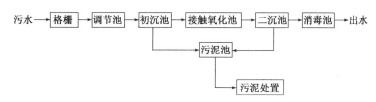

图5-4 单级好氧处理设备工艺流程图

(2)多级好氧处理设备。采用多级好氧处理的目的是转化 NH_2-N 为硝态氮,其工艺流程与单级好氧相同。多级好氧处理设备的总停留时间一般为 10h 左右。多级接触氧化可分为二级或三级。当采用二级时,停留时间各为 3h,或各为 4h;当采用三级时,各为 1.5h、1.5h 和 3h,或各为 2h、2h 和 4h。

上述生活污水二级处理工艺,当进水 SS 为 250~500mg/L、COD 为 500~600mg/L、BOD_5 为 150~450mg/L 时,出水可相应达到 20mg/L、80mg/L 和 20mg/L。

4. 生活污水二级强化处理工艺——组合式生活污水处理设备

有些组合式生活污水处理设备在去除 COD 和 BOD_5 的同时,还具有脱氮或脱氮除磷的能力。

(1)缺氧—好氧(A/O法)处理设备。该工艺的特点是在生物氧化池前加设了缺氧池,不仅能有效地去除 COD,BOD_5,还能脱氮,该流程如图5-5所示。这种工艺一般不设初沉池。缺氧池停留时间为 2~3h,好氧池为 6~7h,总停留时间为 8~10h。沉淀池污泥回流,回流污泥中携带的硝态氮在缺氧池中还原脱氮。

图 5-5　A/O 法处理设备工艺流程图

(2)厌氧—缺氧—好氧脱氮除磷(A2/O 法)处理设备。该种处理设备的工艺流程如图 5-6 所示,其特点是在 A/O 处理前再增加一个厌氧处理池。

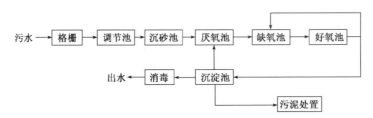

图 5-6　A2/O 法工艺处理设备工艺流程图

将厌氧—缺氧—好氧处理过程、沉淀池和消毒池组合在一个设备中,厌氧—缺氧—好氧的停留时间比为 1:1:3,总体停留时间为 10h 左右,缺氧池的污泥负荷一般为 $0.1\text{kgBOD}_5/(\text{kgSS}\cdot\text{d})$。从原理上讲,这种设备的处理效率高,但管理水平要求也高,结构复杂。

5. 生活污水三级处理工艺

采用三级处理(或深度处理)的目的是使处理后的排水达到回用的要求,如处理达到《城镇污水处理厂污染物排放标准》(GB 18918—2002)中一级标准 A 标准,回用于景观水体,或者处理达到《城市污水再生利用　城市杂用水水质》(GB/T 18920—2020)的要求,回用于冲厕、洗车、道路清扫、绿化等。

生活污水三级处理(深度处理)的方法很多,有化学絮凝、过滤、吸附、离子交换、反渗透、膜生物反应器、消毒等。根据出水水质的不同要求,可采用其中的不同方法。在这些处理方法中,膜生物反应器是将膜分离装置和生物反应器结合而成的一种新型高效污水处理系统。它把膜分离工程与生物工程结合起来,以膜分离装置取代普通生物反应器中的二沉池,从而取得高效的固液分离效果。不仅可大幅度地提高曝气池的污泥浓度,而且出水水质稳定优质,经过后续消毒处理后,可直接达到回用水的标准。在污水量较小的场合,不管是一次性投资,还是运行费用,都有一定的优势。所以,在公路收费站、服务区等小型生活区的污水深度处理中,膜生物反应器可作为备选技术之一。

自然净化处理工艺主要有污水土地处理、人工湿地、稳定塘等。在远离城镇的区域,其环境特征有利于污水土地处理、人工湿地及稳定塘等自然净化工艺的实施,在有荒地、闲地等可利用的条件下,应优先考虑采用。由于化粪池出水一般难以达到排放标准的要求,所以在生活污水处理的工艺组合上,可将化粪池与其他自然净化处理工艺相组合,实现达标排放或利用。

当受纳水体对水质要求很高,二级或二级以上处理出水不能满足要求时,在条件许可的情况下,可采用土地处理系统、人工湿地和稳定塘等自然净化技术进一步处理,以满足出水水质的要求。图 5-7 是生活污水化粪池与土地处理自然净化系统。采用土地处理技术时,应严格防止地下水污染。

图 5-7　生活污水化粪池与土地处理自然净化系统

6. 水上施工生活污水的处置要求

在水上平台和船舶施工作业的工作人员,其生活污水不允许直接排放,应在平台设立临时厕所,设专人定期清理,以减少对水环境的影响。

三、陆上施工水环境污染主要防治措施

(1) 合理安排施工作业时间,选择先进的施工工艺。

(2) 对饮用水水源保护区等敏感水体区域的施工应提出限制性要求,如:不得设置临时施工营地,尤其是沥青混合料及混凝土拌和站;不得堆放或倾倒任何含有害物质的材料或废弃物;不得在此路段范围内设置取、弃土场。

(3) 施工营地生活污水排放量较小,一般为每日几十立方米,所以小型的生活污水处理器即可满足其处理要求。

(4) 施工废水(砂石料冲洗水、混凝土拌和站废水、水泥路面养护排水等),通常要采用沉淀池进行自然沉淀处理,达标排放或采用蒸发池收集处置(敏感水体区域)。

(5) 机修及洗车废水。汽车维修站及施工设备维修站的污水,通常采用隔油池进行处理。当污水进入隔油池后,泥砂沉淀于池的底部,浮油漂浮于水面,利用设置在水面的集油管收集去除。隔油池的形式有平流式、波纹板式、斜板式等。

大型洗车场废水除含有石油类外,还含有大量泥砂颗粒物;另外,大型洗车场废水都要求循环使用。冲洗车体用水和冲洗底盘用水水质也有所不同,要求处理的程度也不同。所以,洗车废水处理除除油外,还要与沉淀、过滤工艺相组合,以达到循环使用的目的。

(6) 地表径流保护。一般来说,路面径流水不会对水体和土壤造成大面积的污染。但当施工区域距自然保护区、水源保护地、水产养殖区或对水质有特殊要求的水体较近时,应考虑路面径流对水环境的污染。地表排水不能直接排入这些水体,可设置沉淀池进行沉淀处理后排放或利用天然洼地、池塘、湿地收集处理地表径流水。地表径流水中污染物以无机固体颗粒为主,所含有机污染物 COD 与 BOD 比值约为 6∶1,可生物降解性较小,其处理以物理法处理为主。

(7) 隧道一般位于偏远山区,线长点多,缺乏环保技术人员,所以处理方法应基于方便、经济、环保等原则。隧道施工废水可采用水泥混凝沉淀法,利用水泥中 SiO_2、Al_2O_3、Fe_2O_3 等组分的絮凝沉淀特性,对隧道出水进行沉淀处理,经 H_2CO_3 调 pH,再砂滤后回用(隧道降尘)或排放,处理流程见图 5-8。对桥梁钻孔浆也可参考此处理流程。

图 5-8 隧道施工废水处理流程图

试验表明,水泥混凝沉淀法处理模拟隧道施工废水,对 COD 去除率可达 70.7%,对硝基苯的去除率接近甚至高于 50%,对石油类去除率为 14%。

四、涉水施工水环境污染的主要防治措施

1. 地表水环境影响的减缓措施

施工材料如沥青、油料、化学品物质等的堆放地点应设在河床之外,并应备有临时遮挡物(如帆布),须妥善保管,防止被暴雨冲刷进入水体引起污染。

桥梁施工挖出的泥浆应运至河道之外,妥善处理,防止对水体造成污染。

2. 疏浚、吹填对水环境影响的减缓措施

依据工程施工实践,水运工程疏浚、吹填施工中,疏浚土的再悬浮及炸礁过程引起的振动,将对施工区水域构成影响。在施工中应采取如下措施,力求将施工影响控制在较小的范围内。

(1)对于限制污染的施工区域,在疏浚船舶选型上,优先选用污染较轻的挖泥船型;在使用耙吸船舶施工时,应适当控制侧扬和溢流的施工方式。

(2)合理安排施工船舶的数量、位置及施工进度,尽量将靠近养殖区的疏浚作业以及疏浚土外抛的时间安排在水产养殖非高峰期进行。

(3)陆域吹填时,为防止泥沙随排水流入海域,在吹填区四周设置抛石围堤,让排水在吹填区内经过较长距离的沉淀过程后变得较为澄清,再从溢流口排出。陆域吹填作业中应派专人监控管理泥浆溢流口流出液的浓度,如发现浓度过高,宜通过采取间歇吹填、调整吹泥口的位置、增加分隔设施等措施,适当延长吹填区泥浆停留时间,以降低溢出液中悬浮物的浓度值,陆域吹填需在围堰高出海面后进行。

(4)吹填围堰应有闭水或过滤功能,以保证泥沙不经堰体泄漏;必要时,围堰外尤其是溢流口处,可以再设置过滤网,进一步降低溢出水体的悬浮物浓度。

(5)做好施工设备的日常检查维修工作,重点对挖泥船与吹泥管的连接点以及泥驳门的密封系统和关闭泥门的传动部件进行检查,发现泥管胶皮管有破裂或泥门关闭不严的现象应及时修复,杜绝吹泥管沿线以及自航耙吸船或泥驳在航行途中发生大量泥浆泄漏事故。

(6)如施工附近有养殖场,应加以注意并采取保护措施,在附近水域进行必要的水质监测。

此外,施工人员施工过程中产生的生活污水,要妥善处理。对于施工机械维修过程中产生的含油污水应予以收集,送交污水处理厂或油污回收船处理,不得直接排入水体。

3. 疏浚物海上倾倒对水环境影响的减缓措施

(1)抛泥区设置明显的标志。在疏浚物倾倒过程中,为保证施工安全以及外围航道等其他水域功能区的合理运作,应在该工程选定抛泥区外围设置明显的标志,抛泥区中心位置设专

用标志,以利施工船舶方便地进入倾倒区后实施相应作业,避免产生不必要的污染事故。

(2)挖泥船到位倾倒。挖泥船必须严格按照划定的倾倒区界进行倾倒作业,禁止未到达指定区域便实施抛泥。实施定点到位作业是保证倾倒区周围水域环境不受较大影响的重要环节,必要时可安排相应人员,配置必要的监测仪器进行监控。如在挖泥船舶上配备航迹记录仪器,通过检查船舶航迹记录,监督船舶必须到位倾倒。

(3)确保舱门密闭,严防泥浆泄漏。挖泥船在倾倒区抛泥完毕后,应及时关闭舱门,并确定舱门关闭无误后方可返航;否则,泥舱关闭不严,在航行途中泥浆泄漏入海将会导致污染事故的发生。同时在疏浚物倾倒作业期间,应关注气象信息,在恶劣气候条件下,应提前做好防护准备并停止挖泥和倾倒作业。

(4)在主要经济鱼类繁殖期(一般为4~7月),应尽可能减少倾倒量。

(5)在实施倾倒作业期间,须开展全过程的海洋环境监测工作,及时掌握倾倒对海洋环境的影响状况,以便及时调整倾倒作业方案,防止对海洋环境产生损害。

4.水下爆破对水环境影响的减缓措施

水下爆破与炸礁对周围鱼类影响较大,因此应制订科学、严谨、周密的施工方案,采用先进的施工工艺,如水下钻孔爆破,最大限度地减少爆破量;在爆破控制上,应采用对生态影响较小的方法,如延时爆破法,尽量减缓冲击波对鱼类的影响;在时空安排上,应尽可能避免在产卵期、鱼类洄游繁殖期、索饵期的时段和区域进行爆破施工。

5.水上溢油应急计划

虽然国内外对环境保护都很重视,然而油污染事故仍连年发生。为了能够对突发性的溢油事故迅速有效地采取应急行动,将油污染损害降至最低,必须事先制订一个具有法规性和技术性的溢油应急计划,并建立溢油应急反应体系。

(1)船上油污应急计划。

制定并实施船上油污应急计划是为了在船舶可能发生溢油事故时,使船舶与沿海国管理当局能够及时联系,并以最快速度组织、调动船舶及沿海国的应急队伍、设备器材,或同其他国家、地区进行区域性合作,使船舶在发生油污事故时,能及时得到控制,并使损失减到最小。船上备有经主管机关批准的船上油污应急计划,还可指导船长应用简单明了的流程图和检查表,实施必要的措施和决定,增加应变能力,以减少各种差错和失误,争取时间,控制环境污染,减少船舶和船员的危险性。

(2)海上船舶溢油应急计划。

①我国海上船舶溢油应急计划体系。我国于1998年加入OPRC(国际油污防备、反应和合作)公约,根据公约要求,现已编制完成了国家、海区和港口三个层次的溢油应急计划。

国家级溢油应急计划的目的是对特大溢油事故的应急反应进行组织协调和指挥,指导海区和港口溢油应急计划的制订和实施,满足OPRC公约和国际区域合作的需要。

根据中华人民共和国海事局海上安全责任区的划分、船舶事故多发水道、船舶运输密集区、环境敏感水域等,海区船舶溢油应急计划分为北方海区、东海海区和南海海区以及特殊区域四个海区溢油应急计划。

②我国溢油应急反应计划。根据我国国情制订的海上船舶溢油应急计划包括总则、组织

和管理、溢油应急反应和溢油应急反应支持系统四个部分。

6. 水上溢油应急处理设备与技术

应急计划的目的是在保护水域环境的要求下,有效地清除油污,尽早恢复原来的自然环境。溢油清除目前最常用的方法有机械回收、化学分解和海上焚烧三种,其选择要根据溢油的品种、自然环境和气候、溢出时间的久暂、水面还是岸滩礁石等条件而定,表5-6列出了溢油清除技术的适用条件,在有些特定的环境下,人为清除反而不如自然界的自净好。

溢油清除技术的适用条件　　　　表5-6

技 术	优 点	缺 点
机械清除	对中等黏度的溢油效果很好; 在平静海面效果很好	在风浪大的海面无效; 海面有浓雾时无效
化学分散	可在恶劣的气象条件下使用; 在开阔水域中被分散的油能迅速稀释	在水温低的条件下可能无效; 对风化油和乳化油无效; 有可能对海洋生物带来影响; 不鼓励在近海浅水域中使用
海上焚烧	对发生时间不久的新鲜溢油有效; 耐火围油栏可使油膜达到足够的厚度(至少2~3mm),以便燃烧; 在平静海面效果好; 可用于碎冰稠密的海况	对风化油无效; 对乳化油无效; 产生空气污染,影响岸边居民; 燃烧后产生残渣物

五、路面、桥面径流和公路危化品运输污染控制

1. 径流集中处理系统的目的

公路和港口、码头的运输品种中常见危险化学品,交通事故时有发生,给人民生命财产带来重大损失的同时,也严重污染周边环境。根据国家环保总局、发改委、交通部《关于加强公路规划和建设环境影响评价工作的通知》(环发〔2007〕184号),公路建设应在水环境敏感路段设置径流水收集系统和沉淀池。该通知规定:公路建设应特别重视对饮用水水源地的保护,路线设计时,应尽量绕避饮用水水源保护区。为防范危险化学品运输带来的环境风险,对跨越饮用水水源二级保护区、准保护区和Ⅱ类以上水体的桥梁,在确保安全和技术可行的前提下,应在桥梁上设置桥面径流水收集系统,并在桥梁两侧设置沉淀池,对发生污染事故后的桥面径流进行处理,确保饮用水安全。

实际工作中,国家和地方环保部门有时根据具体情况,提出了更严格的保护要求。常要求在Ⅲ类以上水体的桥梁以及邻水路基沿线,同样采用径流水收集系统和沉淀池措施。绿色公路建设要求增强公路排水系统对路面和桥面径流的消纳与净化功能,强化穿越敏感水体路段的径流收集与处治。

2. 径流集中处理系统的适用范围

径流集中处理系统常见三种体系为:

(1)全封闭收集系统。将路桥面径流全部汇集,排出路桥面和敏感区范围;适用于跨越饮

用水水源二级保护区、准保护区和Ⅱ类以上水体,且实施全封闭收集系统安全和技术可行的桥梁和路段。

(2)部分封闭收集系统。汇集一定时间段的初期雨水径流,并足够汇集冲洗路桥面上发生事故时洒落的危险化学品的水量,而在一定时间段后相对干净的雨水径流,可外溢直接进入周围水体;适用于跨越Ⅲ类水体,或饮用水水源二级保护区、准保护区和二类以上水体,但实施全封闭收集系统不安全、技术不可行的桥梁和路段。

(3)择时封闭收集系统。平时排水孔或排水沟不封闭,径流直接排入桥下等水体。但当长期无雨、路桥面较脏,特别是危险化学品洒落时,马上封闭排水孔或排水沟,初期雨水径流或冲洗危险化学品的水量顺路桥面纵坡排出敏感区。适用于其他一般敏感水体,或实施全封闭收集系统不安全、技术不可行的桥梁和路段。

径流集中处理系统集成和监理要点,详见第十四章"环境保护工程及监理要点"。

复习思考题

1. 何谓水污染源?按排放方式看,水污染源有哪些类型?
2. 简述水体自净的概念,水体自净分为哪些类型?
3. 简述交通工程施工期主要废水及其特征。
4. 列举几个常用的水质指标并说明其含义。
5. 简述《地表水环境质量标准》(GB 3838—2002)的适用范围。地表水的水域环境功能分为几类?对应的功能是什么?
6. 简述《海水水质标准》(GB 3097—1997)的适用范围。海水水质分为几类?对应的功能是什么?
7. 交通建设对水环境的影响主要有哪些?
8. 施工期生活污水的处理和处置主要有哪些方法?
9. 公路施工对水环境污染的主要防治措施有哪些?
10. 水域施工对水环境污染的主要防治措施有哪些?

第六章 大气环境保护

【本章提要】 本章介绍了大气环境基础知识,重点介绍了常用环境空气指标和标准等内容,分析了交通建设对环境空气的影响以及相应的污染防治措施。

第一节 大气环境基础知识

一、环境空气污染及其危害

1. 大气的成分

地球表面附近的大气是包括颗粒尘埃在内的混合气体,其组成包括恒定的和不定的两种。在近地层大气中有氮、氧、氩、氖、氦、氙、氢、二氧化碳等成分,其中氮、氧、氩占大气总量的99.95%,这三种成分的含量几乎不变。二氧化碳占0.03%,而其他气体及杂质体积大约占0.02%。大气中的不定成分主要是自然过程和人为活动排入大气的污染物质,如物质燃烧的灰粉、火山爆发的尘埃、大风刮起的灰尘以及工业/交通排出的废气等。

2. 环境空气污染

环境空气污染是指由于人类活动或自然过程引起某些污染物质进入大气中,其数量、浓度、毒性以及其在大气中持续的时间等因素综合作用,可能会使受污染地区生物体的生命和人类的健康或生产活动受到影响的现象。

(1)环境空气污染源。

大气污染源就是大气污染物的来源,主要有以下几种:

①工业生产废气排放,它是大气污染的重要来源之一。
②交通运输工具尾气,它也是重要的污染物。
③生活炉灶与采暖锅炉燃烧废气排放。
④风力刮起的地面沙尘以及沙尘暴。
⑤森林火灾产生的烟雾。
⑥火山爆发产生的火山灰等。

(2)环境空气污染类型。

大气污染的类型很多,根据化学物理性质的不同可分为:

①还原型污染:来自煤炭和石油燃烧,主要污染物有二氧化硫、一氧化碳和颗粒物。
②氧化型污染:主要来自汽车尾气污染及其产生的光化学污染。

③石油型污染:主要来自汽车尾气、石油炼化及化工厂的排放,主要污染物包括二氧化氮、烯烃等。

④其他特殊污染:主要是来自各类工业企业排出的各种化学物质。

(3)环境空气污染物。

大气污染物的种类和成分十分复杂。从污染物的物理性质来看,大气污染物可分为颗粒物质和气体污染物。烟尘、粉尘是固体颗粒物质,这些颗粒物质悬浮于大气中,常称为气溶胶。直径大于 $10\mu m$ 的颗粒物质叫"降尘",它可以在离污染源较短的距离之内落到地面。直径小于 $10\mu m$ 的叫"飘尘",它们可以在大气中停留数小时甚至几年。

上述污染物是由污染源直接排出的,称为一次污染物。有的一次污染物不稳定,在大气中经化学反应或光化学反应,形成新的污染物,称为二次污染物。

3. 环境空气污染的危害和影响

(1)对人体的危害和影响。

大气污染物危害人体主要通过表面接触、呼吸、食入等途径,其对健康的危害主要表现为引起呼吸道疾病。在突然的高浓度污染物作用下,可造成急性中毒。对人体健康方面的影响主要有:

①粉尘。

建筑施工时会产生粉尘,粉尘也叫尘埃,尘埃中粒径大于 $10\mu m$ 的颗粒物,大多可被鼻腔和咽喉所捕集,不会进入肺泡。但粒径小于 $10\mu m$ 的飘尘,即 PM_{10}(可吸入颗粒物)长时间在空中飘浮,易被吸入呼吸系统。其中,较小的微粒侵入没有黏液层和纤毛层的肺的深部组织中并沉积下来。这些物质如果被溶解,就会直接侵入血液,可能造成中毒。未被溶解的物质可能被吞噬细胞所吸收,它们如果是有毒的,就会杀死该细胞,造成细胞破坏。未被吞噬细胞吸收的物质,则侵入肺组织或淋巴结,有可能造成尘肺和其他感染。$PM_{2.5}$,称为细颗粒物,又称细粒、细颗粒。它是指环境空气中直径小于或等于 $2.5\mu m$ 的颗粒物。它能较长时间悬浮于空气中,其在空气中含量浓度越高,则空气污染越严重。虽然 $PM_{2.5}$ 只是地球大气成分中含量很少的组分,但它对空气质量和能见度等有重要的影响。与 PM_{10} 相比,$PM_{2.5}$ 粒径小、面积大、活性强,富含大量的有毒、有害物质(例如重金属、微生物等),且在大气中的停留时间长、输送距离远。直径越小,进入呼吸道的部位越深,细颗粒物进入人体到肺泡后,直接影响肺功能,使机体容易处于缺氧状态。因而对人体健康和大气环境质量的影响更大。

②氮氧化物(NO_x)和光化学烟雾。

一氧化氮(NO)无色、无刺激性,化学性质不活泼。二氧化氮(NO_2)为刺激性气体。空气中两者可以互相氧化还原,对呼吸系统都有毒性,但 NO_2 毒性比 NO 大 5 倍。NO 能与血红蛋白结合,从而使血液的输氧功能下降,它还会使中枢神经受损,使人痉挛或麻痹;NO 急性中毒会导致肺水肿或窒息而死亡。处在 NO_2 污染的环境中,眼、鼻会受到强烈刺激,肺功能明显受损,经常接触可形成慢性肺气肿或肺纤维化,心脏、肝脏、造血器官等脏器也有损害。

空气中的 NO_x,在阳光的作用下还能与 CO、C_nH_m(碳氢化合物)等作用,生成光化学烟雾。这种烟雾对眼睛的刺激作用特别强,浓度大于 0.1ppm 时,短时间接触就能使人泪流不止,甚至头痛、呼吸障碍;浓度增加到 50ppm,人有死亡的危险。

③一氧化碳(CO)。

CO 是无色、无臭的气体。浓度为 900ppm 接触 1h,能使人头痛、眼睛呆滞;浓度在 1200ppm 以上作用 1h,可使神经麻痹,发生生命危险。

④碳氢化合物(C_nH_m)。

C_nH_m 种类很多,如由于燃料燃烧不完全或石油裂解过程中产生的挥发性烃;又如沥青烟气中含有强致癌物质的苯并[a]芘。这些污染物对眼、鼻和呼吸道有强烈的刺激作用,在一定条件下可严重破坏肝、肾和心血管系统的功能。

(2)对植物的危害和影响。

大气污染物,尤其是二氧化硫、氟化物等对植物的危害是十分严重的。当污染物浓度很高时,会对植物产生急性危害,使植物叶表面产生伤斑,或者直接使叶枯萎脱落;当污染物浓度不高时,会对植物产生慢性危害,使植物叶片褪绿,或者表面上没有危害症状,但植物的生理机能已受到了影响,导致产量下降、品质变坏。

(3)对气候的危害和影响。

大气污染物对天气和气候的影响是十分显著的:

①减少到达地面的太阳辐射量:从工厂、发电站、汽车、家庭取暖设备向大气中排放的大量烟尘微粒,使空气变得非常浑浊,遮挡了阳光,使得到达地面的太阳辐射量减少,甚至形成霾,导致人和动植物因缺乏阳光而生长发育不好。

②增加大气降水量:工厂、交通工具排出的废气微粒,其中很多具有水气凝结核的作用。因此,当大气中有其他一些降水条件与之配合时,就会出现降水天气。

③导致酸雨:这种酸雨是大气中的污染物二氧化硫经过氧化形成硫酸,随自然界的降水下落形成的。酸雨会毁坏大片森林和农作物。

④造成"温室效应"。人类生产生活向大气排放大量二氧化碳,其中约有50%残留在大气中。二氧化碳能吸收来自地面的长波辐射,使近地面空气温度增高,形成"温室效应"。如果二氧化碳继续增加下去,会使得南北极的冰融化加速,海平面升高,导致全球的气候异常。

当前我国大气污染状况十分严重。主要表现为由煤烟型污染向复合型污染转变。二氧化硫污染一直在较高水平,机动车尾气污染物排放总量迅速增加,氮氧化物污染呈加重趋势,城市大气环境中总悬浮颗粒物浓度普遍超标,灰霾天气严重。

二、气象及地形条件对大气污染的影响

(1)大气湍流。在低层大气中,空气运动的大小和方向随时都在变化,各层流体之间还有强烈的混合现象。这种不规则的流体运动称为"湍流",它能将大气污染物迅速扩散开来。

(2)风。风可以输送污染物。风速越大,烟云移动也就越快。另外,污染物在被输送的同时,还不断与周围空气混合并得到稀释。如果其他条件不变,则下风向任何一点上的污染物浓度与风速成反比。

(3)逆温。在大气对流层中出现的气温随高度增加而升高的现象,称为逆温。

(4)地形。不同地形下垫面的物理性质差异很大,从而引起热状况分布不均匀,就可能产生局地环流,诸如海陆风、城郊风和山谷风等。这些环流势必影响大气污染物输送的范围和路径,从而直接导致地面污染物浓度的变化。

山区的各种复杂地形,由于斜坡的方位、坡度不同,受日照时间、强度和热量收支条件就不一样,因此,气温的水平分布很不均匀。在山区常见的"山谷风",是由山坡和谷地受热不均而产生的。白天,吸热的山坡上的空气比同高度的谷中空气温度高、密度小,产生上升气流;同时谷中的冷空气沿坡爬升补充,形成由谷底向山坡的"谷风"。夜间,山坡上的空气较快降温,密度大,在重力作用下,冷空气沿坡下滑形成"山风"。山谷风转换往往造成严重空气污染。

微风、逆温和地形阻塞是造成山区空气污染严重的主要原因。山区因地形作用增强了辐射逆温现象,夜间冷空气在谷底积聚,地形阻挡使凹地的风速很小,逆温发展的速度比平原快,逆温层更厚,强度更大。

第二节 大气环境保护相关标准

一、《环境空气质量标准》(GB 3095—2012)

(1)简介。

《环境空气质量标准》(GB 3095—2012)是为贯彻《中华人民共和国环境保护法》和《中华人民共和国大气污染防治法》,保护和改善生活环境、生态环境,保障人体健康制定的标准。标准规定了环境空气功能区分类、标准分级、污染物项目、平均时间及浓度限值、监测方法、数据统计的有效性规定及实施与监督等内容。本标准适用于环境空气质量评价与管理。该标准中的污染物浓度均为质量浓度。

(2)修订背景和主要内容。

《环境空气质量标准》(GB 3095—1996)在加强空气污染防治、保护公众健康方面发挥了积极作用。但随着中国经济高速发展,环境空气污染特征已由煤烟型向复合型转变,区域性大气细颗粒物和臭氧污染不断加重,一些城市经常出现长时间灰霾天气,空气污染对公众健康产生了严重威胁,同时,据此发布的评价结果与人民群众主观感受存在差异。因此,有关部门对《环境空气质量标准》(GB 3095—1996)进行了修订。修订主要体现在以下几个方面:

①调整了环境空气功能区分类方案,将三类区(特定工业区)并入二类区(城镇规划中确定的居住区、商业交通居民混合区、文化区、一般工业区和农村地区)。

②调整了污染物项目及限值,增设了$PM_{2.5}$平均浓度限值和臭氧8h平均浓度限值,收紧了PM_{10}、二氧化氮、铅和苯并[a]芘等污染物的浓度限值。

③收严了监测数据统计的有效性规定,将有效数据要求由50%~75%提高至75%~90%。

④更新了二氧化硫、二氧化氮、臭氧、颗粒物等的分析方法标准,增加自动监测分析方法。

⑤明确了标准实施时间,2016年1月1日全国实施新标准。

(3)环境空气质量功能区分类。

环境空气质量功能区分为二类:一类区为自然保护区、风景名胜区和其他需要特殊保护的区域;二类区为居住区、商业交通居民混合区、文化区、工业区和农村地区。

(4)环境空气质量标准分级。

环境空气质量标准分为二级:一类区执行一级标准;二类区执行二级标准。

(5)环境空气功能区质量要求一类区适用一级浓度限值,二类区适用二级浓度限值。一、二类环境空气功能区质量要求见表6-1 和表6-2。

环境空气污染物基本项目浓度限值　　　表6-1

序号	污染物项目	平均时间	浓度限值 一级	浓度限值 二级	单位
1	二氧化硫(SO_2)	年平均	20	60	$\mu g/m^3$
		24h平均	50	150	
		1h平均	150	500	
2	二氧化氮(NO_2)	年平均	40	40	
		24h平均	80	80	
		1h平均	200	200	
3	一氧化碳(CO)	24h平均	4	4	mg/m^3
		1h平均	10	10	
4	臭氧(O_3)	日最大8h平均	100	160	
		1h平均	160	200	
5	颗粒物(粒径小于或等于10μm)	年平均	40	70	$\mu g/m^3$
		24h平均	50	150	
6	颗粒物(粒径小于或等于2.5μm)	年平均	15	35	
		24h平均	35	75	

环境空气污染物其他项目浓度限值　　　表6-2

序号	污染物项目	平均时间	浓度限值 一级	浓度限值 二级	单位
1	总悬浮颗粒物(TSP)	年平均	80	200	$\mu g/m^3$
		24h平均	120	300	
2	氮氧化物(NO_x)(以NO_2计)	年平均	50	50	
		24h平均	100	100	
		1h平均	250	250	
3	铅(Pb)	年平均	0.5	0.5	
		季平均	1	1	
4	苯并[a]芘(BaP)	年平均	0.001	0.001	
		24h平均	0.0025	0.0025	

(6)浓度限值。

二、锅炉大气污染物排放标准

为贯彻《中华人民共和国环境保护法》和《中华人民共和国大气污染防治法》,控制锅炉污染物排放,防治大气污染,国家生态环境部制定了新版《锅炉大气污染物排放标准》(GB

13271—2014）。该标准适用于以燃煤、燃油和燃气为燃料的单台出力65t/h及以下蒸汽锅炉、各种容量的热水锅炉及有机热载体锅炉；各种容量的层燃炉、抛煤机炉。使用型煤、水煤浆、煤矸石、石油焦、油页岩、生物质成型燃料等的锅炉，参照该标准中燃煤锅炉排放控制要求执行。该标准适用于在用锅炉的大气污染物排放管理，以及锅炉建设项目环境影响评价、环境保护实施设计、竣工环境保护验收及其投产后的大气污染物排放管理。该标准适用于法律允许的污染物排放行为。在用和新建的锅炉大气污染物排放浓度限值见表6-3、表6-4。该标准分年限规定了锅炉烟气中烟尘、二氧化硫和氮氧化物的最高允许排放浓度和烟气黑度的排放限值。该标准中的一类区和二类区是指《环境空气质量标准》（GB 3095—2012）中规定的环境空气质量功能区的分类区域。

在用锅炉大气污染物排放浓度限值（单位：mg/m³） 表6-3

污染物项目	限值			污染物排放监控位置
	燃煤锅炉	燃油锅炉	燃气锅炉	
颗粒物	80	60	30	烟囱或烟道
二氧化硫	400 550(1)	300	100	
氮氧化物	400	400	400	
汞及其化合物	0.05	—	—	
烟气黑度（林格曼黑度，级）	≤1			烟囱排放口

注：在用锅炉指《锅炉大气污染物排放标准》（GB 13271—2014）实施之日前，已建成投产或环境影响评价文件已通过审批的锅炉。

新建锅炉大气污染物排放浓度限值（单位：mg/m³） 表6-4

污染物项目	限值			污染物排放监控位置
	燃煤锅炉	燃油锅炉	燃气锅炉	
颗粒物	50	30	20	烟囱或烟道
二氧化硫	300	200	50	
氮氧化物	300	250	200	
汞及其化合物	0.05	—	—	
烟气黑度（林格曼黑度，级）	≤1			烟囱排放口

注：新建锅炉指自《锅炉大气污染物排放标准》（GB 13271—2014）实施之日起，环境影响评价通过审批的新建、改建和扩建的锅炉建设项目。

每个新建锅炉房只能设1根烟囱，烟囱高度应根据锅炉房装机总容量来确定。燃气、燃轻柴油、煤油锅炉烟囱高度应按批准的环境影响报告书（表）要求确定，但不得低于8m。

为防治区域大气污染，改善环境质量，进一步降低大气污染源的排放强度，根据环境保护工作的要求，在国土开发密度较高、环境承载能力开始减弱，或大气环境容量较小、生态环境脆弱，容易发生严重大气污染问题而需要严格控制大气污染物排放的重点地区，锅炉执行表6-5规定的大气污染物特别排放限值。执行大气污染物特别排放限值的地域范围、时间，由国务院环境保护主管部门或省级人民政府规定。

大气污染物特别排放限值(单位:mg/m³)　　　　　　　　　表6-5

污染物项目	限　　　值			污染物排放监控位置
	燃煤锅炉	燃油锅炉	燃气锅炉	
颗粒物	30	30	20	烟囱或烟道
二氧化硫	200	100	50	
氮氧化物	200	200	150	
汞及其化合物	0.05	—	—	
烟气黑度(林格曼黑度,级)	≤1			烟囱排放口

每个新建燃煤锅炉房只能设1根烟囱,烟囱高度应根据锅炉房装机总容量,按表6-6规定执行,燃油、燃气锅炉烟囱不低于8m,锅炉烟囱的具体高度按批复的环境影响评价文件确定。新建锅炉房的烟囱周围半径200m距离内有建筑物时,其烟囱应高出最高建筑物3m以上。

燃煤锅炉房烟囱最低允许高度　　　　　　　　　表6-6

锅炉房装机总容量	MW	<0.7	0.7~1.4	1.4~2.8	2.8~7	7~14	≥14
	t/h	<1	1~2	2~4	4~10	10~20	≥20
烟囱最低允许高度	m	20	25	30	35	40	45

注:不同时段建设的锅炉,若采用混合方式排放烟气,且选择的监控位置只能监测混合烟气中大气污染物浓度,应执行各个时段限值中最严格的排放限值。

第三节　交通建设对大气环境的影响

交通建设引发的对空气环境的污染主要来自施工扬尘、施工车辆尾气、动力船舶机械产生的尾气及沥青烟气。其中,以扬尘和沥青烟气对周围环境的影响较为突出;同时,应特别关注对包括幼儿园、学校、医院、敬老院、居民集中区以及珍稀动植物保护区等在内的环境敏感点的影响和保护。

一、施工扬尘对环境的影响

施工扬尘主要包括施工车辆行驶产生的扬尘、粉状建材运输和堆放产生的扬尘以及灰土、水泥混凝土和沥青混凝土等拌和时产生的扬尘。

1. 车辆行驶扬尘

在施工过程中,车辆行驶产生的扬尘占总扬尘的60%以上。车辆行驶产生的扬尘,在完全干燥的情况下,可按式(6-1)的经验公式计算:

$$Q = 0.123(V/5)(W/6.8)^{0.85}(P/0.5)^{0.75} \qquad (6-1)$$

式中:Q——汽车行驶产生的扬尘[kg/(km·辆)];

V——汽车速度(km/h);

W——汽车载质量(t);

P——道路表面粉尘量(kg/m²)。

表 6-7 为一辆 10t 载货汽车,通过一段长度为 1km 的路面时,不同路面清洁程度、不同行驶速度情况下的扬尘量。由此可见,在同样路面清洁程度条件下,车速越快,扬尘量越大;而在同样车速情况下,路面越脏,则扬尘量越大。因此,限制车辆行驶速度及保持路面的清洁程度是减少汽车扬尘的最有效手段。

在不同车速和地面清洁程度的汽车扬尘限值[单位:kg/(辆·km)]　　表 6-7

车速 (km/h)	粉尘量(kg/m^2)					
	0.1	0.2	0.3	0.4	0.5	1.0
5	0.0511	0.0859	0.1164	0.1444	0.1707	0.2871
10	0.1021	0.1717	0.2328	0.2888	0.3414	0.5742
15	0.1532	0.2576	0.3491	0.4332	0.5121	0.8613
20	0.2553	0.4293	0.5819	0.7220	0.8536	1.4355

如果在施工阶段对汽车行驶路面洒水以保持路面湿润,可以使空气中粉尘量减少 70% 左右,从而起到很好的降尘效果。洒水的试验结果如表 6-8 所示。

施工阶段使用洒水车降尘试验结果　　表 6-8

距路边距离(m)		5	20	50	100
TSP 浓度 (mg/m^3)	不洒水	10.14	2.810	1.15	0.86
	洒水	2.01	1.40	0.68	0.60

2. 堆场扬尘

由于施工需要,一些建筑材料露天堆放,一些施工作业点表层土壤需人工开挖且临时堆放,在气候干燥又有风的情况下,会产生扬尘。起尘量可按堆场起尘的经验公式计算,见式(6-2):

$$Q = 2.1(V_{50} - V_0)^3 e^{-1.023w} \tag{6-2}$$

式中:Q——起尘量[kg/(t·年)];

V_{50}——距地面 50m 处风速(m/s);

V_0——起尘风速(m/s);

w——尘粒的含水率(%)。

起尘风速与粉尘的粒径和含水率有关。因此,减少露天堆放、保证一定的含水率和减少裸露地面是减少风力起尘的有效手段。粉尘在空气中的扩散稀释与风速等气象条件有关,也与粉尘本身的沉降速度有关。不同粒径粉尘的沉降速度见表 6-9。由表 6-9 可知,粉尘的沉降速度随粒径的增大而迅速增大。当粒径为 250μm 时,沉降速度为 1.005m/s。因此,可以认为当尘粒大于 250μm 时,主要影响范围在扬尘点下风向近距离范围内,而真正对外环境产生影响的是一些微小粒径的粉尘。

不同粒径粉尘的沉降速度　　表 6-9

粉尘粒径(μm)	10	20	30	40	50	60	70
沉降速度(m/s)	0.003	0.012	0.027	0.048	0.075	0.108	0.147
粉尘粒径(μm)	80	90	100	150	200	250	350
沉降速度(m/s)	0.158	0.170	0.182	0.239	0.804	1.005	1.829
粉尘粒径(μm)	450	550	650	750	850	950	1050
沉降速度(m/s)	2.211	2.614	3.016	3.418	3.820	4.222	4.624

3.拌和扬尘

灰土、水泥混凝土和沥青混凝土在拌和过程中均会产生扬尘。根据公路施工灰土拌和现场的扬尘监测资料分析,当采用路拌工艺施工时,路边50m处TSP小时浓度小于$1.0mg/m^3$。储料场灰土拌和场附近相距5m下风向,TSP小时浓度为$8.100 mg/m^3$;相距100m处,浓度为$1.65 mg/m^3$;相距150m已基本无影响。因此,灰土拌和应尽可能采取设置集中灰土拌和场方式进行,且距环境敏感点300m以上,以避免扬尘对环境敏感点的直接影响。

二、沥青烟气及锅炉烟气对环境的影响

沥青烟气产生于沥青拌和及摊铺过程中,且主要以沥青混合料拌和时产生的影响为主。苯并[a]芘和烃类是沥青烟气中的主要污染物。沥青混合料拌和有两种方式,分别为路拌和站拌。路拌采用可移动或不可移动的小型拌和装置,一般设备简陋,无沥青烟气净化装置,对周围环境影响较大;站拌则是选择专门的场地设置大型的沥青混合料拌和设备,这种设备设有沥青烟气净化装置。由于苯并[a]芘是对人体有害的强致癌物质,《公路环境保护设计规范》(JTG B04—2010)规定,沥青混合料拌和站应设置在当地施工季节最小频率风向的被保护对象的上风侧,且距离敏感点不宜小于300m。

沥青摊铺时所产生的烟气,其污染物影响距离一般在50m之内。

辅助设施如服务区若设有锅炉,则锅炉燃烧产生的烟气对周围环境空气会产生一定的影响。锅炉烟气中的主要污染物包括烟尘、二氧化硫和氮氧化物。根据燃料性质的不同,燃煤锅炉产生的污染相对较重,轻柴油等燃油锅炉和燃气锅炉产生的污染相对较轻。

第四节 大气污染防治的主要措施

一、车辆及机械尾气

(1)加强汽车维护修理,保证汽车正常、安全运行。
(2)加强对施工机械的维护修理,合理安排运行时间,发挥其最大效率。

二、运输扬尘的防治

(1)加强运输管理,保证汽车安全、文明、按规定车速行驶。
(2)科学选择运输路线,合理安排时间,避开环境敏感点。
(3)运输道路宜硬化并加强维护,应及时洒水,保持路面湿润。
(4)粉状材料应罐装或袋装,粉煤灰采用湿装湿运。土、水泥、石灰等材料运输时禁止超载,加盖篷布,如有撒落,应派人立即清除。

三、沥青混凝土拌和扬尘及沥青烟气

(1)沥青混凝土应集中拌和,合理选址,场地硬化。采用先进的沥青混凝土拌和装置,宜

配备等离子烟气处理系统和吸尘除烟智能控制系统等先进除尘设备、沥青烟气净化和排放设施。沥青混凝土拌和场应采用全封闭设施。

(2)沥青混凝土拌和场不得选在环境敏感点上风向,与其距离应在300m以上。

(3)拌和场场地应定期清扫,做好洒水防尘。

(4)沥青摊铺时污染物影响距离一般在50m之内。沥青摊铺和拌和场操作人员应配备口罩、风镜等,实行轮班制,并定期体检。

四、灰土拌和、水泥混凝土拌和扬尘

(1)灰土和水泥混凝土应尽量减少拌和场数量,采用集中拌和,合理选址,场地硬化。采用先进的拌和装置,配套除尘设备。城市区域拌和场应采用全封闭设施。

(2)拌和场不得选在环境敏感点上风向,与其距离应在300m以上。

(3)封闭装罐运输。

(4)拌和场场地应定期清扫,做好地面洒水防尘。

(5)拌和场应为操作人员配备口罩、风镜等,实行轮班制,并定期体检。

五、碎石及机制砂加工

(1)碎石及机制砂加工场应采取集中设置,合理选址,场地硬化。采用先进的加工装置,配套除尘设备。加工场应采用全封闭设施。

(2)加工场不得选在环境敏感点上风向,与其距离应在300m以上。

(3)加工场场地应定期清扫,做好地面洒水防尘。

(4)加工场应为操作人员配备口罩、风镜等,实行轮班制,并定期体检。

六、堆场扬尘

(1)粉状建材堆放地点选在环境敏感点下风向,距离100m以上。

(2)材料堆场应加盖轻钢顶棚。城市区域应全封闭。

(3)控制材料堆存量并及时利用。

(4)堆场场地应定期清扫,做好地面洒水防尘。

七、锅炉烟气

锅炉选型应采用燃油、燃气等清洁能源锅炉,局部地区若需使用燃煤锅炉的,其燃料组成应符合国家相应的产业政策,锅炉大气污染物排放浓度和烟囱高度的设置应符合现行《锅炉大气污染物排放标准》(GB 13271)中的有关规定。

复习思考题

1.大气污染的危害主要有哪些方面?

2. 环境空气质量功能区分类有哪些?

3. 交通建设引发的对空气环境的污染主要来自哪些方面?应特别关注哪些环境敏感点的保护?

4. 施工扬尘主要包括哪些?如何在施工过程中进行有效防治?

5. 针对沥青烟气的污染,可以具体采取哪些措施?

6. 拌和站、碎石加工场、材料堆场选址的要求有哪些?

第七章 固体废物处置

【本章提要】 本章介绍了固体废物的概念、分类及其危害,阐述了交通建设固体废物的来源和对环境的影响,探讨了固体废物的处理处置和资源化的环境保护措施。

第一节 固体废物基础知识

一、固体废物概念

《中华人民共和国固体废物污染环境防治法》中明确提出:固体废物,是指在生产、生活和其他活动中产生的丧失原有利用价值或者虽未丧失利用价值但被抛弃或者放弃的固态、半固态和置于容器中的气态的物品、物质以及法律、行政法规规定纳入固体废物管理的物品、物质。经无害化加工处理,并且符合强制性国家产品质量标准,不会危害公众健康和生态安全,或者根据固体废物鉴别标准和鉴别程序认定为不属于固体废物的除外。从广义而言,固体废物包括所有经过使用而被弃置的固态或半固态物质,甚至还包括具有一定毒害性的液态或气态物质。

固体废物具有时间性、空间性和持久危害性。时间性,一方面指随着时间的推移,任何产品经过使用和消耗后最终都将成为废物;另一方面,"废物"仅仅相对于当时的科技水平和经济条件而言,随着时间的推移与科技进步,今天的废弃物可能成为明天的有用资源,如动物粪便可转化成液体燃料。空间性,指废物仅仅相对于某一过程或某一方面没有使用价值,而并非在一切过程和一切方面都没有使用价值,如粉煤灰、煤矸石可用于填筑路基等。持久危害性则指固体废物只能通过释放渗出液体和气体进行"自我消化"处理,过程是长期的、复杂的和难以控制的,通常对环境的污染危害比废水和废气更持久,污染危害更大。如堆放场中的城市生活垃圾经 10~30 年的时间才可趋于稳定,而其中的废旧塑料、薄膜等即使经过更长时间也不能完全消化掉,将持续污染。

就固体废物的时间性和空间性而言,一种过程的废物随着时空条件的变化,往往可以成为另一种过程的原料,所以固体废物又有"放在错误地点的原料"之称。

二、固体废物来源与分类

固体废物的来源大体上可分为两类:一类是生产过程中所产生的废物,称为生产废物;另一类是在产品进入市场后在流动过程中或使用消费后产生的固体废物,称为生活垃圾。

固体废物来源广泛,种类繁多,性质各异,可按其来源、形态、性质和危害性等进行分类,一般采用处理、处置和管理方便的分类方法。

按化学性质,可分为有机废物和无机废物;按污染特性,可分为一般固体废物、危险废物以及放射性固体废物;按其形状,可分为固态废物(粉状、粒状、块状)和半固体(浆状、泥状)废物;按固体来源,可分为矿业废物、工业废物、城市垃圾、农业废物和放射性废物五类。实际工作中按来源分类较多,便于集中处理与处置。

危险废物是指列入国家危险废物名录或者按照国家规定的危险废物鉴别标准和鉴别方法认定的具有危险特性的固体废物。危险废物的特性包括腐蚀性(Corrosivity,C)、毒性(Toxicity,T)、易燃性(Ignitability,I)、反应性(Reactivity,R)和感染性(Infectivity,In)。如果对危险废物管理不当,就会对人体健康和生态健康造成严重的危害。这种危害的产生不仅取决于废物所具有的固有特性,而且取决于人类和其他生物体接受、接触的数量及渠道。另外,由于放射性废物在管理方法和处理技术等方面与其他废物有着明显的差异,许多国家不将其包含在危险废物范围内。放射性废物(Radioactive waste)是指含有放射性核素或者被放射性核素污染,其放射性核素浓度或者活度浓度大于国家规定的清洁解控水平,预期不再使用的废弃物。放射性废物具有放射性危害。如果管理不善,可能直接威胁职业工作人员的安全,影响生态环境和公众健康。

交通建设固体废物主要产生于施工阶段。就固体的处置与管理而言,按来源对固体废物分类较为方便,可分为生活垃圾、弃土弃渣和试验室垃圾。

三、固体废物危害

固体废物的性质多种多样,成分也十分复杂,对环境的危害很大,其污染往往是多方面、多环节要素的。其主要危害表现在以下几个方面。

1. 占用土地,污染土壤

固体废物如不加以利用,就需占地堆放。据估算,每堆放 104t 固体废物,需占用一亩多地。若长期堆放,势必产生和农业争地的突出问题。对人口众多、人均可耕地面积较少的我国来说,将是极大的威胁。

固体废物堆放时,经雨雪淋湿浸出毒物进入土壤,使土壤毒化、碱化,破坏土壤内的生态平衡,严重者导致土地寸草不生。其污染面积往往超过堆放所占面积的数倍,如堆放不当还会造成更大的危害。污染物在土壤中积累,被植被吸收后,可通过食物链危害人类的健康。

2. 污染水体

固体废物可随天然降水或刮风进入地表水,随渗透经土壤进入地下水,以及直接投入江河湖海等途径,造成水环境污染。即使是无害的固体废物排入河流、湖泊,也会造成河床淤塞,水面减少,甚至会导致一些水利工程设施效益降低或废弃。

3. 污染大气,影响环境卫生

固体废物在自然环境堆放,由于气象条件和微生物等的作用,可能发生各种物理、化学及生化反应,使其腐败变质、散发臭气和产生各种有害气体,污染大气。固体废物中的粉末和细小颗粒因刮风可加重大气的粉尘含量。此外,固体废弃物特别是生活垃圾堆放的地点又是病菌、病毒、各种寄生虫、蚊、蝇等滋生的场所,有导致疾病传染的潜在危险。

总之,固体废物对人类及其环境的危害是严重的,并且这种危害具有多样性、长期性和潜在性。

第二节　固体废物对环境的影响

一、固体废物的来源

交通建设固体废物对环境的影响依其固体的来源、性质及数量的显著差异,可分为施工期和营运期。就产生的数量及环境影响的大小而言,固体废物影响主要发生于施工期。

施工期固体废物主要来源于:工程占地范围内清表产生建筑垃圾、表层弃土及废弃植物;道路建设产生弃土或弃渣;桥梁桩基础施工钻孔产生泥浆;公路桥梁改扩建时旧建筑物的拆除废弃物;房建工程产生建筑垃圾;沥青拌和站排烟底灰;港口建设底泥清除产生淤泥;施工船舶垃圾;施工营地产生生活垃圾;工地试验室产生危险固体废物;设备清洗废物;废旧电池、旧日光灯管等。

营运期固体废物主要来源于公路养护路面铣刨与旧桥拆除废弃物,公路服务区、收费站、管理区及港口生产生活垃圾,以及船舶垃圾。

工程占地范围内清表建筑垃圾、表层弃土及废弃植物可分为无机和有机固体,分别经分选、破碎、堆肥等不同的工艺处理后可回收利用,用于填筑路基、房基或工程绿化。道路建设产生的弃土或弃渣主要为无机固体,一般无毒无害,可用于填筑路基或房基,剩余的可用渣场处置。港口建设清淤底泥的有机物含量高,可干化处理后用于肥田或绿化。房建工程产生建筑垃圾属于无机垃圾,可分拣回收利用后进行填埋处置。工地试验室废弃物性质比较复杂,包含酸、碱、易燃性和放射性;沥青拌和站排烟底灰等属于危险固体废物,应按危险废物进入收集处理处置。施工期和营运期产生的生活垃圾,其组成比较复杂,主要成分为有机固体,具有易腐性并伴发浓烈的恶臭,应及时收集清运。施工船舶垃圾包括船舶检修废物和船舶生活垃圾,船舶应配备垃圾收集装置,垃圾经接收后纳入市政垃圾统一处理。

综上所述,交通建设固体废物主要产生于施工阶段,按来源可分为生活垃圾、弃土弃渣、拆建废物、船舶垃圾、施工废物(材料包装品、剩余物料、机械废油渣等)和试验室废物,结合固体废物的来源、组成与性质,可分为生活垃圾、建筑垃圾(包括弃土弃渣、拆建废物、剩余洁净物料、一般包装物等)和危险固体废物(包括工地试验室废物、盛装危险废物的包装物、受油污或洗涤剂污染的棉纱和废弃用品、废旧电池等)。就固体废物的处置与管理而言,分为生活垃圾、建筑垃圾和危险固体废物更方便操作。

在环境监理工作中,应对工程建设中产生的危险固体废物高度重视,在制定环境监理规划或环境监理实施细则时对照《国家危险废物名录》,针对施工各环节的用料情况认真鉴别,确定项目建设中可能产生的危险固体废物,从产生源开始抓起,减少危险固体废物的产生和危害。表7-1所列为交通建设项目施工中可能产生的部分危险废物。

交通建设项目施工中可能的危险废物(部分)　　　　表 7-1

废物类别	废物代码	危险废物	危险特性	施工期废物来源
废矿物油	900-201-08	使用煤油、柴油清洗金属零件或发动机产生的废矿物油	T,I	大型机械修理、清洗
精(蒸)馏残渣	261-018-11	三氯乙烯和全氯乙烯联合生产过程中产生的蒸馏塔底渣	T	沥青混合料配合比提取试验中用到三氯乙烯
焚烧处置残渣	802-002-18	生活垃圾焚烧飞灰	T	施工区生活垃圾焚烧产生飞灰
废酸、废碱	900-399-35	其他生产、销售及使用中产生的失效、变质、不合格、淘汰、伪劣的强碱性擦洗粉、清洁剂、污迹去除剂及其他废碱液、固态碱及碱渣	C	石灰试验中用到 NaOH、HCl，做试验清洗，从而产生碱性或酸性废液
废有机溶剂	900-451-42	使用有机溶剂进行脱碳、干洗、清洗、油漆剥落、溶剂除油和光漆涂布产生的废有机溶剂	I,T	构件除锈、油漆过程产生的废物、废液
含镍废物	900-037-46	报废的镍催化剂	T	来源于施工机械和日常生活可能使用的镍镉电池和镍氢电池
其他废物	900-040-49	其他无机化工行业生产过程收集的烟尘	T	沥青拌和站排烟底灰
其他废物	900-041-49	含有或直接沾染危险废物的废弃包装物、容器、清洗杂物	T/C/In/I/R	含酸碱、三氯乙烯等危险废物的试验容器，有机溶剂、油漆容器及使用后废品等
其他废物	900-044-49	生产、生活中产生废电子产品、电子电气设备，经拆散、砸碎后分类收集的铅酸电池、镉镍电池、氧化汞电池、汞开关、阴极射线管和多氯联苯电容器等部件	T	废电池、废日光灯管等

二、固体废物的环境影响

按照交通建设固体废物种类，由于其性质不同，对环境的影响有较大的差异。

生活垃圾由于含有大量的有机物，在环境中易发生降解从而产生渗滤液和强烈异味，加之粪便污泥自身具有恶臭，生活垃圾不及时收集清理会严重污染周边水体、空气和景观质量，并滋生鼠蝇，引发疾病，影响环境卫生，危害人群健康。因此，不管是施工期还是营运期，对交通建设产生的生活垃圾必须收集处理。

港口施工期固体废物如不进行妥善处理，将会对水域和陆域环境造成不可忽视的影响。进入水域的垃圾聚集于港口、海滩时，不仅严重影响环境美观，破坏岸边卫生，同时还会损害船壳、螺旋桨等，造成船舶事故隐患，影响生产。固体废物沉入海底，也会造成底质污染。垃圾在水中浸泡，会产生有害物质，使水生生态遭到破坏。

公路工程施工期的弃土弃渣一般为无机固体，无毒无害，但其随意堆放不仅会侵占土地资源，而且极易由雨水冲蚀产生水土流失，造成河流淤积，水质变差，影响水生生境。工程清表的有机部分如不及时收集堆积,雨水冲刷进入水体会造成有机质污染,使水质变差。

工地试验室废物比较复杂,含有酸性、碱性、易燃性和放射性物质,属于危险固体废物,进入环境中会造成土壤、水体或大气的严重污染,严重时可能危及生命安全,应按危险废物进入收集处理处置。另外,施工过程中机械维护用过的棉纱、沥青拌和站排烟底灰,以及废电池、废日光灯管等,按现行《国家危险废物名录》规定,亦属危险固体废物,需要专门收集后交由专业部门处理处置。

对于交通建设产生的固体废物,无论发生在施工期还是营运期,都应进行相应的处理与处置。

第三节 固体废物处理与资源化

一、固体废物处理原则

如前所述,固体废物是"放在错误地点的原料",所以对固体废物处理应本着减量化、资源化、无害化的"三化"原则,充分从固体废物中回收利用再生资源,减少固体废物的产生量和危害性。减量化的基本任务是通过适宜的手段减少和减小固体废物的数量和容积。资源化的基本任务是采取工艺措施从固体废物中回收有用的物质和能源。无害化处理的基本任务则是将固体废物通过工程处理,达到不损害人体健康、不污染周围自然环境的目的。

对于交通建设项目,可采用多种工艺和技术对固体废物进行"三化"处理与处置。例如,项目建设及营运期生活垃圾中的厨余垃圾,由于成分单一,不含污染物,可以回收用于农业养殖。采用沥青冷(热)再生技术,可减少旧路改扩建或旧路拆除中产生的沥青固体废物,并资源化。应用桥梁整体顶升更换支座施工技术,可减少公路改扩建时旧建筑物的拆除废物等。

二、固体废物处理方法

固体废物处理指通过物理、化学、生物等不同方法,使固体废物转化为适于运输、储存、资源化利用以及最终处置的一种过程。而处置指对固体废物最终处置或安全处置,是解决固体废物的归宿问题。常见的固体废物的处理法可归纳为物理法、化学法、生化法和物化法。填埋则是进行固体废物处置的最终途径。

物理法包括破碎和分选,化学法包括中和、氧化还原等,生物法包括堆肥和发酵,物化法包括焚烧、热解和固化等。由于交通建设过程条件较差,时间持续较短,一些工艺复杂、技术要求高的处理方法不易实施,否则会造成二次环境污染,如焚烧、热解法对温度条件和进料均匀性要求高,控制不好会形成二噁英污染,化学法对反应条件要求高,不易控制,否则会形成新的污染物。所以,在此仅介绍几种简单易行且有效的固体处理方法。

1. 分选法

分选是根据物质的粒度、密度、磁性、电性、光电性、摩擦性、弹性以及表面润湿性等的差异,而采用相应的手段将其分离。在固体废物的回收与利用中,分选是继破碎后重要的工序,机械设备的选择以分选废物的种类和性质而定。分选处理技术主要有风力分选、浮选、磁选、筛分等,也可人工分选。对于交通建设项目而言,宜采用人工分选、分类的方法(如分类收集),将不同物性的固体废物分离开来,方便后续的资源化利用和处理处置。为了减少固体废物的产生量和污染程度并将固体废物资源化,分类收集是必须的、行之有效的工作环节。

2. 固化法

固化法是指通过物理或化学法,将废物固定或包含在坚固的固体中,以降低或消除有害成分溶出的一种固体废物处理技术。目前,根据废物的性质、形态和处理目的可供选择的固化技术主要有水泥基固化法、石灰基固化法、热塑性材料固化法、高分子有机物聚合稳定法和玻璃基固化法5种。沥青就是一种较好的热塑性固化剂,可用于对有毒有害固体废物进行沥青固化处理。

3. 生物法

生物法是利用微生物对有机固体废物的分解作用使其无害化。其基本原理是利用微生物的生物化学作用,将复杂有机物分解为简单物质,将有毒物质转化为无毒物质。许多危险废物通过生物降解解除毒性,解除毒性后的废物可以被土壤和水体所接受。生物法主要有好氧堆肥法、厌氧堆肥法和厌氧发酵(沼气化)法。交通建设可采用堆肥法对生活垃圾进行处理。

依靠自然界广泛分布的细菌、放线菌、真菌等微生物,人为地促进可生物降解的有机物向稳定的腐殖质生化转化的微生物学过程称作堆肥化。堆肥化的产物为堆肥。堆肥化是可降解的有机废物经过人为地发酵成为腐殖质的过程,但其中常常残留一部分可降解的有机物。

固体废物堆肥分为好氧堆肥和厌氧堆肥。前者是在通风条件下,有游离氧存在时进行的分解发酵过程,由于堆肥温度高,一般在55~65℃,有时高达80℃,故亦称高温堆肥化;后者是利用厌氧微生物发酵造肥。

三、固体废物处置与资源化

如前述分类,交通建设固体废物的产生源比较多,包括弃土弃渣、沥青废料、建筑垃圾、清表植物、泥浆、生活垃圾、试验室固体废物等,表7-2以公路工程为例分析了施工中不同工序产生的主要固体废物,可按其性质将它们归类为生活垃圾、建筑垃圾和危险固体废物。对于水运工程,环境监理可以参照表7-2,按不同工序列出产生固体废物的环节及组成,方便后续资源化和处理处置。

公路工程施工固体废物来源及主要组成物　　　表7-2

来源		主要组成物
生活办公区	食堂	剩菜剩饭、餐厨垃圾
	办公室	废纸张、废日光灯管、墨盒、硒鼓
	宿舍区	生活垃圾、粪便
基础施工	地表清理、构筑物拆除	树木、农作物、杂草、建筑垃圾
	路基、建筑基础开挖	弃土、弃渣
	路基、建筑基础填筑	土石方运输沿路洒落

续上表

来源		主要组成物
路面、地面工程	拌和站	物料运输洒落
	路面浇筑	沥青废料、混凝土废料
	机械设备维修	废配件
	试验室	样品
桥涵工程	河道开挖	污泥
	钻孔、打桩	污泥
	工程船舶	船舶生活垃圾
隧道工程	隧道开挖	弃土、弃渣

1. 生活垃圾处理与资源化

生活垃圾来源于食堂、办公区、宿舍区、服务区和场站等场所，主要有厨余垃圾、废纸张、包装纸/盒、粪便、废旧电池、日光灯管、硒鼓、塑料等。其中，厨余垃圾可收集外运用于养殖，废旧电池、日光灯管、硒鼓等属于危险废物，需分类收集后运至专门的地点处理，废纸、包装盒、塑料等可回收利用，粪便可进入污水处理，或进行堆肥处理。对生活垃圾资源化处理的关键是按规定进行。只有严格按规定进行生活垃圾分类，方能充分地垃圾分类资源化利用生活垃圾，减少垃圾量并最终清运处理量。

2. 弃土弃渣等建筑垃圾处理处置与资源化

弃土弃渣来源于场地清表、路基开挖与填筑、物料拌和、混凝土浇筑、机械设备维修、河道港口开挖、隧道开挖、桥桩钻孔及船舶垃圾。

船舶废弃物若倾倒于水中，不仅影响自然景观，而且会对水体生物造成影响。因此，船舶垃圾不得向水中倾倒，需用密封式袋或桶盛装，由垃圾接收船接收运至陆域处理。

采用先进的施工工艺，也可以减少建筑垃圾的产生量，节约用料，节约资料。如旧桥改（扩）建中桥梁整体顶升更换支座施工技术，方法经济、安全，施工简便，不影响桥面交通，并减少了建筑固体废物的产生和处理处置量。

机械设备维修产生的废配零件，可回收利用。

隧道弃渣、路基弃渣可尽量用于填筑路基或房基。钻孔泥浆可经沉淀、干化处理后运至弃渣场。清表表土可收集后用于后期土地复耕或绿化。清表草被可采用堆肥处理后，用于肥田或工程绿化。

3. 试验室垃圾处理与资源化

不同试验环节使用的物品/物质不同，试验过程产生的垃圾各异，但一般具有腐蚀性、易燃性，或具放射性，属于危险固体废物。试验室废物中的金属类、塑料类物质及破损零部件可回收利用，剩余垃圾可收集进行沥青固化处理后，运至弃渣场进行安全填埋，或收集后定期运至地区危险废物处理站进行统一处理。

4. 沥青废弃料处理与资源化

对公路改扩建工程产生的沥青废弃料，应尽量采用沥青冷（热）再生技术进行回收利用。

主要包括厂拌热再生技术、就地热再生技术、厂拌冷再生技术、就地冷再生技术、乳化沥青冷再生混合技术、泡沫沥青冷再生技术等。通过这些处理技术，不仅可减少固体废物产生量，而且可以充分利用沥青资源。例如，泡沫沥青冷再生技术是对回收沥青路面材料和水泥稳定基层材料进行的再生利用，不仅能够充分发挥旧沥青混合料的"剩余价值"，促进旧路面材料的循环利用，保护生态环境，减少资源浪费，同时，也将半刚性路面结构转为半柔性结构，延长了道路沥青的使用寿命。泡沫沥青再生技术仅需加热沥青，不需要加热和烘干集料，从而节省能源。

复习思考题

1. 交通建设固体废物如何分类？各类别交通固体废物的特点及组成是什么？
2. 交通建设项目施工可能产生危险固体废物的环节有哪些？应该采取何种处理处置方法？
3. 交通建设项目如何开展施工固体废物的资源再利用？试举例说明。

第八章 社会环境保护概述

【本章提要】本章介绍了社会环境的概念,并从物理社会环境、经济社会环境和心理社会环境三个方面分析了交通建设项目对社会环境的影响,简述了交通建设中社会环境保护的措施,以及需要办理相关许可手续的情况。

第一节 社会环境概念

环境是指影响人类生存和发展的各种天然的和经过人工改造的自然因素的总体。环境可分为自然环境和社会环境两大类。社会环境一般是指在自然环境的基础上,人类通过长期有意识的社会劳动,加工和改造了的自然物质,创造的物质生产体系,积累的物质文化等所形成的环境体系,是与自然环境相对的概念,是指人类社会物质、精神条件的总和。

社会环境的构成因素是众多而复杂的。有人将社会环境按所包含要素的性质分为聚落环境、工业和资源环境、农业和林业环境、文化环境、医疗休养环境等。对社会环境所包含的内容有不同的看法,有人也将社会环境分为4个主要的因素,即政治因素、经济因素、文化因素、信息因素。

结合交通建设项目对资源、当地经济以及人们心理产生影响的特点,分析社会环境的影响时,一般可从经济社会环境、物理社会环境和心理社会环境三个方面进行研究。

一、经济社会环境

经济社会环境包括经济制度和经济状况。经济制度中应研究建设项目沿线或项目周边的城乡结构、各种经济体制的情况、实行市场化经济的情况;经济状况中应重点关注人民生活状况、物质丰富程度、经济发展速度、产业化进程、广告活动情况等。

二、物理社会环境

物理社会环境是指构成社会环境中的物质性因素,即项目沿线或项目周边的各类资源、地理环境等条件,一般包括:

(1)聚落环境。如村落环境、城镇环境(学校、社区等)等。
(2)工业和资源环境。如工厂、道路、电力等基础设施,以及矿产等资源利用情况。
(3)农业和林业环境。既包括陆域的耕地、林地、草地、各种水利设施、水土保持设施等,也包括水域河湖海洋中的渔业区、湿地环境等。
(4)文化环境。一般包括名胜古迹,文物和文物保护单位,风景名胜区,世界文化和自然遗产地、民俗村落、森林公园，其他具有特殊历史、文化、科学、民族意义的保护地等。文化环境包括陆域和水域的文化环境，需要在公路、港口、航道建设中进行妥善保护。

（5）医疗、军事等其他社会环境。

三、心理社会环境

心理社会环境是指人的思想行为、法律、科教、文艺、道德、宗教、价值观念、风俗习惯、语言等，以及信息来源和传输情况、信息的真实公正程度等。

第二节　交通建设对社会环境的影响

交通建设的目的就是通过提高生产生活的便捷程度、提高运输效率的方法，促进经济社会发展和提升人民的物质、文化生活水平，与人类建设社会环境的目的是一致的，都是为了提高人民的物质和文化生活水平，所以二者的关系是为了实现共同目标的两个方面，因而需要统筹兼顾协调发展，以对总体目标的重要度来决定倾向和取舍，如果导致人民物质、经济和文化生活不可逆转的下降，遭到人民的反对，就必须放弃该项目或另行选址，确保社会科学、可持续发展。

交通建设可以提高生产生活的便捷程度，提高运输效率，它作为手段和方法，在党和国家确定社会发展政策和各种规划后，起着促进经济社会发展和提升人民的物质、文化生活水平的作用。

一、经济社会环境影响

当前的历史阶段，交通建设将促进我国社会经济制度向着党和国家制定的社会经济改革与发展的既定目标前进，在合理配置社会中各种经济体制、实现社会主义初级阶段的市场化目标，以及完善城乡结构、密切城乡距离等方面，为经济体制优化、经济制度和谐提供基础设施"硬件条件"。

合理而完善的交通建设，将提供周边沿线居民的更多财产收入，可能增加就业机会，总体加快直接和间接影响区的经济发展速度、产业化进程等，从而改善人民生活状况。但同时也对工程范围内直接动迁等影响的原住居民的生活产生部分暂时的不良影响，需要提供补偿、妥善解决可能的社会矛盾；避免造成拉大地区差异、加剧贫富分化等负面社会影响。

二、物理社会环境影响

1. 对聚落环境的影响

影响对象主要包括村落环境、城镇环境（学校、社区等）、道路等。影响的形式主要包括分隔、拆迁和再安置的社会环境影响。

交通建设工程（如封闭的高速公路）建设将分隔原完整的聚落环境，也会阻隔原邻近聚落环境的联系和交流。在永久性征地中，既有房屋需要拆迁，涉及人民群众的生产生活需要另行安置。交通建设工程的拆迁安置工作,一般是由建设单位进行物质(货币)补偿,由当地村镇政府另划宅基地和生产用地,有关群众在原村庄就近安置,在周边重新进行生产,同时及时恢复和完善了原联系道路,因此交通工程建设对原聚落环境的影响是暂时的,程度也比较轻微。

交通建设对出行与交往也有影响。交通建设的目的就是提高人们出行和交往的便捷程度,从总体上讲,有利于出行和交往。但是,在建设过程中以及建设后,局部地域对出行和交往有不利影响。交通建设线路与其他道路交叉时,因改移工程以及通道、跨线桥等上跨下穿工程设施建设需要一定时间,在此期间必然对出行和交往产生不利影响,因此,先恢复后破坏或者修建临时道路将缓解这种不利影响。交通建设对周边原有路网系统影响重大,甚至出现建设后局部地域通行水平下降的问题,仔细调查并认真做好路网系统恢复工作能有效解决上述问题。

此外,交通建设中使用沿线道路特别是低等级乡村道路作为施工便道,大量的重型工程设备和车辆高频次通过,超过道路承载能力,造成这些道路的损害,会影响周边民众出行,对此,监理工程师应督促承包人加强养护,确保道路完好。

2. 对工业和资源环境的影响

交通建设中公路路线或港口航道的选址,有时会拆迁工矿企业,造成一定的社会影响。

由于矿产资源是国家所有的不可再生资源,因而交通建设需要尽可能避让重要矿产资源和采空区,确需压占的煤矿、铁矿等资源,需要依法进行评估并妥善处理,从而保护国家重要矿产资源,确保工程安全。

3. 对农业和林业环境等的影响

土地资源是不可再生的有限资源,特别是影响国家粮食安全的耕地资源在交通建设中必须予以最大限度的保护。交通建设占用土地分为永久性占地和工程建设中临时占用土地。项目建设占地导致农林牧业等土地资源的减少,特别是项目区域内耕地面积的减少,将导致农业总产量的下降,进而影响农业生产。虽然异地开垦新的耕地予以补充,但是要达到同等土地产量水平需一定时间。另外,对被占土地权属者而言,土地资源的减少影响生活水平,特别是以农业为主要产业者尤为严重。占用林地等其他土地还会降低森林覆盖率,对于依靠果园、茶园等经济作物为主要经济来源者将影响生产生活。

总之,应避免或减少交通建设造成的农林产业损失,以及失地农民生活水平下降并影响社会稳定的问题。

4. 对文化环境以及医疗、军事等其他社会环境的影响

交通建设直接占用有关文化、医疗、军事等社会环境,如公路穿越名胜古迹、分隔风景游览区、干扰军事设施等。

项目施工和建成后产生的生态、景观、噪声、大气以及水污染等,也会暂时或永久影响周边的文化环境,医疗、军事等其他社会环境。

三、心理社会环境影响

由于工程建设产生的各种有利和不利、短期和长期的影响,以及出现的占地、就业、补偿等多样机会,必定对周边人群的心理产生正面和负面的影响。在经济发达地区,人们一般希望回

避工程造成的直接影响,希望工程远离。

根据《中华人民共和国环境影响评价法》《建设项目环境保护管理条例》的相关规定,在交通建设项目的环境评价中,要求建设单位在一定的时间内,通过报纸、网站等新闻媒体和张贴公告等公开的方式,公示建设项目的基本信息及环境影响情况,征询利益关联方的意见,并将结果向有关单位、群体和个人进行反馈。

第三节　交通建设社会环境保护措施和相关许可手续办理

交通建设社会环境保护应该按照工程建设基本程序依法进行评估、设计和批准,在实施中按照批准文件要求结合实际采取切实可行的保护措施。

一、依法保护人民权益,保护耕地、森林和重要矿产资源

交通建设项目必须节约用地,保护耕地、森林和重要矿产资源,维持被征地拆迁民众生活水平不下降,最基本要求是按照建设基本程序完成法律审批,并在建设中依法实施,结合实际采取措施,降低不利影响,进而改善周边群众生活条件。

1. 工程可行性研究阶段

依法进行压覆矿产评估,必要时调整线路避让重要矿产资源,最后获得国土部门未压覆重要矿产的批复文件;进行土地预审,开展土地规划调整并取得规划部门同意,从线路走向和通过方式上最大限度地保护耕地(如通过比选采取高架桥取代填土路基、适当提高桥隧比等),减少占用土地数量,经国土部门专家现场踏勘和论证通过后,获得国土部门土地预审批复。在此基础上发展改革部门才会进行工程可行性批复。

2. 初步设计阶段

必须按照国土部门批复的土地预审意见落实调整方案,尤其是占用耕地和基本农田数量,只能减少不能增加;按照《国务院办公厅转发劳动保障部关于做好被征地农民就业培训和社会保障工作的指导意见的通知》(国办发〔2006〕29号),由劳动保障部门依据项目被征地农民情况,制订就业培训和社会保障方案,解决被征地农民生活和长远生计问题,维护其合法权益,交通建设单位按照各省(自治区、直辖市)的具体实施办法在概算中编列该项经费,劳动保障部门出具被征地农民社会保障方案和资金均已落实到位的证明并移交国土部门作为国土批复的必要条件。在项目初步设计获得交通主管部门批复后需同时开展以下几项工作:

(1)由有资质的单位编制"使用林地可行性研究报告",全面调查沿线林木和野生动植物资源,对古树名木、珍稀野生动植物资源调查并提出保护措施,经申报后获得林业主管部门使用林地批复。

(2)按《国务院关于深化改革严格土地管理的决定》(国发〔2004〕28号)文件规定,永久占用耕地必须先补后占,交通项目建设方必须将经过国土和农业部门验收数量与项目占用耕地相同的补充耕地资料或者补充耕地指标报国土部门;请有资质单位编制临时用地复垦方案并通过专家论证后报国土部门同意。在完成上述所有工作后,项目建设单位向国土部门申报并

经有法定审批权的国土主管部门批复项目建设用地,完成法律手续办理。

3. 施工图设计阶段

充分利用土石方调配平衡的方法,进一步减少临时用地数量;在招投标文件中列入"集约节约用地最大限度保护耕地"的条款,依据法律和交通运输部招标文件范本的规定,将临时用地列入工程量清单,由承包人负责经费支付和手续办理、复垦及移交工作,通过采用集约节约用地,保护耕地、与承包人的经济利益挂钩的方法,达到最大限度保护土地资源的目的。

4. 工程建设实施阶段

交通建设(如封闭的高速公路)会分隔原完整的聚落环境,也会阻隔原邻近聚落环境的联系和交流。在永久征地中,涉及的房屋需拆迁,有关群众的生产生活需要另行安置,一是要求新房重建期间的过渡阶段应安排到位,二是新建房屋的宅基地应尽快落实,确保新房如期建成。否则,将严重降低被拆迁群众生活质量,危及社会稳定,同时也必将影响工程建设的正常进行。在房屋拆迁和安置过程中,对老弱、病残等困难户需要特别帮扶,达到人人安居的目标。对于房屋拆迁和安置,应该结合小城镇建设,利用目前房屋补偿标准较高的条件,改善和提高居住出行条件。在征地拆迁实施过程中,应该依法严格实施"两公告""一登记""三公开"制度,维护人民群众合法权益,保证社会稳定和谐。目前,交通建设拆迁安置分为两大类:城市规划区外的拆迁安置,一般采取自拆自建、就地安置的方式,即将占地区域一定范围内的房屋拆迁、土地(耕地等)征用后,由建设单位进行物质(货币)补偿,由当地村镇政府另划宅基地和生产用地,有关群众在原村庄就近安置,在周边重新进行生产;对于城镇居民的拆迁安置,一般采取物质(货币)补偿的形式,配合劳动和社会保障部门做好被征地农民的社会保障工作。

按照《中华人民共和国土地管理法实施条例》,临时用地谁使用谁负责。项目建设单位作为责任主体,在建设中使用临时用地必须依法办理国土和林业手续,按照临时用地复垦方案进行复垦。交通建设施工中临时占用土地用作施工便道、拌和场、施工营地、预制场、取弃土场(弃渣场)等称为工程临时用地,在临时用地使用过程中要按照土地农林作物价值予以补偿;使用完毕后必须依法恢复,占用耕地的应当由土地使用者自临时用地期满之日起 1 年内恢复种植条件(即进行耕地复垦)。依法申报、使用和补偿临时用地,及时进行复垦和恢复是监理工程师的重要工作职责,工作中应贯彻保护耕地、节约集约用地、保护表土资源集中堆放用于临时用地复垦和绿化等理念。在交工验收时,监理工程师要协助建设单位对承包人临时用地复垦和移交工作进行检查。

监理工程师应协助交通建设单位,会同林业部门尽最大可能进行名木、古树和珍稀动植物资源的移植、保护和线路局部避让。对于保护价值不大,确需砍伐的名木、古树和珍稀植物资源,必须依法办理手续后实施。

二、先落实预案再施工,减轻不利影响

监理工程师应该按照"先落实预案再施工,并结合采取临时措施"的原则,做好以下几项工作:

(1)协助建设单位会同权属单位、设计单位共同确定迁改和重建方案,既要符合交通部门的技术规范,也要符合各行业的技术规范。

(2)督促指导承包人和迁改工程施工方进行施工组织配合,加强现场监理,确保安全和正常施工。

(3)在迁改工程结束后,监理工程师必须参加工程验收。

(4)对建设过程中发现涉及周边生产生活设施的重大安全隐患,应立即与相关权属单位联系,采取应急措施,并上报建设单位(如发现因为施工导致用地界线外11万V电力杆线所处山坡滑移,监理工程师应立即联系权属单位停电并指导承包人采取临时加固措施)。

(5)对建设中出现的影响周边生产生活基础设施的情况,督促承包人与权属方协商采取加固、保护或者迁移等措施,既要符合交通部门规范,也要符合相关行业规范,保证交通建设项目、基础设施的安全和正常进行。

在此过程中,随着其他行业部门规范的修改和标准提高,交通建设中拆除的老设施需按新规范重建,一定程度上改善了基础设施。如自2008年发生冰冻灾害后,电力部门增加了电力输电线路抗冰要求,规范了电力线路标准,使造价有较大幅度增加,交通建设中拆除的老旧电力输电线路,均要按新规定重建符合新标准的输电线路。

三、考虑社会长远发展,适当提高构筑物补偿标准

按照"适当考虑社会经济发展需要,提高通涵构造物和跨线桥的标准,全面恢复道路体系,结合采取临时措施加强养护"的原则,做到交通建设项目竣工后周边路网系统通行能力不降低并为以后提高创造一定条件;交通建设过程中采取临时通行措施,将对周边民众出行的不利影响尽可能降低。

在项目初步设计和施工图设计阶段,考虑社会经济发展需要,结合通达、通畅工程以及社会主义新农村建设对交通部门的要求,适当提高通道和跨线桥等路线交叉设施的标准(如通道和天桥均达到过车标准),仔细调查设计,尽可能不遗漏道路改移项目。

在建设过程中,监理工程师会同地方政府和交通部门、承包人、设计单位对沿线道路系统进行全面调查,对设计遗漏的道路改移工程确定恢复方案并督促承包人尽快实施;监理工程师督促承包人对改移和交叉道路先恢复后破坏,如与工序冲突,必须采取修建临时道路等临时措施,保障通行并按规范设立安全标志,加强交通指挥;监理工程师督促承包人加强对所用乡村道路的维护,并设置安全标志加强交通疏导,使用结束后至少恢复到原有技术状态。

在交工验收时,监理工程师协助建设单位通过采取上述措施,能够在交通建设中减缓对周边民众出行和交往的不利影响,并在建设后不仅保证原有路网通行能力,而且还应有一定提高。

四、保护景观和文化遗产

依法保护景观和文化遗产,完成法定工程许可程序的办理,结合工程实际采取有效措施,使交通建设项目与周边自然和人文景观融为一体,充分体现地域特色。

(1)在工程可行性研究阶段,设计单位应对线路途经的各类自然保护区、风景名胜区、世界文化和自然遗产地、饮用水源保护区、森林公园、地质公园,以及居住、医疗卫生、文化教育、科研、行政办公、军事等为主要功能的区域,具有特殊历史、文化、科学、民族意义的保护地和民

俗村落等,开展全面的调查。

建设单位要主动与权属单位及主管部门联系,必须按照各行业法律和法规要求,确定保护形式、措施或者避让,并取得主管部门书面认可文件。目前,我国各类保护区和风景名胜区主管部门不一:地质公园属国土部门管理;森林公园属林业部门管理;风景名胜区属建设部门管理;自然保护区,有的属环境保护部门管理,有的属林业部门管理,有的属农业部门管理。在工程可行性研究报告中,编列经费并响应(主要是线形调整和保护措施),发展改革部门以此作为工程可行性报告批复的必要前提条件;在工程初步设计和施工图设计阶段,要在概算中编列保护经费,施工方案的制订必须符合"环境影响报告书"及其批复等相关文件的规定,如在水源一级保护区范围内,不允许设置停车场和进行弃渣等。

在建设过程中,监理工程师应督促承包人按照环境影响评价文件及相关文件规定进行施工,并保护好景观资源和社会文化环境;在环境保护专项验收和交通建设项目竣工验收时,都必须对人文景观的保护情况进行查验。

(2)交通建设单位依据《中华人民共和国文物保护法》事先报请省(自治区、直辖市)人民政府文物行政部门组织从事考古发掘的单位进行文物调查,包括各类文物保护单位(不可移动文物)及对工程范围内有可能埋藏文物的地方,落实考古调查、勘探,采取避让、原址保护、拆除、发掘等措施,所需经费列入交通建设预算和概算;文物保护部门在调查结束并同意上述保护措施向建设单位出具施工许可文件后,开展原址保护、拆除、发掘等工作,完成后向建设单位提交文物保护和考古发掘报告书。

在交通建设中,如发现文物,监理工程师应督促承包人保护现场,并立即报告当地文物行政部门;文物属国家所有,任何单位或者个人不得哄抢、私分、藏匿。

总而言之,交通建设项目应依法完成林业、国土、环境保护、文物保护的审批和工程许可,并在建设中按照批复要求结合工程实际采取相应措施,进行社会环境保护工作。

复习思考题

1. 如交通建设施工中发现文物,监理工程师应如何进行处置?

2. 在交通建设中,监理工程师会遇到哪些文化社会环境的保护问题?需要联系哪些部门取得相关批复和保护措施要求?

3. 在交通建设中,监理工程师会遇到哪些心理社会环境的保护问题?应该如何配合建设单位做好公众参与的信息公开和反馈?

第九章 环境影响评价、水土保持方案及竣工环境保护验收

【本章提要】本章介绍了交通建设项目的环境影响评价与竣工环境保护验收、水土保持方案与水土保持设施验收等内容,以便了解与环境保护监理工作有关的交通建设环保和水保管理的规定与要求。

我国建设项目环境影响评价与竣工环境保护验收是《中华人民共和国环境保护法》《中华人民共和国环境影响评价法》和《建设项目环境保护管理条例》确立的环境保护管理制度之一。水土保持方案与水土保持设施验收是《中华人民共和国水土保持法》和《中华人民共和国水土保持法实施条例》规定的水土保持管理制度之二。

环境影响评价和水土保持方案明确了建设项目的环保和水保工作内容,是现场环境监理工作的重要依据之一。竣工环境保护验收和水土保持设施验收则对建设项目的环保和水保工作成效进行检验,是环境监理工作需要达到的总体目标之一。

第一节 交通建设项目环境影响评价

随着社会发展和科学技术水平的提高,人类认识世界、改造世界的能力越来越强,对人类自身活动造成的环境影响也越来越重视,并开始在活动之前分析、预测建设活动可能带来的环境影响,及时采取预防和治理措施。1973年第一次全国环境保护会议后,环境影响评价的概念开始引入我国,从1979年环境影响评价制度确立后,相继颁布的各项环境保护法律法规和部门行政规章,不断对环境影响评价进行规范。2014年4月24日修订的《中华人民共和国环境保护法》规定,建设对环境有影响的项目,应当依法进行环境影响评价。2018年修正的《中华人民共和国环境影响评价法》立足于实施可持续发展,立足于预防因规划和建设项目实施后对环境造成不良影响,立足于促进经济、社会和环境的协调发展,进一步完善了我国的环境影响评价制度。

一、基本定义与分类

1. 环境影响评价定义

《中华人民共和国环境影响评价法》定义:"本法所称环境影响评价,是指对规划和建设项目实施后可能造成的环境影响进行分析、预测和评估,提出预防或者减轻不良环境影响的对策和措施,进行跟踪监测的方法与制度。"法律中规定了规划环境影响评价和建设项目环境影

评价两项基本内容。交通建设项目环境影响评价属于建设项目环境影响评价的范畴。

《中华人民共和国环境保护法》和其他环境保护法律还规定:"建设项目防治污染的设施,必须与主体工程同时设计、同时施工、同时投产使用(称为'三同时'制度)。防治污染的设施必须经原审批环境影响报告书的生态环境主管部门验收合格后,建设项目方可投入生产或者使用。""三同时"制度和环境保护设施竣工验收是对环境影响评价中提出的预防和减轻不良环境影响对策和措施的具体落实和检查,是环境影响评价的延续。从广义上讲,也属环境影响评价范畴。

建设项目环境影响评价在项目的设计、施工和运营中有着重要的作用。交通建设项目环境影响评价是根据建设工程特点,结合项目区的自然条件、资源条件、环境质量条件和社会经济发展现状进行综合分析的研究过程,它根据项目区的环境、社会、资源的综合能力,将人类活动不利于环境的影响限制到最小。通过环境影响评价,可以保证建设项目选址和布局的合理性;指导环境保护设计,强化环境管理;预防因规划和建设项目实施后可能对环境造成的不利影响;促进经济、社会和环境的协调发展,实施可持续发展战略。

2. 环境影响评价分类

(1)按照评价对象不同,环境影响评价可分为规划环境影响评价和建设项目环境影响评价。

(2)按照环境要素不同,环境影响评价可分为大气环境影响评价、水环境影响评价、声环境影响评价、生态环境影响评价和固体废物环境影响评价。

(3)按照时间顺序不同,环境影响评价可分为回顾性评价、环境质量现状评价、环境影响预测评价和环境影响后评价。

环境工程监理是环境影响评价过程的延续。

二、环境影响评价分类管理

在中华人民共和国境内建设的对环境有影响的建设项目,必须编制环境影响评价文件。根据建设项目对环境的影响程度,对建设项目的环境影响评价实行分类管理。建设单位应当按照下列规定组织编制环境影响报告书、环境影响报告表或者填报环境影响登记表。

(1)可能造成重大环境影响的,应当编制环境影响报告书,对产生的环境影响进行全面评价。

(2)可能造成轻度环境影响的,应当编制环境影响报告表,对产生的环境影响进行分析或者专项评价。

(3)对环境影响很小,不需要进行环境影响评价的,应当填报环境影响登记表。

《建设项目环境影响评价分类管理名录》由国务院生态环境主管部门制定公布。

依照《建设项目环境影响评价分类管理名录》的分类,公路建设项目中,新建30km以上的三级及以上等级公路,新建涉及环境敏感区的1km及以上的隧道,新建涉及环境敏感区的主桥长度1km及以上的桥梁,需编制环境影响报告书;其他公路桥梁隧道(配套设施、不涉及环境敏感区的四级公路除外),需编制环境影响报告表;配套设施、不涉及环境敏感区的四级公路,填报环境影响登记表。水运建设项目中,全部油气、液体化工码头,涉及环境敏感区的单个泊位1000吨级及以上的内河港口,单个泊位1万吨级及以上的沿海港口干散货(含煤炭、矿石)、件杂、多用途、通用码头，涉及环境敏感区的单个泊位 3000 吨级及以上的内河港口，单个泊位 3 万吨级及以上的海港，危险品、化学品的集装箱专用码头，以及涉及环境敏感区的滚装、客运、工作船、游艇码头等项目，需编制环境影响报告书；其他项目编制环境影响报告表。

三、环境影响评价机构

交通建设项目的环境影响评价工作，建设单位可以委托技术单位对其建设项目开展环境影响评价，编制建设项目环境影响报告书、环境影响报告表；建设单位具备环境影响评价技术能力的，可以自行对其建设项目开展环境影响评价，编制建设项目环境影响报告书、环境影响报告表。

建设单位应当对建设项目环境影响报告书、环境影响报告表的内容和结论负责，接受委托编制建设项目环境影响报告书、环境影响报告表的技术单位对其编制的建设项目环境影响报告书、环境影响报告表承担相应责任。

四、环境影响评价工作程序

环境影响评价工作程序如图 9-1 所示。

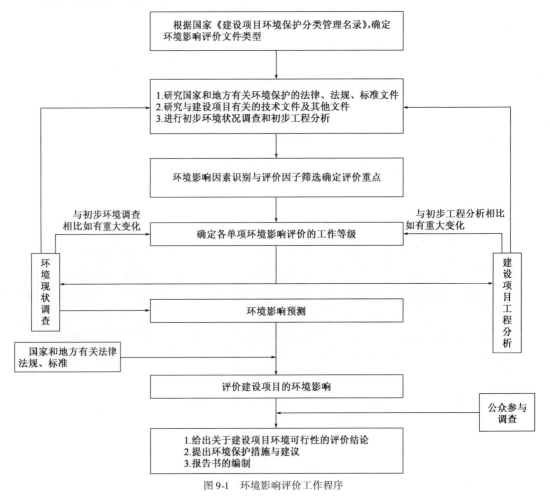

图 9-1　环境影响评价工作程序

五、环境影响评价内容

建设项目的环境影响报告书应当包括下列内容：
（1）建设项目概况。
（2）建设项目周围环境现状。
（3）建设项目对环境可能造成影响的分析、预测和评估。
（4）建设项目环境保护措施及其技术、经济论证。
（5）建设项目对环境影响的经济损益分析。
（6）对建设项目实施环境监测的建议。
（7）环境影响评价的结论。
环境影响报告表和环境影响登记表的内容和格式，由国务院生态环境主管部门制定。

涉及水土保持的建设项目，还必须有经相关行政主管部门审查同意的水土保持方案。建设单位报批的环境影响报告书应当附具对有关单位、专家和公众的意见采纳或者不采纳的说明。

公路建设项目环境影响评价文件的内容和格式，应当符合国家规定及现行《公路建设项目环境影响评价规范》（JTG B03）、《内河航运建设项目环境影响评价规范》（JTJ 227）的要求。水运项目应参照上述规范执行。

六、审批权限和时间

1. 审批权限

建设项目环境影响评价文件实行分级审批的办法，建设项目的环境影响报告书、报告表，由建设单位按照国务院的规定报有审批权的生态环境主管部门审批。

国务院生态环境主管部门负责审批下列项目的环境影响评价文件：
（1）核设施、绝密工程等特殊性质的建设项目。
（2）跨省、自治区、直辖市行政区域的项目。
（3）由国务院审批的或由国务授权有关部门审批的建设项目。

前款规定以外的建设项目的环境影响评价文件的审批权限，由省（自治区、直辖市）政府规定。建设项目可能造成跨行政区域的不良环境影响，有关生态环境主管部门对该项目的环境影响评价结论有争议的，其环境影响评价文件由共同的上一级生态环境主管部门审批。

交通建设项目环境影响评价文件应当经同级交通运输主管部门预审后，报有审批权的生态环境主管部门审批。

2. 审批时间

建设单位应当在交通建设项目可行性研究阶段报批交通建设项目环境影响评价文件。经交通环境保护机构审核，并经有权审批的生态环境主管部门同意，可在初步设计完成前，报批交通建设项目环境影响评价文件。不需要进行可行性研究的交通建设项目，建设单位应当在交通建设项目开工前报批交通建设项目环境影响评价文件。

建设单位应当在报批建设项目环境影响评价报告书前，举行论证会、听证会、公示，或采取其他形式,征求有关单位、专家和公众意见。

交通建设项目环境影响评价文件经批准后,建设项目的性质、规模、地点、采用的施工工艺发生重大变动或者超过5年后开工建设的,应当重新办理报批手续。

七、环境影响评价文件的执行

环境影响评价对建设项目可行性的结论是经过科学的分析、预测得出的,报告书中提出的预防或减少不良影响的对策与措施是保证项目建设可行性的前提和条件,所以报告书提出的措施需要在设计、施工和运营中加以落实。建设项目的环境影响报告书一经生态环境主管部门批复,则环境影响报告书和环境影响报告书的批复文件一起,成为建设项目环境管理的法律性文件,需要在建设项目实施过程中落实执行,作为环境保护监理的实施依据之一。

例如,某公路工程经过的毛家村水库是县级饮用水源保护区,项目环评报告书和原国家环保总局批文对该路段工程提出了明确要求:"不得在沿该水库(K352+600～K370+900)路段设置施工营地,施工时临水库一侧要设置拦挡墙、沉淀池等防护设施,桥梁施工要严格采用围堰方式并安排在枯水期,严禁将挖出的泥渣弃入河道或河滩,应及时将其清运至当地允许的地点,按有关规定处理。施工现场砂石料冲洗、机械含油废水和施工人员生活污水要集中处理,做到达标排放。"公路在设计中体现了该路段水环境保护的要求,在施工中按环评文件要求进行了严格环境监理。

环境影响评价文件经批准后,公路项目的主要控制点发生重大变化、路线的长度调整30%以上、服务区数量和选址调整,需要重新报批可行性研究报告,以及防止生态环境破坏的措施发生重大变动,可能造成环境影响向不利方面变化的,建设单位必须在开工建设前依法重新报批环境影响评价文件。在建设过程中发现项目存在上述重大变更时,环境监理工程师有责任要求建设单位重新报批环评文件。

第二节 交通建设项目水土保持方案

一、水土保持方案意义和作用

根据《中华人民共和国水土保持法》等的有关规定,开发建设项目在可研阶段编制水土保持方案,制订并实施有效的防治措施,使建设新增水土流失得到有效控制,生态环境得到改善。同时,也要落实有关法律规定,使建设单位的法定义务真正落到实处,为主体工程的设计、施工以及有关主管部门审查提供科学依据。通过实施水土保持方案,交通建设项目的水土保持工作往往可以对原有水土流失进行有效治理,改善工程建设区及周边地区的生态环境。

水土保持方案的作用:可减少或降低人为活动对地区生态环境的不利影响,防治人为水土流失;明确建设单位应该履行的水土保持法律责任,为预防和治理建设项目水土流失提供技术保障,维护建设单位的权益。同时,水土保护方案为水行政主管部门开展水土保持工作提供切入点,方便对工程的水土保持工作依法进行管理。

二、水土保持方案主要内容

(1) 建设项目概况。
(2) 建设项目周围环境概况。
(3) 项目建设过程水土流失预测。
(4) 水土流失防治责任范围、防治分区、水保功能评价、水土保持措施及设计。
(5) 水土保持方案实施进度安排。
(6) 水土保持工程投资概算及效益分析。
(7) 方案实施保证措施。

三、水土保持方案分类管理

建设项目水土保持方案文件分为水土保持方案报告书和水土保持方案报告表。

凡征占地面积在 $1hm^2$ 以上或挖填土石方总量在 1 万 m^3 以上的开发建设项目,应当编报水土保持方案报告书;其他开发建设项目,应当编报水土保持方案报告表。

水土保持方案报告书、水土保持方案报告表的内容和格式,应当符合现行《开发建设项目水土保持方案技术规范》(SL 204)和有关规定。

根据《中华人民共和国水土保持法》,交通建设项目应编制水土保持方案报告书。

四、水土保持方案审批规定

(1) 行业归口管理。各级水行政主管部门和地方政府设立的水土保持机构负责审批建设项目的水土保持方案。

(2) 分级审批制度。水行政主管部门审批水土保持方案实行分级审批制度,县级以上地方人民政府水行政主管部门审批的水土保持方案,应报上一级人民政府水行政主管部门备案。中央立项,且征占地面积在 $50hm^2$ 以上或者挖填土石方总量在 50 万 m^3 以上的开发建设项目或者限额以上技术改造项目,水土保持方案报告书由国务院水行政主管部门审批。中央立项、征占地面积不足 $50hm^2$ 且挖填土石方总量不足 50 万 m^3 的开发建设项目,水土保持方案报告书由省级水行政主管部门审批。地方立项的开发建设项目和限额以下技术改造项目,水土保持方案报告书由相应级别的水行政主管部门审批。

水土保持方案报告表由开发建设项目所在地县级水行政主管部门审批。跨地区的项目水土保持方案,报上一级水行政主管部门审批。

(3) 修改申报制度。经审批的水保方案,如项目性质、规模、建设地点等发生变化时,项目单位应及时修改水土保持方案,按照规定程序报原批准单位审批。

五、水土保持方案实施规定

(1) 投资责任。企事业单位在交通建设过程中造成水土流失,由其负责治理,建设项目的水土流失防治费从基本建设投资中列支。

(2) 组织治理方式。项目建设单位有能力(主要是技术、人员、管理等能力)进行治理的,自行治理；因技术等原因无力自行治理的，可以缴纳防治费，由水行政主管部门代为组织治理。

（3）监督实施。工程所在地的水行政主管部门有权监督开发建设单位按批准的水土保持方案实施，具有法律强制性。

（4）竣工验收。根据水土保持"三同时"制度的要求，建设项目主体工程验收时，应同时验收水土保持设施。水土保持设施未经验收或验收不合格的，主体工程不得投产使用。工程验收应有水行政主管部门水土保持监督管理机构参加，并签署意见。

六、水土流失防治目标

水土流失防治总目标为：因地制宜采取各类水土流失防治措施，全面控制工程建设中可能造成的新的水土流失，恢复和保护区域的植被和其他水土保持设施，有效治理防治责任范围内的水土流失，达到水土流失量显著减少，绿化、美化项目区生态环境，促进工程建设和生态环境协调发展。

水土流失防治一般以扰动土地整治率、水土流失总治理度、土壤流失控制比、拦渣率、林草植被恢复率、林草覆盖率等作为指标要求，并作为水保设施竣工验收的依据。

七、水土保持文件执行

建设项目水土保持方案是经过科学的分析、预测编制的，所以项目水土保持方案报告书提出的水土保持措施需要在设计、施工和运营中加以落实。建设项目的水土保持方案报告书一经水行政主管部门批准就具有强制实施的法律效应。要列入生产建设项目的总体安排和计划中，按方案有计划、有组织地实施。水保文件也就成为环境保护监理的实施依据之一。

例如，某公路工程经过的山岭区土石工程量巨大，项目水土保持方案报告书和水利部批文明确要求，施工中应严格按设计的边坡高度、坡度施工，做好临时排水沟和截水沟等；桥、涵、隧施工过程中产生的弃土弃渣要及时运至指定场地堆放，若需要临时堆放，则必须采取临时防护措施，待工程完工后进行清运、清理场地，严禁弃土弃渣乱堆乱放，造成水土流失。公路在设计中体现了水土保持的要求，在施工中按水保文件要求进行了严格环境监理。

依据工可或初设文件编制的交通建设项目水土保持方案，在施工期其取、弃土场和料场等易形成水土流失场所的位置、规模、防护措施等可能部分发生变化，环境监理工程师有责任对其变化后的水保设施防治效果进行评价，并按原定水土保持方案的总体目标（如扰动土地治理率、拦渣率、林草覆盖率等）进行监督管理。

第三节 交通建设项目竣工环境保护验收

一、定义

交通建设项目竣工环境保护验收是指交通建设项目竣工后，环境保护行政主管部门依据《建设项目竣工环境保护验收管理办法》，根据环境保护验收监测或调查结果，并通过现场检查等手段,考核该交通建设项目是否达到环境保护要求的活动。

二、验收条件

根据《建设项目竣工环境保护验收管理办法》中对环境保护验收条件的规定,以及水土保持验收相关要求,验收条件主要包括以下方面:

(1)建设前期审查、审批手续完备,技术资料与环境保护、水土保持档案资料齐全。

(2)环境保护设施、水土保持设施及其他措施等已按批准的环境影响评价文件、水土保持文件和设计文件的要求建成或者落实。

(3)环境保护设施安装质量符合国家和有关部门颁发的专业工程验收规范、规程和检验评定标准。

(4)具备环境保护设施日常运转的条件,包括:经培训合格的操作人员,健全的岗位操作规程及相应的规章制度,原料、动力供应落实,符合交付使用的其他条件。

(5)污染物排放符合环境影响评价文件中提出的标准及核定的污染物排放总量控制指标的要求。

(6)各项生态保护措施按环境影响评价文件规定的要求落实,项目建设过程中受到破坏并可以恢复的环境已按规定采取了恢复措施,水土保持指标满足水保要求。

(7)环境监测项目、点位、机构设置及人员配备,符合环境影响评价文件和有关规定的要求。

(8)环境影响评价文件提出需对环境保护敏感点进行环境影响验证、需对施工期环境保护措施落实情况进行工程环境监理的,已按规定要求完成。

三、验收工作程序和方法

建设单位是建设项目竣工环境保护验收的责任主体,应当按照规定的程序和标准,组织对配套建设的环境保护设施进行验收,编制验收报告,公开相关信息,接受社会监督,确保建设项目需要配套建设的环境保护设施与主体工程同时投产或者使用,并对验收内容、结论和所公开信息的真实性、准确性和完整性负责,不得在验收过程中弄虚作假。

建设项目竣工后,建设单位应当如实查、监测、记载建设项目环境保护设施的建设和调试情况,编制验收监测(调查)报告。以排放污染物为主的建设项目,参照《建设项目竣工环境保护验收技术指南 污染影响类》编制验收监测报告;主要对生态造成影响的建设项目,按照《建设项目竣工环境保护验收技术规范 生态影响类》编制验收调查报告。验收报告分为验收监测(调查)报告、验收意见和其他需要说明的事项等三项内容。

建设单位不具备编制验收监测(调查)报告能力的,可以委托有能力的技术机构编制。建设单位对受委托的技术机构编制的验收监测(调查)报告结论负责。建设单位与受委托的技术机构之间的权利义务关系,以及受委托的技术机构应当承担的责任,可以通过合同形式约定。

需要对建设项目配套建设的环境保护设施进行调试的,建设单位应当确保调试期间污染物排放符合国家和地方有关污染物排放标准和排污许可等相关管理规定。环境保护设施未与主体工程同时建成的,或者应当取得排污许可证但未取得的,建设单位不得对该建设项目环境保护设施进行调试。

调试期间,建设单位应当对环境保护设施运行情况和建设项目对环境的影响进行监测。验收监测应当在确保主体工程调试工况稳定、环境保护设施运行正常的情况下进行,并如实记录监测时的实际工况。国家和地方有关污染物排放标准或者行业验收技术规范对工况和生产负荷另有规定的,按其规定执行。建设单位开展验收监测活动,可根据自身条件和能力,利用自有人员、场所和设备自行监测,也可以委托其他有能力的监测机构开展监测。

验收监测(调查)报告编制完成后,建设单位应当根据验收监测(调查)报告结论,逐一检查是否存在验收不合格的情形,提出验收意见。存在问题的,建设单位应当进行整改,整改完成后方可提出验收意见。验收意见包括工程建设基本情况、工程变动情况、环境保护设施落实情况、环境保护设施调试效果、工程建设对环境的影响、验收结论和后续要求等内容,验收结论应当明确该建设项目环境保护设施是否验收合格。

建设项目配套建设的环境保护设施经验收合格后,其主体工程方可投入生产或者使用;未经验收或者验收不合格的,不得投入生产或者使用。

四、验收监测(调查)主要工作内容

1. 环境保护管理调查

根据《建设项目环境保护管理条例》《建设项目竣工环境保护验收管理办法》规定,调查内容包括以下几部分:

(1)建设项目从立项到试生产各阶段执行环境保护法律、法规、规章制度的情况。
(2)环境保护审批手续及环境保护档案资料。
(3)环保组织机构及规章管理制度。
(4)环境保护设施建成及运行记录。
(5)环境保护措施落实情况及实施效果,"以新带老"环保要求的落实。
(6)环境保护监测计划,包括监测机构设置、人员配置、监测计划和仪器设备。
(7)排污口规范化、污染源在线监测仪的安装,测试情况检查。
(8)事故风险的环保应急计划,包括配备、防范措施、应急处置等。
(9)施工期、试运行期扰民现象的调查,固体废物种类、产生量、处理处置情况、综合利用情况。
(10)按行业特点确定的检查内容,如清洁生产、移民工程、海洋生态保护等特殊内容。

2. 环境保护设施运行效果测试

主要调查原设计或环境影响评价中要求建设的处理设施的整体处理效率。涉及以下领域的环境保护设施或设备均应进行运行效率监测。

(1)各种废水处理设施的处理效率。
(2)各种废气处理设施的处理效率。
(3)用于处理其他污染物的处理设施的处理效率。

3. 污染物达标排放监测

(1) 排放到环境中的废水(包括生产污水、清净下水和生活污水)。
(2) 排放到环境中的各种废气(包括工艺废气及供暖、食堂等生活设施废气)。
(3) 交通噪声、厂界噪声(必要时测定对噪声源及敏感点的噪声)，码头、航道噪声。
(4) 建设项目的无组织排放。
(5) 国家规定总量控制污染物指标的污染物排放总量。

4. 环境保护敏感点环境质量监测

主要针对"环境影响评价"及其批复中所涉及的环境敏感保护目标。重点监测建设项目投运后，环境敏感保护目标能否达到相应环境功能区所确定的环境质量标准，主要考虑以下几方面：

(1) 环境敏感保护目标的环境地表水、地下水和海水质量。
(2) 环境敏感保护目标的环境空气质量。
(3) 环境敏感保护目标的声环境质量。
(4) 环境敏感保护目标的环境土壤质量。
(5) 环境敏感保护目标的环境振动铅垂向 Z 振级。

5. 生态调查

(1) 建设项目在施工、运营期落实环境影响评价文件、工程设计文件以及各级环境保护行政主管部门批复文件所提生态保护措施的情况。
(2) 建设项目已采取的生态保护、水土保持措施实施效果。
(3) 开展公众意见调查，了解公众对项目建设期、施工期、运营期环境保护工作满意度，对当地经济、社会、生活的影响。
(4) 针对建设项目已产生的环境破坏或潜在的环境影响提出补救措施或应急措施。

五、验收不合格的情形

建设项目环境保护设施存在下列情形之一的，建设单位不得提出验收合格的意见：

(1) 未按环境影响报告书(表)及其审批部门审批决定要求建成环境保护设施，或者环境保护设施不能与主体工程同时投产或者使用的。
(2) 污染物排放不符合国家和地方相关标准、环境影响报告书(表)及其审批部门审批决定或者重点污染物排放总量控制指标要求的。
(3) 环境影响报告书(表)经批准后，该建设项目的性质、规模、地点、采用的生产工艺或者防治污染、防止生态破坏的措施发生重大变动，建设单位未重新报批环境影响报告书(表)或者环境影响报告书(表)未经批准的。
(4) 建设过程中造成重大环境污染未治理完成，或者造成重大生态破坏未恢复的。
(5) 纳入排污许可管理的建设项目，无证排污或者不按证排污的。
(6) 分期建设、分期投入生产或者使用，依法应当分期验收的建设项目，其分期建设、分期投入生产或者使用的环境保护设施防治环境污染和生态破坏的能力不能满足其相应主体工程需要的。

(7)建设单位因该建设项目违反国家和地方环境保护法律法规受到处罚,被责令改正,尚未改正完成的。

(8)验收报告的基础资料数据明显不实,内容存在重大缺项、遗漏,或者验收结论不明确、不合理的。

(9)其他环境保护法律法规规章等规定不得通过环境保护验收的。

第四节 交通建设项目水土保持设施验收

2017年9月,《国务院关于取消一批行政许可事项的决定》(国发〔2017〕46号)取消了各级水行政主管部门实施的生产建设项目水土保持设施验收审批行政许可事项,转为生产建设单位按照有关要求自主开展水土保持设施验收。

根据《水利部关于加强事中事后监管规范生产建设项目水土保持设施自主验收的通知》(水保〔2017〕365号)和《生产建设项目水土保持设施自主验收规程(试行)》(办水保〔2018〕133号),生产建设单位是水土保持设施验收的责任主体,除按照国家规定需要保密的情形外,生产建设单位应当在水土保持设施验收合格后,通过其官方网站或者其他便于公众知悉的方式向社会公开水土保持设施验收鉴定书、水土保持设施验收报告和水土保持监测总结报告。生产建设单位、第三方机构和水土保持监测机构分别对水土保持设施验收鉴定书、水土保持设施验收报告和水土保持监测总结报告等材料的真实性负责。生产建设单位应在向社会公开水土保持设施验收材料后、生产建设项目投产使用前,向水土保持方案审批机关报备水土保持设施验收材料。

一、基本要求

生产建设项目水土保持设施自主验收包括水土保持设施验收报告编制和竣工验收两个阶段。自主验收应以水土保持方案(含变更)及其批复,水土保持初步设计和施工图设计及其审批(审查、审定)意见为主要依据。自主验收应包括以下主要内容:

(1)水土保持设施建设完成情况;

(2)水土保持设施质量;

(3)水土流失防治效果;

(4)水土保持设施的运行、管理及维护情况。

二、验收条件

(1)水土保持方案(含变更)编报、初步设计和施工图设计等手续完备。

(2)水土保持监测资料齐全,成果可靠。

(3)水土保持监理资料齐全,成果可靠。

(4)水土保持设施按经批准的水土保持方案(含变更)、初步设计和施工图设计建成,符合国家、地方、行业标准、规范、规程的规定。

(5)水土流失防治指标达到了水土保持方案批复的要求。

(6)重要防护对象不存在严重水土流失危害隐患。

(7)水土保持设施具备正常运行条件,满足交付使用要求,且运行、管理及维护责任得到落实。

三、资料及归档

验收资料制备由项目法人(或生产建设单位,下同)负责组织,有关单位制备的资料应加盖制备单位公章,并对其真实性负责。水土保持设施验收资料应按规定保存,并符合档案管理要求。

四、水土保持设施验收报告编制

水土保持设施验收报告由第三方技术服务机构编制。第三方编制水土保持设施验收报告,应符合水土保持设施验收报告示范文本的格式要求,对项目法人法定义务履行情况、水土流失防治任务完成情况、防治效果情况和组织管理情况等进行评价,作出水土保持设施是否符合验收合格条件的结论,并对结论负责。

(一)第三方评价内容

1. 项目法人水土保持法定义务履行情况

(1)评价水土保持方案(含变更)编报等手续完备情况。

(2)评价水土保持初步设计和施工图设计开展情况。

(3)评价水土保持监测工作开展情况,包括重要防护对象月度影像记录保存情况。

(4)评价水土保持监理工作开展情况。

(5)复核水土保持补偿费缴纳情况。

2. 水土流失防治任务完成情况

(1)复核水土流失防治责任范围。

(2)复核弃土(渣)场、取土(料)场选址及防护等情况。

(3)复核水土保持工程措施、植物措施及临时措施等的实施情况。

(4)复核水土保持分部工程和单位工程相关验收资料。

(5)复核表土剥离保护情况。

(6)复核弃土(渣)综合利用情况。

3. 水土流失防治效果情况

(1)评价水土流失是否得到控制,水土保持设施的功能是否正常、有效。

(2)评价重要防护对象是否存在严重水土流失危害隐患情况。

(3)复核水土流失防治指标是否达到水土保持方案批复的要求。

(4)个别水土流失防治指标不能达到要求的,应根据当地自然条件、项目特点及相关标准分析原因,并评价对水土流失防治效果的影响。

4. 水土保持工作组织管理情况

(1)复核水土保持设施初步验收、监测、监理等验收资料的完整性、规范性和真实性。

(2)复核水行政主管部门水土保持监督检查意见的落实情况。
(3)评价水土保持设施的运行、管理及维护情况。

(二)第三方评价方法

第三方开展评价工作应采用资料查阅、走访、现场核查等方法,其中涉及重要防护对象的应全部核查。

五、水土保持设施竣工验收

(1)竣工验收应在第三方提交水土保持设施验收报告后,生产建设项目投产运行前完成。竣工验收应由项目法人组织,一般包括现场查看、资料查阅、验收会议等环节。

(2)竣工验收应成立验收组,验收组由项目法人和水土保持设施验收报告编制、水土保持监测、监理、方案编制、施工等有关单位代表组成。

(3)项目法人可根据生产建设项目的规模、性质、复杂程度等情况邀请水土保持专家参加验收组。

(4)验收结论应经2/3以上验收组成员同意。

(5)验收组应从水土保持设施竣工图中选择有代表性、典型性的水土保持设施进行查看,有重要防护对象的应重点查看。

(6)验收组应对验收资料进行重点抽查,并对抽查资料的完整性、合规性提出意见。验收组查阅内容参见附录水土保持设施验收应提供的资料清单。

(7)验收会议:

①水土保持方案编制、监测、监理等单位汇报相应工作及成果。

②第三方汇报验收报告编制工作及成果。

③验收组成员质询、讨论,并发表个人意见。

④讨论形成验收意见和结论。

⑤验收组成员对验收结论持有异议的,应将不同意见明确记载并签字。

(8)存在下列情况之一的,竣工验收结论应为不通过:

①未依法依规履行水土保持方案及重大变更的编报审批程序的。

②未依法依规开展水土保持监测或补充开展的水土保持监测不符合规定的。

③未依法依规开展水土保持监理工作。

④废弃土石渣未堆放在经批准的水土保持方案确定的专门存放地的。

⑤水土保持措施体系、等级和标准未按经批准的水土保持方案要求落实的。

⑥重要防护对象无安全稳定结论或结论为不稳定的。

⑦水土保持分部工程和单位工程未经验收或验收不合格的。

⑧水土保持监测总结报告、监理总结报告等材料弄虚作假或存在重大技术问题的。

⑨未依法依规缴纳水土保持补偿费的。

(9)项目法人按规范格式制发水土保持设施验收鉴定书。

复习思考题

1. 全球环境保护的战略目标是什么？
2. 我国环境保护工作步入法制轨道的标志是什么？
3. 指导我国加快推进生态文明建设的重要指导思想是什么？
4. 简述大力推进生态文明建设的总体要求，其核心和实质是什么？
5. 简述我国环境保护法律法规体系的层次。
6. 环境保护单行法中，属于生态保护和污染防治的法律有哪些？
7. 环境保护法律法规体系中，环境标准的法律意义是什么？
8. 简述环境保护法律的基本原则。
9. 绿色公路建设"两个统筹"和"四大要素"分别是什么？

PART3 | 第三篇

交通建设工程施工环境保护监理

第十章 交通建设工程施工环境保护监理概述

【本章提要】 本章介绍了交通建设工程施工环境保护监理的概念、任务、依据、环保管理体系和模式，以及环保监理的工作程序、工作内容、工作方式、工作制度等，并对环境保护监理文件和资料体系作出了讲述。

第一节　交通建设工程施工环境保护监理产生的背景

根据《中华人民共和国环境保护法》和《建设项目环境保护管理条例》的规定，我国对建设项目的环境管理实行建设项目"环境影响评价"和"三同时"两项制度。但由于这两项制度在环境管理程序中分别处于工程可行性研究、工程设计阶段和环境保护竣工验收阶段，执行的时间特征使得这种环境管理模式客观上成了"事前"和"事后"管理，使得对环境影响评价文件中环境保护措施和环保要求的贯彻落实缺乏有效的管理，在工程验收时常有环保设施不到位、不合适或处理效果不理想，以及生态破坏难以消除等问题，不仅影响环境质量，同时也影响工程质量、安全、进度和投资。特别是诸如交通类以生态型环境影响为主的建设项目，建设周期长、占地面积大，在施工阶段对当地生态环境的影响十分剧烈，如果处理不当，容易造成当地环境污染、景观环境破坏、生态环境功能退化、配套的环保工程缺失等问题，目前这种"事前"和"事后"环境管理模式对其不能做到及时有效的反映。实践证明，环境问题提前防治的费用要远远小于产生后果后再治理的投资费用。随着这一问题逐步受到人们的重视，建设项目环境保护监理应运而生。

借鉴建设项目工程监理的成功经验，以及我国利用世界银行或亚洲开发银行贷款建设项目解决施工期环境保护问题的成果，2002年国家环保总局、铁道部、交通部、水利部、国家电力公司、中国石油天然气集团公司等六部委联合发出通知，要求这些部委的部分国家重点工程进行环境保护监理试点。首次进行环境保护监理试点的工程包括：青藏铁路格尔木至拉萨段、渝怀铁路、上海国际航运中心洋山深水港区一期工程、上海至瑞丽国道主干线贵州境三穗至凯里段、上海至瑞丽国道主干线湖南境邵阳至怀化段、青岛至银川国道主干线银川至古窑子段等13个重点工程，其后广州绕城公路、湖北省沪蓉西公路、云南省昭待公路、陕西省西铜公路等多个交通工程项目也开展了环境保护监理试点工作。实践证明，施工期环境保护监理不仅是联系项目环境影响评价和环境保护竣工验收两者的桥梁，落实环境影响评价文件的重要手段，而且是环境影响评价工作在工程建设中的延续。

为有效控制工程施工阶段的环境影响，全过程监控交通建设中的环境问题，根据国内试点工作的经验,交通部决定在交通行业内广泛开展环保监理工作,先后发布《关于开展交通工程环境监理工作的通知》(交环发〔2004〕314号)、《关于在公路水运工程建设监理中增加施工安全监理和施工环保监理内容的通知》(交质监发〔2007〕158号),明确了环保监理工作已成为公路水运工程监理工作内容的重要组成部分,纳入工程监理管理体系,环保与质量、安全、进度、费用等共同构成一个完整的建设工程项目目标体系。

此后,工程环保监理工作也逐步纳入建设项目环境管理的程序中。河南、陕西、辽宁和深圳等省市等先后颁布了《河南省建设项目环境保护管理条例(草案征求意见稿)》和《深圳经济特区建设项目环境保护条例》,对环境可能造成重大影响的建设项目施工期环境监理、环境监理竣工验收、工程环境监理机构的要求等内容作了较为明确的规定。《陕西省实施〈中华人民共和国环境影响评价法〉办法》中明确指出,对已经批准的施工周期长、生态环境影响大的水利、交通、电力、化工、矿产资源开发项目,在其建设过程中应当进行环境监理。

第二节 交通建设工程施工环境保护监理的概念、任务和监理模式

一、施工环境保护监理的概念与任务

施工环境保护监理,是指具有相应资质的监理单位受建设单位的委托,依法承担其建设项目施工期间的环境监督管理工作,代表业主对承包人在施工活动中污染防治和生态保护与恢复等情况进行监督管理,确保各项环保措施落实的专业化服务活动。

交通建设工程施工环境保护监理是根据《中华人民共和国环境保护法》及相关法律法规,针对施工过程环境保护全方位、全过程的监理,一般分为"环境达标监理"和"环保工程监理"两类(图10-1)。环境达标监理的主要任务是对工程建设过程中的污染环境、破坏生态的行为进行监督管理,防止或减少施工过程污染物排放和生态破坏,实现污染物达标排放或符合生态保护要求,如噪声、废气、污水、固废等污染物排放达标,水土流失、生态恢复、自然保护区、水源区和风景名胜区保护等符合要求。环保工程监理的主要任务是对工程的环保配套设施进行施工监理,落实项目环境影响评价文件中的环保设施要求,确保"三同时"的实施,如临时用地复垦、水土保持、景观绿化等生态工程、路桥面雨水径流收集、服务区污水处理、声屏障、消烟除尘设施等。

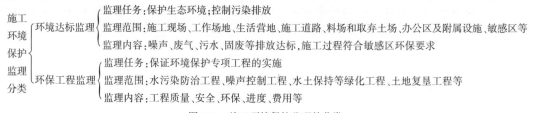

图10-1 施工环境保护监理的分类

施工环境保护监理的目标主要有以下四个方面:一是主体工程施工过程中的噪声(振动)、废气、污水、固体废弃物等排放达到国家相应标准;二是生态环境保护、水土保持等措施

符合建设项目环境影响评价文件和水土保持方案的要求;三是声屏障、绿化、污水处理等环保工程设施施工符合相应规范和合同规定;四是施工期不发生重大环境污染和生态破坏事件。

二、施工环境保护监理模式

环境保护监理最早在我国出现在世界银行贷款项目中。世行贷款项目在制订项目环境行动计划时,往往确定由工程监理人员兼管责任范围内的环境保护工作,或由专职人员进行环保监理,对工程的环境保护工作发挥了一定的作用。在我国进行的环保监理实践中,从环保监理的目标、功能及其与工程监理相配合的角度考虑,在试点阶段采用的环保监理模式主要有包容式、独立式和结合式三种。这些模式的试行,为环保监理模式的最终确定提供了参考和依据。

1. 包容式环保监理

包容式环保监理模式是工程监理企业接受业主委托,在依法完成工程施工监理任务的同时,承担其业务范围内的环境监督管理工作,对承包人在施工活动中污染防治和生态保护与恢复等情况进行监督管理,同步实现工程质量、环境质量及"三同时"控制,或者说,各工程监理单位完全负责各自标段内的环保监理工作。这种模式一般需在项目监理部设置一个环境保护职能部门,负责工程项目环保监理的规划和组织落实,环保监理工作由各专业监理工程师共同承担,如湖南省邵阳至怀化高速公路的环保监理工作。

包容式环保监理的优点是与工程监理结合紧密,能同步进行工程质量、工程进度和环境保护控制,利于环保监理各项工作的有效实施。但存在着监理人员环保专业知识不足、监理措施针对性不强的弊端,对一些环保要求较高、技术性较强的环节认识不够全面。

2. 独立式环保监理

独立式环保监理模式是由专业环保监理企业接受业主委托,依法承担其建设项目施工期间的环境监督管理工作,独立对承包人在施工活动中污染防治和生态保护与恢复等情况进行监督管理,落实项目各项环保措施的专业化服务活动。环保监理机构直接受业主(项目办)领导,与工程监理呈并列关系。环保监理工程师由生态、环境工程、大气、水污染等专业人员担任。

该模式的优点是:环保监理人员比较集中,专业化程度高,对监理过程中发现的环境问题能及时、集中进行研究解决,总结经验,并实现环境影响评价工作在施工阶段的延续;缺点是监理投入大、环保监理工程师往往受工程专业知识的限制、不能及时判断或发现施工过程中会出现哪些环境污染问题,对某些容易破坏环境或造成环境污染的施工过程监理力度不够,降低环保监理的实施效果,并且同工程监理的某些工作重复。如银川至古窑子高速公路环保监理试点采用独立环保监理模式,解决了诸多的工程环境问题:生态绿化监理组较好地保证了干旱荒漠区公路施工绿化工程建设,成效显著;环保达标监理组及时解决了施工期荒漠生态保护、湿地生态保护、噪声污染、空气污染、文物保护等技术问题。

不足之处主要是:与工程监理组的协调性较差,难以达到监理工作五大控制目标"质量、进度、费用、安全和环保"的有机统一,不能发挥广大工程监理人员的环境保护作用,工作经常事倍功半;同时,由于主要采用巡视监理工作方式,不能及时发现环境问题。

3. 结合式环保监理

项目监理部设置环保职能部门,由环境监测、环境工程等专业监理工程师担任环保监理工作,在总监的领导下,编制有关环保监理方案和计划,对承包人在施工活动中污染防治和生态保护与恢复等情况进行监督管理。为了增强环保监理同工程监理的协作,环保职能部门和项目监理部其他职能部门之间实现资源共享,以弥补环保监理力度不足的弊端,增强环保监理实施效果。如贵州三穗至凯里高速公路环保监理组织机构采用该模式,较好地体现了环保监理的专业性。

结合式环保监理组织机构模式吸取了独立式环保监理组织模式中监理人员比较集中、专业化程度高的优点,能将环保监理同工程监理有机地结合起来,加强环保监理同工程监理的协作关系。但仍然需要全面对工程监理人员进行环境保护教育,健全环保监理的各项管理制度,并明确工程监理与环保监理的业务分工与合作,否则,环保职能部门往往会脱离项目监理部的领导,自行其是、独尽其职。

在总结环保监理试点经验的基础上,2007年4月,交通部印发了《关于在公路水运工程建设监理中增加施工安全监理和施工环保监理内容的通知》(交质监发〔2007〕158号),该通知明确规定:在现有公路、水运工程监理组织体系框架下,将施工安全、环保融入监理职责当中,不改变现有的监理管理体制。监理人员要按照法律法规规定,依据有关规范,信守监理合同,切实履行好施工安全和环保监理职责。同年12月,国家环保总局、交通部和国家发改委联合发布了《关于加强公路规划和建设环境影响评价工作的通知》(环发〔2007〕184号),再次明确规定:将工程环境监理纳入工程监理,定期向环保、交通主管部门提交工程环境监理报告。由此可见,"将工程环保监理纳入工程监理"不仅是交通主管部门的决策,也是得到了国家相关部委一致认可的环保监理模式。

三、环境保护监理组织设置原则

(1)效率原则。效率是组织机构运行的目标。环保监理组织机构模式必须将效率原则放在重要地位,根据工程特点和环保监理工作任务、目标,选择适宜的结构形式,使环保监理工作高效而正确,减少重复和扯皮。因此,环保监理组织机构设置要以事为中心,因事设岗,因岗配人,做到人与事高度配合。

(2)责、权、利统一原则。任何组织机构,只有坚持责、权、利一致,才能使组织系统正常运转。环保监理组织机构要坚持以责任为中心、以权利为保证、以利益为基础的责权利一致原则,在环保监理组织机构中明确划分职责权力范围,赋予环保监理各岗位相应的职责和权利,做到每位成员有职、有权、有责。

(3)分工合作原则。分工、合作是提高组织机构效率的要求。环保监理机构的设置要求工程监理和环保监理明确合作关系,相互配合,形成一个有机的整体;并根据自己的特点进行专业化分工,来明确干什么(what)、谁来干(who)、怎么干(how)。

(4)灵活性原则。环保监理组织机构的模式要有相对的稳定性,但又不是一成不变的。应根据工程项目的规模、特点、要求、环境状况等,综合考虑组织机构的模式、机构的设置和人员的配备,使组织机构的管理层次和管理跨度相互协调,并能有效灵活地与其他工作的组织机构相互配合,适应实现组织目标的要求。

第三节 施工环境保护监理的依据

对于交通建设工程环境保护监理的工作内容,在国家相关法律法规中都能找到依据。而实行施工环境保护监理,目前我国还没有制定出专门的法律法规。根据交通部下发的《关于开展交通工程环境监理工作的通知》(交环发〔2004〕314号)和《关于在公路水运工程建设监理中增加施工安全监理和施工环保监理内容的通知》(交质监发〔2007〕158号),明确了施工环境保护监理工作已成为公路水运工程监理工作内容的重要组成部分,纳入工程监理管理体系,因此环境保护监理的强制性由施工监理的有关规定来保障。

一、国家有关的法律、法规

《中华人民共和国宪法》中就已明确了每个公民的环保义务,如第九条第二款:"保障自然资源的合理利用,保护珍贵的动物和植物,禁止任何组织或者个人用任何手段侵占或者破坏自然资源。"第二十六条:"保护和改善生活环境和生态环境,防治污染和其他公害。"其他还有《中华人民共和国环境保护法》《中华人民共和国海洋环境保护法》《中华人民共和国水土保持法》《中华人民共和国文物保护法》《中华人民共和国水污染防治法》《中华人民共和国大气污染防治法》《中华人民共和国环境噪声污染防治法》《中华人民共和国固体废物污染环境防治法》《中华人民共和国放射性污染防治法》《中华人民共和国野生动物保护法》《中华人民共和国野生植物保护条例》《中华人民共和国环境影响评价法》《中华人民共和国清洁生产促进法》《中华人民共和国公路法》《中华人民共和国港口法》《中华人民共和国水法》《中华人民共和国土地管理法》《中华人民共和国海洋水域管理法》《中华人民共和国渔业法》《中华人民共和国森林法》《中华人民共和国草原法》《中华人民共和国航道管理条例》《中华人民共和国防治海岸工程建设项目污染损害海洋环境管理条例》《中华人民共和国防治船舶污染海域管理条例》《建设项目环境保护管理条例》等,都有环境保护的明确条款。

二、国家有关的办法、规定等

相关的环境保护文件有《建设项目竣工环境保护验收管理办法》《关于加强自然资源开发建设项目的生态环境管理的通知》《关于涉及自然保护区的开发建设项目环境管理工作有关问题的通知》等。在国家有关环保法律法规的基础上,交通部先后制定下发的《交通行业环境保护管理规定》《交通建设项目环境保护管理办法》《交通部环境监测工作条例》《关于开展交通工程环境监理工作的通知》《关于在公路水运工程建设监理中增加施工安全监理和施工环保监理内容的通知》等。

三、地方性法规、文件

根据国家规定,可以立法的地方人民代表大会及其常务委员会可以颁布地方性环境保护法规。迄今为止大部分省(自治区、直辖市)颁布了地方环境保护法规。这些法规是对国家环境保护法律法规的补充和完善,具有较强的针对性和可操作性,同样是施工环境保护监理的依据。

四、国家环境标准

国家环境标准中的环境质量标准和污染物排放等标准为强制性标准,详见有关章节。

五、公路水运工程标准规范

《关于在公路水运工程建设监理中增加施工安全监理和施工环保监理内容的通知》(交质监发〔2007〕158号)要求,自2007年7月1日起,安全监理和环保监理工作已纳入《公路工程施工监理规范》(JTG G10—2006),要求在现有公路、水运工程监理管理体制和监理组织体系框架下,将施工安全和环境保护融入监理职责当中。2016版《公路工程施工监理规范》对此进行了细化完善。其他现行规范如《公路路基施工技术规范》(JTG 3610)、《公路环境保护设计规范》(JTG B04)、《公路建设项目环境影响评价规范》(JTG B03)、《港口建设项目环境影响评价规范》(JTS 105-1)、《港口工程环境保护设计规范》(JTS 149)、《海洋工程环境影响评价技术导则》(GB/T 19485)、《公路工程技术标准》(JTG B01)、《公路路基设计规范》(JTG D30)、《公路隧道设计规范》(JTG 3370.1)、《公路路线设计规范》(JTG D20)等都编制专门条款规定了环境保护工作内容。

六、环境影响评价和水土保持报告及批复、环境行动计划等

建设项目的环境影响评价和水土保持报告及其批复,是施工环境保护监理工作最重要的依据之一,其中,针对施工期提出的环境保护重点区域、污染防治措施、水土保持措施,不仅是施工环境保护监理工作最重要的依据之一,而且是施工环境保护监理工作关注的重点,也是必须达到的底线。此外,《地质灾害危险性评估报告》《地震安全性评估报告》《征占用林地调查及林木采伐设计》《文物考古调查勘探评价》等也是环境保护监理工作的依据。

对于利用世界银行或亚洲开发银行贷款修建的交通建设项目,还应编制环境行动计划,这也是此类工程施工过程环境保护监理工作的依据之一。

七、工程设计文件

公路建设的设计阶段,往往已经考虑了一些重大的环境保护问题,并在设计文件中有所反映,例如水土保持措施、绿化等,可以作为环境保护监理工作的依据。

八、监理合同、施工合同以及有关补充协议

建设单位委托开展施工过程环境保护监理的合同,以及有关的补充协议,都明确规定了环境保护监理单位的权利、责任和义务,是监理单位开展工作的直接依据。

作为工程环保措施具体执行者的施工单位,其责任和义务在《标准施工招标文件》(2017年版)第一卷第四章第一节和《公路工程标准施工招标文件》(2018年版)第一卷第四章9.4

"环境保护"中都有明确的规定。

九、施工过程的会议纪要、文件

在施工过程中,根据实际情况形成的有关环保问题的会议纪要、有关文件,可以作为环境保护监理的依据。

第四节 施工环境保护监理的原则与人员素质要求

一、施工环境保护监理原则和应协调的关系

作为施工监理的一部分,从事施工环境保护监理活动同样应当遵循"严格监理、优质服务、公正科学、廉洁自律"的监理原则,坚持守法、诚信、公正、科学的准则。把握好施工环境保护监理和建设单位的环境保护管理、政府部门的环境监督执法之间的区别和联系,为做好公路水运工程施工环境保护工作提供技术服务。在交通工程建设中,与监理单位有关的环境保护职责和关系如下:

(1)政府环境保护主管部门依据环境保护法律法规,对工程施工过程中的环境影响实施监督执法。

(2)建设单位是工程环境保护的主体之一,应全面执行国家有关环境保护的方针、政策和法律法规,并对工程建设的环境保护工作负总责。

(3)工程监理单位受建设单位的委托,对工程施工过程中污染环境、破坏生态的行为以及建设项目配套的环保工程进行监督管理,以确保各项环保措施满足公路水运工程施工环境保护的要求。

(4)施工单位应遵守国家和地方有关环境保护法律法规、标准规范及合同规定的环保条款,按照与建设单位签订的承包合同的规定接受施工环境保护监理。

二、人员素质要求

环境保护是一门交叉学科,具体从事施工环境保护监理工作的监理工程师,不仅要有一定的环境保护和工程技术方面的专业技术能力,能够对工程建设进行监督管理,提出合理的意见,而且要有一定的组织协调能力,能够帮助工程建设有关各方共同达成建设过程的环保任务。从业人员应该具有环保、工程、管理三方面的知识结构,以及能够适应工作要求的业务素质和能力。

1. 上岗培训

监理机构的总监、驻地监理工程师和专业监理工程师应熟悉和掌握环境保护法律法规,经交通运输主管部门认可的环保监理知识培训,考试合格后,才能负责本监理机构施工现场的环境保护监理工作。对高速公路等环境影响敏感复杂的工程,应配备环保专业监理工程师具体负责施工过程的环境保护监理工作。

2.知识和能力

(1)监理工程师应掌握有关的环境保护专业知识。监理工程师必须熟悉环境保护法律、法规有关规定,以及工程建设项目环境污染和生态保护的特点,掌握必要的环保专业知识(如施工期生态环境保护措施、污染物的处理处置技术与工艺设备、环境保护与恢复措施、环境监测数据分析及其应用等)。应当能对施工活动的环境影响、环保措施实施效果、环境监测成果进行准确的分析和判断,从而协助建设单位全面实现工程建设项目的环境保护目标、污染治理目标和生态恢复目标。

(2)具备公路、水运工程专业技术知识。监理工程师必须具备相应的公路水运工程专业技术知识,熟悉工作对象。只有具备了公路水运工程技术知识,掌握了公路建设的技术要求、施工工艺和特点,才能对可能造成的环境问题保持敏感,提前预防,在问题出现后,也有能力结合环保要求及时应对。

(3)具有职业道德和一定的管理能力。监理是一项专业技术性很强的管理工作,环保又是具有极强公益性的事业,监理工程师在具有廉洁奉公的职业道德的同时,还应具有强烈的环保意识和责任感,能够始终站在国家和公众的立场处理施工环保问题,并以自己公正、科学的管理行为,唤起工程相关各方的环保意识和公德心。因此,从业人员需要有一定的管理工作经验和相应的工作能力(如表达能力、组织协调能力),熟悉行业标准规范和环保法律法规,能够运用合同解决问题,处理好工程建设相关方的关系。

第五节 施工环境保护监理的工作程序

施工环境保护监理一般应按照下列工作程序进行(图10-2):

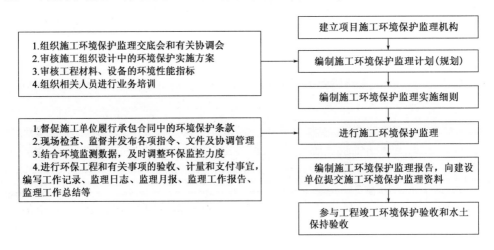

图10-2 施工环境保护监理工作程序

(1)建立项目施工环境保护监理机构。

(2)依据监理合同、设计文件、环评报告与水土保持方案及批复、施工合同、施工组织设计等编制施工环境保护监理计划(规划)。

(3)按照施工环境保护监理计划(规划)、工程建设进度、各项环保对策措施编制施工环境保护监理实施细则。

(4)依据编制的施工环境保护监理计划(规划)和实施细则,开展施工期环境保护监理,检查承包人制订的环境保护措施的落实情况;进行验收、计量与支付。

(5)工程交工阶段编写施工环境保护监理总结报告,整理监理档案资料,提交建设单位。

(6)参与工程竣工环境保护验收和水土保持验收。

第六节 施工环境保护监理的工作内容及方式

监理工程师对施工活动中的环境保护工作按照施工进程实施动态管理,工作方式以日常巡视为主,辅以必要的环境监测,以便及时调整环保监控力度。环保工程作为交通建设工程的附属工程,其施工监理的内容与主体工程的施工监理相同,其监理程序和方式也与主体工程施工监理一致,其工作方法与主体工程相同。

一、施工环境保护监理的工作内容

施工期的环境保护监理,应体现出事前控制和主动控制的要求,结合公路水运施工的特点,注重监理实效。施工环境保护监理一般应包括以下内容。

1. 施工准备阶段的环境保护监理工作

(1)参加设计交底,熟悉环评报告和设计文件,了解工程建设项目的具体环保目标。

(2)审查施工单位的施工组织设计和开工报告,对环保实施方案提出审查意见,包括施工中须保护的环境敏感点、具体的环保措施、环保管理制度和环保专业人员等。

(3)审查施工单位的临时用地方案是否符合环保要求,临时用地的恢复计划是否可行。

(4)审查施工单位的环保管理体系是否责任明确,切实有效。

(5)参加第一次工地会议,对工程建设项目的环保目标和环保措施提出要求。

2. 施工阶段的环境保护监理工作

(1)对工地进行巡视或旁站监理。

(2)向施工单位发出环保工作指令。

(3)检查环境保护措施和成果。

(4)协助环保主管部门和建设单位处理突发环保事件。

(5)建立、保管环境保护监理资料台账。

(6)参加工地例会。

3. 交、竣工阶段及缺陷责任期的环境保护监理工作

(1)参加交工检查,确认现场清理工作、临时用地的恢复和取(弃)土场的复绿等是否达到环保要求。

(2)评估环保任务或环保目标的完成情况,对尚存的主要环境问题提出继续监测或处理的方案和建议。

(3)定期检查施工单位对环保遗留问题整改计划的实施情况,并根据工程具体情况,建议施工单位对整改计划进行调整。

(4)检查已实施的环保达标工程和环保工程,对交工验收后发生的环保问题或工程质量缺陷及时进行调查和记录,并指示施工单位进行环境恢复或工程修复。

(5)检查施工单位的环保资料是否满足竣工环保验收的要求。

(6)整理施工环境保护监理竣工资料。

(7)参与竣工环境保护验收和水土保持验收。

4. 环境监测

根据有关规定,施工期的环境监测工作由建设单位委托有资质的环境监测单位开展,也称为外部监督监测。监理工程师应协助建设单位落实施工过程的环境监测计划。

一般施工期外部监督监测的每次间隔时间比较长,提供的是固定点位的前后历史对比资料。根据工程的实际进展,环保监理工程师有时候会需要一些即时的监测数据,对常规污染因子及突发污染事故进行监测,也称为内部监理监测。监理监测的测点选择、监测频次、监测时间等,可根据施工进度计划等进行预先安排。监理环境监测应定期进行,使数据有可比性,为制订环境保护监理措施和判断环保措施执行效果提供必要的依据。因此,环保监理单位有必要自备一些常用的监测设备,能够自行监测一些比较简单的项目。

相关内容参见"第十五章 环境监测和水土保持监测"。一般定期监测的项目有:

(1)空气质量。监测项目有 NO_2、CO、TSP 三项,必要时还可监测 SO_2。

(2)地表水水质。一般监测项目有 pH、悬浮物(SS)、化学需氧量(COD)、生化需氧量(BOD_5)、氨氮、石油类等 6 项。根据工程实际情况,还可视需要监测水温、色度、重金属、总磷(TP)、总氮(TN)、砷(As)、氰化物、挥发酚、活性剂(LAS)、硫化物、溶解氧(DO)等项目。

(3)海水水质。一般监测项目有 pH、悬浮物(SS)、化学需氧量(COD)、生化需氧量(BOD_5)、无机氮、石油类等。根据工程实际情况,还可视需要监测水文气象,包括风速、风向、水温、水深、透明度、海况和水色等;水质,包括溶解氧(DO)、活性磷酸盐等;沉积物,包括汞、铜、铅、镉、锌、铬、总磷(TP)、总氮(TN)和其他有机质等。

(4)声环境质量。监测环境噪声、施工场界噪声、车辆交通噪声,以及声屏障等环保设施的降噪效果等。

监测点位根据施工过程中的重点和施工进度进行安排。

5. 其他环保措施的监理

根据不同项目的实际情况,环评和水保文件会提出有针对性的环保措施,甚至会有比较特殊的措施,例如指定范围内的拆迁等。对于环境影响评价报告提出的已经批准的措施,应协助建设单位有效实施。

二、施工环境保护监理的工作方式

监理工程师应常驻工地,对施工活动的环境保护工作实施动态管理,其工作方式以巡视为主。监理工程师根据工程项目施工区污染源分布的实际情况定期或不定期对各个工点进行巡视,对于敏感的施工地段,巡视频率应适当增加。对特别关心的节点,如古树名木(珍稀植物)

的移植、放射源处置、钻孔泥浆泄漏漫溢整改等过程应进行旁站监理。通过巡视和旁站,发现环保问题及时予以纠正,使施工期各项环保措施落到实处。巡视期间监理人员还可以通过与施工作业人员交流,询问操作规程,了解其是否知道有关的环保要求,从而判断施工单位是否对施工人员作了前期环保培训,以确保施工中各项环保措施落实到位。必要时,监理工程师还应进行环境监测。巡视和旁站监理的情况,都应予以详细记录。

监理过程中如发现环境污染和生态破坏等情况,监理工程师应立即通知施工单位限期整改。一般性或操作性的问题,可以采取口头通知形式。口头通知无效或有污染隐患时,应发出书面的监理指令,要求施工单位整改,并根据施工单位的书面回复,检查其整改结果。严重的环保问题,还应同时向建设单位汇报。如整改情况不理想,可以发布停工指令,施工单位无正当理由拒绝整改的,监理工程师可按有关规定对该部分工程量拒绝支付或折减支付。

每一位监理人员都负有环境保护监理的职责,均应按照各自岗位职责负责自身工作范围内的环境保护监理工作。对于配备有环保专业监理工程师的交通建设项目,由环保专业监理工程师具体负责该项目范围内的环境保护监理工作。

三、环境污染和生态破坏事故的处理

当工程施工过程中出现重大环境污染或生态破坏事故时,应按如下程序处理:

(1)施工单位在发生事故后,应立即停止施工作业,并采取有效措施防止事故扩大。除在规定时间口头报告监理工程师外,并尽快提出事故初步调查结果的书面报告,报告应初步反映该工程名称、部位、污染事故原因、应急环保措施等。该报告经监理工程师签署意见,总监审核批准后报建设单位。

(2)监理工程师立即报告建设单位,及时向当地环保主管部门汇报,同时书面通知施工单位暂停该工程的施工,并督促施工单位根据环保主管部门有关意见,采取有效的环保措施。

(3)监理工程师和施工单位对污染事故继续深入调查,并和有关方面商讨后,提出事故处理的初步方案后报建设单位,交环保主管部门研究处理。

(4)监理工程师对事故处理情况进行总结,督促施工单位做好善后工作。

(5)严格按照事故处理"四不放过原则"处理环境污染和生态破坏事故。

第七节 施工环境保护监理的工作制度

交通建设施工环境保护监理纳入工程监理体系内,其相应的各项制度也纳入工程监理的工作制度范畴,即在执行工程监理的各项制度时要体现环境保护监理的相关内容。

一、文件审核、审批制度

工程开工前,由负责工程环境保护监理工作的监理工程师审查承包人报送的施工组织设计中的环境保护内容和施工场地、施工营地、取弃土场等的设置方案,以及专项环境保护措施方案(如供水水源保护、重要污染源防护处理、环境保护措施等)等,提出审核意见。对于工程施工中的设计变更,监理工程师应对设计变更带来的环境问题作出判断,并建议业主考虑由于

设计变更引起的工程环境影响变化及环境保护措施的调整问题,发生重大变更时应提醒业主进行环评和水保相关报告(方案)的修编和报批。

二、工作记录制度

施工环境保护监理记录是信息汇总的重要渠道,是监理工程师作出决定的重要基础资料,其内容主要有:

(1)会议记录。如第一次工地会议,工地会议(监理例会)、工地协调及其他非例会会议记录等相关的环保内容,专门的环保工地会议。

(2)环保监理日志。应记录巡视检查中的相关环保情况、作出的重大决定、对承包人的环境保护指示、发生的污染纠纷及解决的可能办法、与工程质量和工程进度相关的环境问题。

(3)环保监理月报。根据工程的进展情况,对环保状况及存在问题每月以月报的形式向业主报告并备案。

(4)气象及灾害记录。记录不同气象条件和灾害气象下的工程环境问题。

(5)质量记录。如环保工程实体质量检验评定记录、环境要素的采样、监测及检验结果分析与评价记录。

(6)承包人的有关环境保护报告、报表、工作联系单等。

(7)交、竣工文件。包括环保工程的质量检验评定验收记录、有关环保的报告单、指令单、检测报告、环境整治恢复验收记录等。

负责环境保护工作的监理工程师,每天应根据现场监理的工作记录,汇总主要环境问题及产生原因、环境问题的责任单位及监理工程师处理意见,以及相关的环境监测分析资料,形成专业环保监理日志。

三、报告制度

环境保护监理报告是工程建设中环境保护工作的一项重要内容。环境保护监理报告纳入工程监理报告体系,可根据需要单独编制,在相关总结报告中包括环境保护监理的内容即可,季报和年度总结报告最好单独编制环保监理专题报告。

四、会议制度

环境保护监理会议可以纳入工程监理会议中召开。如第一次工地会议,工地会议(监理例会)、工地协调及其他非例会会议,必要时召开专门的环保工作会议。在会议期间,承包人对近一段时间的环境保护工作进行回顾性总结,负责环境保护工作的监理工程师对近一段时间的环境保护工作进行全面评议,肯定工作中的成绩,提出存在的问题及整改要求。每次会议都应形成会议纪要。

五、函件来往制度

监理工程师在现场检查过程中发现的环境问题,应以环境保护监理指令单(通知单)形式,通知承包人需要采取的纠正或处理措施。监理工程师对承包人某些主要方面的规定或要求,必须通过书面形式通知。情况紧急需口头通知时,随后必须以书面函件形式予以确认。同样,承包人对环境问题处理结果的答复以及其他方面的问题,也应书面回复监理工程师。

六、人员培训制度

对监理工程师必须进行环保业务培训,持证上岗,并定期进行环境保护业务培训和经验交流。

第八节 施工环境保护监理文件

一、施工环境保护监理文件的构成

1. 施工环境保护监理计划(规划)

施工环境保护监理计划(规划)是施工监理计划(规划)的组成部分之一,是监理工程师全面开展施工环境保护监理工作的指导性文件。监理单位在接受业务委托之后,根据委托监理合同,结合工程的实际情况,广泛收集工程环保信息和资料,制订施工环境保护监理计划(规划)。施工环境保护监理计划(规划)应明确环境保护监理工作范围、内容、方式和目标,一般应包含以下内容:

(1)工程项目概况。
(2)实行环境保护监理的依据。
(3)环境保护监理的范围。
(4)工作内容、工作目标和工作方式。
(5)监理单位组织机构、人员安排、岗位职责。
(6)人员、设施或设备的进出场计划。
(7)环境保护监理程序和工作要点。

2. 施工环境保护监理实施细则

施工环境保护监理实施细则是在监理计划(规划)的基础上,由各专业监理工程师针对建设项目各分项工程编制的操作性文件。监理实施细则应明确人员职责、监理重点、具体控制措施、工作方法、阶段控制目标等内容。

3. 施工环境保护监理总结报告

环保监理工作完成后,监理单位应及时进行施工环境保护监理工作总结,向建设单位提交施工环境保护监理工作总结,主要内容包括:环境保护监理机构的组成和投入的仪器设备、监理设施,工作起止时间;环保监理合同履行情况概述;环境保护监理任务或环保监理目标完成情况的评价;环保监理过程中出现的问题和处理情况;尚存的主要环境问题及建议继续监测或处理的方案。

二、施工环境保护监理资料体系

环保工程监理资料体系应和主体工程施工监理是一致的。环保达标监理的资料主要有:

(1) 环保监理日志。监理工程师日常的环保监理检查工作应在监理日志中做好记录。
(2) 环境保护会议记录。
(3) 环境保护教育和培训记录。
(4) 环境保护监理指令单(通知单)和回复单。
(5) 环境保护监理工作联系单。
(6) 环境保护监理检验申请批复单。
(7) 临时用地环境影响报告单。
(8) 临时用地(取弃土场)整治恢复报告单。
(9) 拌和厂排放达标检验报告单。
(10) 环境污染事故处理文件。
(11) 环境保护月报。
① 环境保护监理月报。

环保监理工程师应根据工程进展情况、环境现状、存在的问题每月以月度报告书的形式向建设单位和监理单位报告。月报所陈述的内容应包括已存在的或将对环境污染、环境达标、环保工程的质量、费用及工期产生实质影响的事件,使建设单位和上级主管部门对环境影响现状和环保工程实施情况有全面的了解。在月报中对于有重大环境影响以及环保工程实施存在的问题应进行描述,说明原因和已经采取的措施。月报对于施工单位环保管理体系情况等也应一并报告。环保监理月报应包含两大部分内容,即环保达标监理内容和环保工程监理内容。后者主要是工程内容,可以参照工程监理月报格式书写,前者应包括以下内容:

a. 本月主要施工内容。
b. 本月生态保护和污染防治情况,上月遗留的环保问题以及处理情况。
c. 环保监测的结果。
d. 施工单位环保管理体系运行情况。
e. 本月环境保护存在的问题,以及处理计划。
f. 下月施工计划,以及根据下月施工内容提出的污染防治计划。
② 施工环境保护月报。

为使监理工程师及时掌握施工过程的环保情况,施工单位应在月报中增加环境保护章节,包括以下内容:

a. 施工中的环境保护情况。
(a) 本月施工单位污染源统计,如废气、废水、噪声、固废等,是否有增减或变化。
(b) 针对以上污染源采取的防治措施,以及根据污染源的变化拟订的处置计划。
(c) 本月施工单位污染排放(打桩泥浆、罐车清洗水、碎石清洗水、生活垃圾、建筑垃圾、弃土弃料、施工扬尘、施工噪声等)的种类及排放地点、排放方式、排放去向,以及生态保护情况。

b. 执行情况。
(a) 施工环境保护监理检查情况,内容包括本月监理工程师现场检查情况,发现的问题,以及收到通知单或联系单后的整改措施落实情况等。
(b) 其他情况。
(12) 与建设单位、施工单位往来函件。

(13)工程建设环境保护文件。

(14)环境监测报告。

环境监测报告包括两部分,一部分是由建设单位委托有资质的环境监测单位定期进行监测后,由监测单位分期提交的监测结果报告;另一部分是监理单位根据现场情况自主进行监测的结果报告。两者都应进行归档。

(15)水土保持监测报告(建设单位委托有资质的单位编制)。

(16)施工单位、监理单位竣工环保总结报告及其他资料。

(17)工程交、竣工文件。

第九节　施工环境保护监理的关注点

一、自然保护区、风景名胜区、饮用水源地、文物保护单位

按国家相关法律法规和政策规定,在国务院及国务院有关部门和省、自治区、直辖市人民政府规定的风景名胜区,自然保护区和其他需要特别保护的区域内,不得建设污染环境的工业生产设施;建设其他设施,其污染物排放不得超过规定的排放标准。已经建成的设施,其污染物排放超过规定排放标准的,应限期治理。交通建设工程是以生态环境影响为主的非污染型项目,由于地形、接点等多种因素作用,工程主线或选址一般经国家和地方相关主管部门同意后可以经过环境敏感区,如经过自然保护区的实验区、饮用水源保护区的二级保护区或准保护区,以及风景名胜区的一般区,但在项目建设过程中的临时工程(如取弃土场、料场、拌和厂、预制厂、施工营地、施工管理区等)在这些地区需要严格控制,不允许设在保护区内。

交通建设工程一般在工程设计阶段对地表文物单位进行避让,无法避让的都要经过相关文物主管部门同意后才能通过,并在建设前由文物主管部门对现场的地表文物进行相应的保护。在施工过程中,如有其他文物遗迹发现,根据国家有关文物法规,施工单位应保护好有关现场,及时通知当地政府的文物主管部门,协商处理,待对其进行适当处理后再继续施工,确保国家文物的安全和项目建设的顺利进行。

另外,环保监理在工作中应有责任注意工程线路是否离开了各环境敏感地区的限定性区域,避免由于控制不严造成严重影响。如严格控制工程不进入自然保护区的核心区和缓冲区,严格控制工程不进入各种饮用水源地的一级水源保护区,严格控制工程不进入风景名胜区的核心景区,控制工程不进入文物保护单位的核心保护区。

二、"以新带老"措施

交通建设项目中道路改造升级(如砂石路面改为沥青路面、线路裁弯取直、减少坡度等)、公路等级提高(如一、二级公路改为高速公路,二级路改建为一级公路)、公路扩容(如高速公路四车道改为八车道)、水运码头扩建等项目,均属于改扩建项目。这些改扩建项目的实施过程中要贯彻和执行"以新带老"原则,即对现有工程存在的环境问题进行整治,使原有环境问题得到减缓甚至消除。

交通噪声污染"以新带老"措施包括增设声屏障、增加隔声窗等,这些新增措施的施工现场环保监理同新建工程。

交通建设水污染"以新带老"措施可分为新建或扩建。原场站或服务设施内无污水处理时,需新增建设,其污水处理设施的施工环保监理工作内容同新建项目。原场站或服务设施内有污水处理,但处理效果不好或处理容量不能满足改扩建后增容要求时,需对既有的污水处理系统进行改建或扩建,环保监理除了要对其建设过程进行正常监理之外,还需注意原有系统拆除过程的环境污染,主要是固体废物的处理与处置,防止其造成新的污染。

交通建设大气污染"以新带老"措施主要是对场站及服务设施系统内的锅炉进行更换,使其采用环保型锅炉。环保监理过程中除注意新建锅炉的质量、型号符合环保要求外,还应关注原有锅炉的去向,不得造成环境影响。

交通建设生态环境"以新带老",主要是对既有项目的边坡、取弃土场、临时占地进行生态重建或恢复工作,对线路沿线及场站、服务设施进行绿化,以减少水土流失。环保监理的工作内容与新建工程基本相同。

复习思考题

1. 交通建设工程环境保护监理主要有哪些内容?
2. 环保达标监理和环保工程监理有哪些区别?
3. 环保达标监理最主要的依据有哪些?
4. 环保达标监理的工作任务有哪些?
5. 在工程实施各阶段,环境保护监理的工作内容有哪些?
6. 环境保护监理的工作方式有哪些?
7. 环境保护监理有哪些工作制度?
8. 环境保护监理计划(规划)应包含哪些内容?
9. 如何编制环境保护监理实施细则?
10. 环境保护监理月报应包含哪些内容?
11. 环境保护监理的资料体系应如何建立?
12. 交通建设项目进入或通过自然保护区、风景名胜区、饮用水源地、文物保护单位的限制性规定有哪些?

第十一章 交通建设工程施工准备阶段的环境保护监理

【本章提要】 本章研讨了交通建设工程施工准备阶段环保监理工作的总体要求和管理工作要点,重点介绍了各种特定对象如施工临时用地、生活区、办公区、试验室、临时施工道路、临时材料堆场、拌和厂、预制厂、取(弃)土场以及临时码头等对环境的各种影响因素以及相应的环保技术工作要点。

第一节 施工准备阶段的环境保护监理管理工作要点和总体要求

在施工准备阶段,环保监理工程师应做好以下准备工作:

(1)熟悉工程资料,掌握工程整体情况,包括工程环境影响区域。在此阶段,监理工程师需要熟悉的资料有工程环境影响评价报告(文件)、水土保持方案及相应的批复、工程设计文件中的环境保护篇章、施工合同中的环境保护条款、工程所在地的环境保护要求等。

监理工程师还应对照设计文件、环境影响评价文件和水土保持方案文件,了解工程附近环境保护目标和敏感点的分布情况,对施工期的环境保护监理工作重点做到心中有数。

(2)初步审查承包人提交的临时工程设计文件中的环境保护措施和方案,提交建设单位组织审查。

(3)编制施工环境保护监理计划(规划)。

(4)根据施工环境保护监理计划(规划),编制各单位工程的环境保护监理实施细则。

(5)根据工程情况,配置满足工程需要的环境监测设备和仪器。

(6)建立环保工作网络,要求施工单位建立环境保护管理体系。

(7)审查承包人编制的"施工组织设计",主要审查生态环境保护措施和施工污染防治方案,了解污染物的排放环节,排放的主要污染物、采用的治理措施、污染物的最终处置方法和去向。对不符合工程环保要求的环节内容提出改正要求,对遗漏的环节和内容要求增补。

(8)参加第一次工地会议,对施工单位进行环境保护交底。

在开展施工临时用地环境监理工作时,监理工程师应该做到:

(1)熟悉工程环境影响评价文件和水土保持方案,通过实地踏勘,对项目所在区域可能涉及的生态敏感点进行识别和确认。

(2)临时用地的规划、布置,应充分考虑环境保护的要求,按照全面规划、合理布局、统筹安排的原则规划施工便道、便桥、码头、取土场、弃土场、生活区、水池、油库、炸药库等建设用地。避免因选址不慎,造成对环境的人为干扰。

第二节 施工准备阶段的环境保护监理要点

一、施工临时用地对环境的影响因素及环保要点

1. 对生态敏感点的环境保护要点

选址对生态敏感点的影响包括:特殊生态系统、特殊生境和珍稀濒危动植物等;公园、绿地、风景名胜区等城市生态环境;水源地、水源林等城市或区域生命保障系统;基本农田、高产良田、特产地、城市菜篮子工程、果木园、种子基地等生存资源;湿地、河口、海湾、红树林、滩涂、水生物产卵地、繁殖场等;各种自然的和人文遗迹等自然与文化保护目标;具有潜在旅游价值或科学美学价值的自然景观;脆弱生态系统或各种自然灾害防治区域或目标等。

为避免因选址不慎造成的生态影响,基本上应采取避让的措施。环保监理工程师应做好以下几项工作:

(1)熟悉工程环境影响评价文件和水土保持方案文件,同时实地踏勘,对项目所在区域可能涉及的生态敏感点进行识别和确认。

(2)对各种生态敏感点,应明确其边界以及相应的保护价值,告知施工单位,以尽量避让。

(3)对于施工区域附近可能存在的生态敏感点,应通过设置提示牌等宣传方式提醒施工单位及施工人员,防止人为干扰。

(4)通过日常巡视,对各种生态敏感点附近的临时用地情况进行检查。

2. 对土地利用的环境保护要点

公路施工临时占地通常涉及耕地、园地、林地、草地或临近这些用地的区域,另外,还有可能临近鱼塘、河流等水域或居民点。监理工程师应做好以下几项工作:

(1)熟悉工程环境影响评价文件和水土保持方案文件,同时实地踏勘,对项目所在区域土地利用情况进行识别和确认。

(2)根据实际的土地利用情况,对临时用地的选址向施工单位提出限制性要求,并对实际的选址情况进行跟踪检查。

施工区域邻近城镇或农村的居民点时,应尽可能租用当地的民居作为施工生活区。若无现成的房屋可以租用,应尽可能避开农、林等生产用地。

对临时借地范围要有明确的边界,具体应按照临时用地审批文件规定的内容和要求,并结合现场的实际情况划定,以便控制对临时借地外围土地的不合理占用。

(3)占用农、林等生产用地,在施工结束后,必须恢复原有的土地利用功能。对临时用地,应会同施工单位对现场初始的地形地貌、地表植被等自然特征进行客观的文字描述和完整的影像记录,建立档案,以作为将来恢复的依据和参考。

(4)向施工单位就临时防护工作提出要求,重点应关注临时防护设施的选择以及实施的时间(如生态防护),并通过巡视进行日常的监督和管理。对于施工营地边界上可能出现的土

质开挖面,应有临时防护设施;在条件允许的地区,宜采用生态防护措施,可在开挖的同时进行复绿,选择的植物类型应当是抗逆性强且多年生的乡土物种,若错过了当年的植物萌发和栽培季节,应在来年进行复绿。在复绿前的土壤裸露期间,宜采用人工遮挡物对土壤裸露面进行遮盖,以防止土壤的自然侵蚀。在气候条件恶劣地区,应有防止土壤侵蚀的工程防护措施,以防止土壤的自然侵蚀。

3. 对社会环境的环境保护要点

施工产生的扬尘、噪声、振动等对村镇、学校和人们的交通产生一定的影响,监理工程师应以书面形式告知施工单位,承包单位应关注的社会区域,以及相应的防治扬尘和噪声、振动的措施,并通过巡视进行日常的监督和管理。

4. 对陆生生物的环境保护要点

施工的强光照射、噪声会干扰植被和动物的生活节律,严重时会导致植物的死亡以及动物生理紊乱而影响其种群繁衍。扬尘可能使果木庄稼蒙尘,花不受粉,穗不结实,农业减产。因此,应在光照强度和照射角度上尽量考虑避免对动植物的影响。监理工程师应做好以下几项工作:

(1) 识别施工区域周边、植物分布情况,对强光、噪声、振动、扬尘等影响提出相应的防治措施,并通过巡视进行日常的监督和管理。

(2) 对于植物的砍伐,应在林业部门的指导下进行,并严格按照设计要求控制砍伐数量和面积。

(3) 临时发现的古树名木,不得随意砍伐,应调整施工临时用地选址或就地保护;如施工临时用地无法避免损害,则应报告林业部门,并协助林业部门对涉及的古树名木进行移栽。

5. 对水生生态系统的环境保护要点

生活区污水及施工废水对水生生态系统的影响包括:河道开挖引起水体混浊,破坏两栖动物生境,破坏湿生植物群落。桩基工程产生的漏油及泥浆水影响水体水质,噪声和振动干扰水生动物,影响洄游性鱼类正常洄游。

监理工程师应做好以下几项工作:

(1) 识别施工区域周边水生动植物的分布情况,了解洄游性鱼类的种类和洄游通道、季节,对工程施工影响提出相应的防治措施,并通过巡视进行日常的监督和管理。

(2) 对于不可避免的河道及河岸开挖工程,应明确并严格控制开挖界限,不得任意扩大开挖范围,将受影响的两栖动物生境控制在最小范围。

(3) 临时码头的选址,应考虑可能造成的泥沙淤积对环境的影响,必要时,应要求通过工程措施进行清淤。

6. 对表层土壤的环境保护要点

地表清理及土方工程将对沿线植被及动物栖息地造成永久性的破坏;此外,表层土壤的剥离容易造成土壤结构的破坏和肥力的下降。

监理工程师应做好以下几项工作:

(1) 在施工前应明确清理及开挖对象和范围,要求施工单位不应仅考虑方便施工而任意破坏施工区域外围的植被。

(2) 要求地表清理物应有专门的场地用以处置,不得随意丢弃。

(3)对于剥离的表层土,应予以保存,既可用于其他地面的土地改良,也可用于沿线受破坏土地的恢复,在表层土的再利用之前,要求并协助施工单位设置专门的场地用于堆置和保存,并配置相应的防雨和排水设施。

二、临时施工道路对环境的影响因素及环保要点

临时施工道路对周围环境的潜在影响主要是对土地利用、水土流失及扬尘等的影响,例如临时施工道路的开辟和修筑以及运输车辆的行驶会破坏地表植被,包括耕地、用地、林地以及草地等。

监理工程师应做好以下几项工作:

(1)临时施工道路的开辟和修筑,以及运输车辆的行驶会破坏地表植被,包括耕地、园地、林地以及草地等。为此,应规划好临时施工道路的路线走向,以减少植被破坏为首要原则,尽量利用现有道路;若无现成道路可利用,则应严格控制施工道路修筑边界,路线走向必须绕开各种生态敏感点(区)。

(2)对于施工道路边界上可能出现的土质裸露边坡,应有临时防护设施;在条件允许的地区,宜采用生态防护措施,可在施工道路修建的同时进行复绿;在气候条件恶劣地区,应有防止土壤侵蚀的工程防护措施,以防止土壤的自然侵蚀。

(3)施工便道属临时性质,载货汽车来往频繁,容易损坏,应及时修补保持平整,设立施工道路养护、维修专职人员,随时保持运行状态良好,减少扬尘污染。

(4)运输车辆行驶产生的扬尘影响植物(作物)正常的繁殖和发育过程,应通过路面硬化处理,以及定期清扫、洒水抑制扬尘的发生,路面应始终保持湿润。对施工车辆要求限速行驶,在主要环境敏感点附近,行驶速度宜控制在15km/h以内。施工废气、粉尘排放应当符合现行《环境空气质量标准》(GB 3095)的规定。

(5)施工噪声应当符合国家规定的施工场界排放标准[该阶段施工场界噪声的限值为昼间75dB(A),夜间55dB(A)]。居民区附近禁止施工便道的作业,必要时应报当地环保部门批准,并公告居民,才能夜间作业。

(6)施工结束后,必须恢复临时占用土地原有的土地利用功能。对现场初始的地形地貌、地表植被等自然特征应有客观的文字描述和完整的影像记录,以作为将来进行恢复的依据和参考。

三、临时材料堆放场对环境的影响因素及环保要点

临时材料堆放场的环境潜在影响是对土地利用的影响,为符合材料的堆置要求,料场的选址多位于地势较平坦的地域,通常涉及耕地、园地、林地、草地或临近这些用地的区域。此外,物料的散失和飘散污染也会影响环境。

监理工程师应做好以下几项工作:

(1)对临时借地范围要有明确的边界,具体应按照临时用地审批文件规定的内容和要求,并结合现场的实际情况划定,以便控制对临时借地外围土地的不合理占用。若对农、林等生产用地的占用无法避免,应在施工结束后,必须恢复原有的土地利用功能。对现场初始的地形地貌、地表植被等自然特征应有客观的文字描述和完整的影像记录,作为将来进行恢复的依据和参考。

(2)水泥、石灰、矿粉等堆置和撒落会通过改变土壤的理化性质,破坏土壤的结构以及土壤微生物的理化环境,从而降低土壤肥力。因此,水泥、石灰、矿粉要在指定地点堆置,并且应采取密封存放的方式,控制其扬尘;存放点地面应做硬化处理,硬化处理前应剥离地表熟土,并集中保存。施工结束后,应去除硬化地面,将保存的熟土回填,并恢复初始地表植被。对于堆置点附近可能被污染的土壤应进行改良,恢复其肥力。

(3)材料仓库和临时材料堆放场要防止物料散漏污染。仓库四周应有疏水沟系,防止雨水浸湿、水流引起物料流失。

(4)沥青、油料、化学物品等不宜堆放在民用水井及河流湖泊附近,并采取措施,防止雨水冲刷进入水体。

(5)水泥和混凝土运输应采用密封罐车。采用敞篷车运输时,应将车上物料用篷布遮盖严密。

(6)多风天气(或大风来临前)应注意对物料加以覆盖,减少扬尘。

(7)石灰石、电石、雷管、炸药不得露天堆放,炸药应有专门的仓库。

四、拌和厂和预制厂对环境的影响因素及环保要点

拌和厂和预制厂潜在环境影响见表11-1。

拌和厂和预制厂潜在环境影响　　　　　表11-1

序号	活动内容	潜在影响
1	拌和厂、砂石厂、轧石厂	1.扬尘;2.废水;3.噪声;4.固体废弃物
2	预制厂	1.废水;2.噪声;3.固体废弃物

对土地利用的影响可参考前节(施工临时用地对环境的影响因素)内容。

监理工程师应做好以下几项工作:

(1)稳定土拌和厂、水泥混凝土拌和厂、沥青混凝土拌和厂等各种拌和厂以及砂石厂、轧石厂等不得设在饮用水源地保护区内。对临时借地范围要有明确的边界,以便控制对临时借地外围土地的不合理占用。

若对农、林等生产用地的占用无法避免,至少要避免对生态敏感点(区)的影响,且在施工结束后,必须恢复原有的土地利用功能。

周围应有良好的排水系统,设置隔离栅、沉淀池。

(2)场地平整将对沿线植被及动物栖息地造成永久性的破坏;此外,表层土壤的剥离容易造成土壤结构的破坏和肥力的下降。对于剥离和开挖的土壤,应予以保存,既可用于其他地面的土地改良,也可用于沿线受破坏土地的恢复,在土壤的再利用之前,应有专门的场地用于堆置和保存。

(3)水泥、沥青、石灰、矿粉等堆置和撒落会通过改变土壤的理化性质,破坏土壤的结构以及土壤微生物的理化环境,从而降低土壤肥力。水泥、石灰、矿粉要在指定地点堆置,并且应采取密封存放的方式,控制其扬尘;存放点地面应做硬化处理,硬化处理前应剥离地表熟土,并集中保存。施工结束后,应去除硬化地面,将保存的熟土回填,并恢复初始地表植被。对于堆置点附近可能被污染的土壤应进行改良,恢复其肥力。

(4)拌和厂和预制厂向周围环境排放噪声应当符合施工场界排放标准[该阶段施工场界

噪声限值为昼间70dB(A),夜间55dB(A)]。拌和楼的声源位置较高,声级又强,一般屏障等治理措施很难达标,简易可行的办法就是远离,因此对拌和厂的选址应严格把关。拌和厂、预制厂、砂石厂及轧石厂距离学校、医院、疗养院、城乡居民区和有特殊要求的地区不宜小于300m,同时避免对环境敏感点的粉尘和噪声影响。

(5)大型拌和厂应配有除尘装置,城市区域应全封闭。砂石厂应及时洒水;砂石装卸时应尽量降低落差。施工人员应配有防尘用具,以保护工人健康。小型临时拌和场地应离敏感点大于100m,并应尽量避开下风向有人群的地段。

(6)砂石料冲洗废水悬浮物含量大,需建沉降池,悬浮物应进行沉淀后排放。部分废水澄清后可用于建筑工地洒水防尘。

(7)混凝土搅拌车应定点清洗,设置临时沉淀池对清洗水沉淀处理后方能外排。有条件者,也可采取废水回收处理后循环使用。

(8)混凝土养护可以直接用薄膜或塑料溶剂喷刷在混凝土表面,待溶液挥发后,与混凝土表面结合成一层塑料薄膜,使混凝土与空气隔离。

(9)夜间施工,强光照射会干扰植被和动物的生活节律,严重时会导致植物的死亡以及动物生理紊乱而影响其种群繁衍。在附近有保护物种的情况下,应缩短夜间施工时间,必要时,在施工区域周围设置高于光源的挡光墙。

(10)上述拌和厂及砂石厂、轧石厂距离学校、医院、疗养院、城乡居民区和有特殊要求的地区不宜小于300m,以减少它们对环境敏感点的粉尘和噪声污染。

(11)在堆土场、灰土拌和厂的周围设土工布围栏,既防止泥土、灰料等进入水体、农田,雨季又可拦截泥沙。土工布围栏的做法是,用宽65cm的土工布,每3m设置直径不小于5cm的立柱,土工布固定在立柱上,并将其以15cm压埋在地下。

五、取、弃土场对环境的影响因素及环保要点

监理工程师应做好以下几项工作:

(1)熟悉工程环境影响报告书,同时结合实地踏勘,对取、弃土场选址和范围进行识别和确认。

取土场(采石场)的选址及开挖面的选择直接关系到当地水土保持及自然景观的完整性。建设所需土石材料应采取集中料场取料,切忌随意布置小料场造成山坡遍体鳞伤,对山坡及其植被肆意破坏,既影响环境面貌,也容易产生塌方滑坡。取土场(采石场)的开挖面设置应慎重,以避免产生色差,破坏山体轮廓线,造成视觉污染。

弃土(渣)场若选址不合理,则有可能导致河道淤塞而阻碍行洪、滑坡、地基下陷,压埋植被以及损毁耕地、园地、林地、草地等土地,并破坏景观。"环评"和"水保"报告书对弃土(渣)场的选址合理性有明确的论述,应现场进行认定,并根据工程设计图纸明确弃土(渣)场的范围。弃土(渣)应在指定范围内严格按照设计技术要求进行堆置。

若采用商品石料,应在采购合同中提出对临时料场的环保要求。

取土区、弃土场禁止选用森林、草地和湿地,应按照设计或有关文件规定的界限和要求施工,绝不能任意选址或扩大范围。

(2)对于剥离的表层土,应予以保存,既可用于其他地面的土地改良,也可用于沿线受破

坏土地的恢复,在表层土的再利用之前,要求并协助施工单位设置专门的场地用于堆置和保存,并配置相应的防雨和排水设施。

(3)对可恢复的临时用地,应会同施工单位对现场初始的地形地貌、地表植被等自然特征进行客观的文字描述和完整的影像记录,建立档案,作为将来恢复的依据和参考。

(4)向施工单位就临时防护工作提出要求,重点应关注临时防护设施的选择以及实施的时间(如生态防护),并通过巡视进行日常的监督和管理。

(5)对于砂石料冲洗废水,应明确要求施工单位设置沉淀池,废水必须进行沉淀后排放。

六、碎石、机制砂加工厂对环境的影响因素及环保要点

碎石、机制砂加工厂的环境潜在影响是对土地利用和扬尘的影响,加工厂的选址可能涉及耕地、林地、草地或临近这些用地的区域。

监理工程师应做好以下几项工作:

(1)对加工厂临时借地范围要有明确的边界,具体应按照临时用地审批文件规定的内容和要求,并结合现场的实际情况划定,以便控制对临时借地外围土地的不合理占用。若对农、林等生产用地的占用无法避免,应在施工结束后,必须恢复原有的土地利用功能。对现场初始的地形地貌、地表植被等自然特征应有客观的文字描述和完整的影像记录,作为将来进行恢复的依据和参考。

(2)砂石的加工过程,会产生大量的扬尘。因此,加工厂应采取全密封措施,控制其扬尘对周围环境的不利影响。加工厂地面应做硬化处理,硬化处理前应剥离地表熟土,并集中保存。施工结束后,应去除硬化地面,将保存的熟土回填,并恢复初始地表植被。对于砂石堆置点附近可能被污染的土壤应进行改良,恢复其肥力。

(3)砂石临时堆放场也应加盖轻钢顶棚,减少风力扬尘。

(4)加工厂场地应定期清扫,做好地面洒水防尘。

(5)砂石材料运输,应用篷布遮盖严密。

(6)对于砂石料冲洗废水,应明确要求施工单位设置沉淀池,废水必须进行沉淀后排放。

七、临时码头对环境的影响因素及环保要点

临时码头包括构件出运码头、驳载码头、避风码头等,码头的建设地址选择、建设过程、使用过程都会对周边环境造成影响。临时码头潜在环境影响见表11-2。

临时码头潜在环境影响　　　　表11-2

项　目	序　号	活　动　内　容	潜　在　影　响
码头建设	1	选址	1.对海岸线的影响;2.航行路线的影响
	2	基槽挖泥	1.漏油;2.船舶油污水;3.生活垃圾;4.水污染
	3	基础施工	1.漏油;2.船舶油污水;3.生活垃圾;4.水污染
	4	混凝土浇筑施工	1.废物;2.噪声;3.水污染
码头使用	1	靠泊	1.漏油;2.船舶油污水;3.生活垃圾
	2	装运	1.洒漏;2.船舶油污染;3.生活垃圾

临时码头施工期的环境保护,重点是防止作业船舶、疏浚挖泥、混凝土施工等对水环境、生物、噪声、大气等环境因素的影响。

监理工程师应做好以下几项工作:

(1)重点关注临时码头的选址。熟悉工程环境影响报告书,结合实地踏勘,对临时码头选址及周边水生环境以及保护对象进行识别和确认,同时对临时码头的选址向施工单位提出限制性要求,并对实际的选址情况进行跟踪检查。

结合永久工程的平面布置,尽量采用先期建设的永久工程作为临时泊位,减少污染源。

临时码头选址宜临近主体工程,但应与环境敏感区保持一定的保护距离,如码头离开养殖区域宜为200m以上,同时应充分考虑船舶运输物料的线路,船舶航行线路尽量避免经过环境敏感区;港池宽度应满足船舶靠泊及调头回旋水域要求。

(2)对可恢复的临时用地,应会同施工单位对现场初始的自然特征进行客观的文字描述和完整的影像记录,建立档案,作为将来恢复的依据和参考。

(3)向施工单位就临时防护工作提出要求,重点应关注临时防护设施的选择以及实施的时间(如生态防护),并通过巡视进行日常的监督和管理。

(4)对于不可避免的河岸或海岸开挖工程,应明确并严格控制开挖界限,不得任意扩大开挖范围,将受影响的两栖动物或潮间带生物生境控制在最小范围。

(5)监理工程师应熟悉工程环境影响报告书,同时结合实地踏勘,对项目所在区域所涉及水域的保护目标和保护范围进行识别和确认,并通过文字和图件的形式明确告知施工单位,不得排入《海水水质标准》(GB 3097—1997)中所规定的一类水域;排入其他水域时,必须符合相应的水质标准,不符合时要进行水质处理,如油污水应进行隔油处理。码头上应设置生活污水、压舱水、油污水等的岸上收集处理系统,禁止船舶污水随意排放。

(6)禁止装卸有毒、有害物料;装载散料应采取防撒漏的措施,如可设置装卸溜槽。

(7)码头后方堆存货物,应根据货物的性质采取必要的措施,防止雨水冲刷流失,污染水域。

(8)设置必要的垃圾箱。

(9)关注拟建临时码头所处位置的水流、泥沙运动情况,避免在码头建成后由于水文条件的变化导致泥沙淤积,从而改变岸线,使得水下生态环境改变、恶化。必要时,应要求通过工程措施进行清淤。

八、生活、办公区及试验室对环境的影响因素及环保要点

1. 生活、办公区及工地试验室对环境的影响因素分析

生活、办公区及工地试验室对环境的影响因素见表11-3和表11-4。

生活、办公区对环境的影响因素 表11-3

序号	项目	活动内容	潜在影响
1	食堂	油锅炉	1.漏油;2.噪声;3.油烟
2		油烟机	1.油烟;2.噪声
3		排污	1.污水;2.废物
4		冰箱	有害气体

续上表

序号	项目	活动内容	潜在影响
5	办公室	办公用品废弃	废物
6		空调	1.有害气体;2.噪声;3.热风
7	宿舍	生活垃圾	1.废物;2.有害气体;3.电池
8		生活用水	污水
9		厕所	1.水污染;2.土壤污染
10	停车场	车辆	1.有害气体;2.污水;3.噪声
11	供电设施	发电机	1.噪声;2.燃油废气

工地试验室对环境的影响因素 表11-4

序号	活动内容	潜在影响
1	沥青加热;沥青蜡含量试验;乳化沥青蒸发残留物含量试验	1.蒸发气体排放;2.废沥青;3.废液体外加剂;4.石油醚等化学物
2	沥青混合料沥青抽提;沥青闪点试验;沥青混合料车辙试件成型	1.三氯乙烯;2.松节油挥发;3.煤气;4.蒸发气体;5.沥青气体;6.废弃物
3	化学危险药品	1.强酸强碱腐蚀;2.易燃;3.化学废液;4.遗失
4	材料抗压试验;材料抗拉试验;材料混合料击实	1.压力机排放噪声;2.电动油示产生噪声;3.击实仪产生噪声
5	水泥混凝土试件制作;水泥试件制作;试件养护;试样切割	1.振动台产生噪声;2.智能养护室控制仪产生噪声;3.切割机产生噪声;4.废弃物;5.粉尘;6.废水
6	混凝土取芯	1.取芯机产生噪声;2.废弃物
7	集料筛分;集料磨耗试验;沥青混合料飞散试验	1.摇筛机产生噪声;2.磨耗机产生噪声;3.废弃物;4.集料粉尘
8	集料磨光值试验	1.加速磨光机产生噪声;2.废弃物
9	密度试验	放射源

2.妥善处理生活垃圾

监理工程师应明确要求在每个施工营地设置垃圾箱和垃圾临时堆放点,并有专人负责清理并集中处理垃圾。

生活垃圾堆放点应选择30m范围内无生活用水和渔用水体的废弃沟凹或废弃干塘。堆放点应无直通沟道与邻地相通。不得向垃圾点内排放生活污水。垃圾箱和垃圾临时堆放点地面应做硬化处理,周边应保持清洁,并做到每日清运。

生活垃圾应按可回收垃圾、厨余垃圾和有害垃圾分类收集,电池必须由相关单位回收处理。对于生活垃圾的处置,可与当地环卫部门联系,纳入当地生活垃圾收集处理系统;在偏远地区,可考虑就近填埋,一般情况下,应将营地内的生活垃圾集中收集后,运至附近的弃渣场填埋;若所在地区生态环境敏感,则应将垃圾运离敏感区域后再行处置。

为防止生活垃圾的二次污染,垃圾箱和垃圾运输车均应采用封闭式。

对于上述要求的落实情况,监理工程师应在日常巡视中予以监督。

3. 修建临时性污水处理设施

为收集与处理由临时驻地的住房、办公室、其他建筑物和流动性设施排放的污水,应要求施工单位在合适的地点修建容量适当的临时污水处理池,并建有化粪池或其他能满足要求的系统,同时予以管理、维护。

监理工程师应熟悉工程环境影响报告书,同时结合实地踏勘,对项目所在区域所涉及水域的保护目标和保护范围进行识别和确认,并通过文字和图件的形式明确告知施工单位,污水不得排入《地表水环境质量标准》(GB 3838—2002)中所规定的Ⅰ、Ⅱ类水域;排入其他水域时,必须符合相应的水质标准,不符合时要进行水质处理,如油污水应进行隔油处理。

在明确上述要求后,监理工程师应在日常巡视中予以监督。

4. 噪声控制

生活区对环境影响最大的噪声源是备用的柴油发电机,应放置在室内,加强门窗隔声,并在进风口、出风口安装消声器。试验室各种机械设备如切割机、取芯机、磨光机等噪声源产生的噪声也会对周边环境产生明显的影响,也应采取隔声、消声、减振等措施。监理工程师应做好以下几项工作:

在空间允许的条件下,应将生活、办公及试验区设置在离开噪声敏感点区域,如居民点、学校等200m以外的区域。

监理工程师应对各生活、办公及试验区内的主要噪声源进行管理,建立档案,并提出隔声、消声、减振等降噪措施,进而监督执行效果。

较大的通风管道安装消声器或采取管壁阻尼减振;管道穿墙(或支撑)处应采用避振喉(或避振吊钩)。

在日常巡视过程中,监理工程师应配置噪声仪,在场界四周进行即时监测,噪声标准参照昼间70dB(A),夜间55dB(A)执行。

5. 厨房油烟处理

厨房应设置排风系统。如果厨房附近有居民,应采取以下措施:较大的通风管道安装消声器或采取管壁阻尼减振;管道穿墙(或支撑)处应采用避振喉(或避振吊钩);加装油烟净化器净化油烟,并以高于周围建筑的高度排放;油烟净化器应安装在室内。

复习思考题

1. 施工准备阶段环保监理应关注的重点和一般性要求有哪些方面?
2. 施工临时用地对环境的影响因素及环保要点有哪些?
3. 临时施工道路对环境的影响因素及环保要点有哪些?
4. 临时材料堆放场对环境的影响因素及环保要点有哪些?
5. 拌和厂和预制厂对环境的影响因素及环保要点有哪些?

6. 取、弃土场对环境的影响因素及环保要点有哪些?
7. 临时码头对环境的影响因素及环保要点有哪些?
8. 碎石、机制砂加工厂对环境的影响因素及环保要点有哪些?
9. 生活、办公区及试验室对环境的影响因素及环保要点有哪些?

第十二章 交通建设工程施工阶段环境保护监理

【本章提要】 本章对公路路基工程、路面工程、桥涵工程、隧道工程,水运工程的港口航道工程以及其他工程的环境保护要点和环保监理要点作了介绍,内容包括环境保护应采取的工程措施。其中,路基工程、桥涵工程、隧道工程、港口航道工程的环境保护要点是本章论述的重点。针对这些环保要点,各节最后都列出了环境保护监理应关注的重点内容以及应采取的监理措施。

第一节 路基工程

一、路基工程环境保护要点

路基施工应做好临时排水,并与永久性排水系统相结合,避免积水及冲刷边坡,取土场和弃土场应采取有效的水土保持措施,施工中产生的振动、噪声、扬尘应减小到最低限度。

1. 地表清理及结构物拆除环保要点

路基施工中表层土保护是一个重点环境保护问题,表层土流失除了引起水土流失外,也可能引发一系列生态平衡失调,如植被丢失、景观破坏等。地表清理将对沿线植被及动物栖息地产生永久性的损害;易造成土壤结构的破坏和肥力的下降。地表清理及结构物拆除施工潜在环境影响见表12-1。

地表清理及结构物拆除施工潜在环境影响　　表12-1

序 号	活 动 内 容	潜 在 影 响
1	清除草丛、树木等植被	1.生态破坏;2.水土流失
2	清淤	水土流失
3	结构物拆除	1.扬尘;2.噪声;3.景观损害
4	场地内积水处理	1.水污染;2.病媒传播
5	废弃物处理	1.废弃物流失;2.病媒传播

(1)在清除表层淤泥、杂草前,应明确清理对象和范围,不应当仅仅考虑方便施工而任意破坏沿线两侧的植被。对于古树名木等有保存价值的植物,应事先联系当地林业部门,采取移植等异地保护的方法加以保护。树根挖除深度以正好挖出为宜。清除物中的树木、农作物、杂草,除部分可作为肥料外,应尽快运至经审批的水土保持方案所确定的弃土(渣)场,不得随意

丢弃。对于挖出的表土,应在施工区域附近选择地形平坦的地点集中堆置,将来可用于沿线绿化和地表恢复。堆置期间应有防雨设施覆盖,并设置相应的排水系统,以防止雨水冲刷和水土流失。不用于原地面恢复的,可直接覆盖至可供耕作的其他地面。

(2)路基用地范围内的旧构造物、旧路面和其他障碍物的拆除,若周围30m范围内有居民点的,在拆除时,宜整体大部件吊装移除,以减少粉尘排放,并且在拆除前应对被拆体充分洒水,保持湿润并对正常排水作出妥善安排。拆除的废弃物应及时清运,以防造成二次污染。

(3)注意特殊对象的保护。

①热带植被。热带地区植被群落类型繁多,生态系统结构复杂。即使是少量植物的清除,也会导致局部生物多样性受损。因此在热带森林,应充分考虑生物多样性的保护问题,对于施工区域内可保留的植被均应加以保护。由于热带地区雨量充沛,雨水对受干扰土壤的冲刷剧烈,因此,施工中应尽量减少对施工区域以外土壤的扰动。

②地被层的保护。热带或亚热带森林的多层特点,包括由凋落物所形成的地被层,不但保证了生物多样性存在的环境,而且对水土保持与土壤的发育有很大作用,因此,在清理林下的植物或凋落物时,宜将清理物收集后重新散置于周边森林中。

③干旱河谷。四川和云南的西部,沿大江两岸的谷地,有许多地方当地称之为"干热坝子",一般统称为"干旱河谷",相比两侧山坡,河谷内气温较高,降雨量较少,河谷中主要的植被是灌丛或草本或混生稀疏乔木,地表凋落物少,分解快,土壤腐质层发育差,保水性能弱;除阶地、台地外,山地一般比较陡峭,物质移动快,只需进行如开垦等的干扰,其稳定性即遭破坏,千百年来形成的土壤表土层即毁于一旦。因此,在该类型区域,对表土的保护尤为重要。应将开挖的表土尽快置于周边并做防护;对于开挖边界的土壤暴露面,应及时进行植被绿化恢复。由于降水量不足,植被恢复措施以种植灌草为主,而不宜在原来不能生长森林的地方植树造林。

④风眼和沙尘暴源。西北干旱区暖温带是我国的干旱中心,大部分地区年降水量在60mm以下,植被稀疏,地表物质疏松,沙源丰富,该地带大风日数很多,主要发生在春季。当地天然植被的人为破坏是导致生态环境恶化的主要原因,植被遭受破坏后,常形成许多"风眼"(起沙突破口)引起风沙再起,导致土地沙漠化面积扩大。

沙尘暴是西北干旱区自古就有的主要气候灾害之一,故在地表清理过程中,要充分重视避免引发土壤沙化,注意尽可能减少对干旱区植被的破坏,以减少沙源。

⑤青藏高原。青藏高原的森林主要集中分布于高原温带湿润地带,青藏高原的东部和南部,东起川西高原即横断山区的中北部,向西南延伸到喜马拉雅山区。森林上界限变动于海拔4100～4300m,林线附近的森林遭到破坏后更新困难,往往被灌丛草甸所替代,在云、冷杉林分布区这一现象很普遍,森林的保护与更新任务在该地带十分艰巨。

青藏高原草地资源分布几乎覆盖整个高原的腹地及其西北部。分布面积最广的是高寒草甸,其次是高寒草原和高原荒漠类草地。青藏高原草地稀疏,覆盖度一般较低,产草量低,一旦草场遭到破坏就极难恢复。

由于恢复困难,地表受干扰后发生的退化将是永久性的,因此,应严格控制地表清理面积,将干扰控制在最低程度始终是这一区域作业的首要原则。

2.路基开挖环保要点

路基开挖对沿线植被及动物栖息地将造成永久性的破坏;此外,土壤的剥离与开挖容易造成土壤结构的破坏和肥力的下降。路基开挖施工潜在环境影响见表12-2。

路基开挖施工潜在环境影响　　　　表12-2

序　号	活 动 内 容	潜 在 影 响
1	土石方开挖	1.生态破坏;2.水土流失;3.噪声;4.扬尘;5.景观损害
2	挖掘机、装载机等作业	1.噪声;2.漏油;3.扬尘;4.有害气体
3	土石方运输	1.沿路洒落;2.随意丢弃
4	运输车辆	1.噪声;2.尾气;3.扬尘

（1）土石方开挖。

①应将土石方开挖范围严格控制在施工红线范围内,不应仅考虑方便施工而任意破坏施工红线范围之外的植被和土壤。注意对图纸未示出的地下管道、光缆、文物古迹和其他结构物的保护。

②路基开挖,应有相应的土石方调配方案,开挖出的土石方要尽可能加以利用。

③开挖应自上而下进行,不得乱挖和超挖,若发现实际情况与设计勘探的地质资料不符,特别是土质较设计松散时,应修改施工方案或要求,变更挖方边坡设计,以保证坡面稳定。施工过程中如果修建平台后边坡仍然不能稳定或大雨后可能坍塌时,应考虑修建石砌护坡,在边坡上植草皮或砌筑挡土墙。在雨水充沛地区,应及时设置排水沟及截水沟,避免产生边坡崩塌、滑坡。

④对于施工取土,需做到边开采、边平整、边绿化,同时要做到计划取土,及时还耕。对于公路两侧取土,要做好规划,应有利于荒地改造。南方地区可与修建养鱼(虾)池有计划地结合起来,并与路基保持一定的距离,杜绝随意取土,禁止在河渠、沟堤取土。

⑤挖、填方工程量过大的路段应避免雨季施工,尽可能安排在11月~次年4月期间,避免雨季施工带来的严重水土流失。如不能避开雨季施工,应尽量减小施工面坡度,并做到填料的随取、随运、随铺、随压,以减少雨水冲刷侵蚀。

⑥开挖回填时应做好临时排水系统,雨季来临前应将开挖回填和弃方边坡处理完毕。

⑦在有雨水地面径流汇集处、临时土堆周围,以及其他容易产生水土流失的地段开挖路基时,应设置沉淀池,其作用是雨水流经时流速减慢使泥沙下沉,防止水土流失。沉淀池沿路线长度视需要设置,沉淀池可用挖掘机在路基旁开挖出深0.5~1m、面积20~30m^2大小的凹地,并在沉淀池的出水一侧设置土工布围栏,使泥沙再次受到拦截。当路基建成、排水涵管铺设完毕后,推平沉淀池。

（2）弃方处置。

①在施工组织设计中应明确弃方的数量、调运方案、弃方位置及堆方形式、坡脚加固处理、排水系统的布置等相关安排。弃土堆应堆置整齐、稳定,排水通畅,避免对周围的建筑物、排水设施及其他任何设施产生干扰和破坏,避免造成环境污染。

②开挖中挖出的未被利用的剩余材料、清理场地的杂物和废料,以及不适合做路堤填料的材料,不得任意废弃,都应运送至设计图纸所示的地点(弃渣场)堆放。沿溪及沿山坡和设计图纸规定不能横向弃置废方的开挖路段,必须严格在指定的弃渣场弃方。

③弃方运输过程中应加以覆盖,并严格按照指定路线行驶,将因运输造成的沿线土壤干扰

和植被损失控制在最低程度。运输路线经过住宅区、学校等敏感点时,应注意调整作业时间,避免交通噪声干扰人民生活。

④改河、改渠、改道开挖出的土石方除可利用外,应按弃方妥善处理。

(3)爆破施工。

①凡不能采用机械或人工直接开挖的石方,才可采用爆破法开挖。如施工场地附近有村庄时,应尽可能以机械开挖代替爆破,夜间禁止开山爆破。

②石方爆破作业应查明空中缆线、地下管线的位置,确定爆破作业的危险区域,并采取有效措施防止人、畜、建筑物和其他公共设施受到危害和损失。在危险区的边界应设置明显的标志,建立警戒线,显示爆破时间的警戒信号,在危险的入口或附近应设置标志,并派人看守,严禁人员在爆破时进入危险区。

③施工时可采用"先试后爆"的施工方案,安排一至两次试爆,根据现场爆破影响试验实际监测结果观察,来决定是否减少最大起爆药量。

④在风景名胜等受保护区域附近进行爆破作业时,应预先进行爆破效果分析,包括飞石、地震波的影响范围,采取减震等保护措施,以免破坏保护对象。即使采用减弱松动爆破都无法保证安全时,可采用人工开凿、化学爆破或控制爆破。

敏感点及文物保护单位附近禁止开山放炮,确需放炮作业的,应先检查被保护建筑是否属于危房,适当加固,并加以阻挡和防护,防止飞石,并减小震动对建筑物的影响。

⑤应特别注意避免对特殊地貌景观的破坏,以及避免引发泥石流等地质灾害。石方开挖,应充分重视挖方边坡稳定。在地形、地质、开挖断面适合时,应采取预裂、光面爆破技术开挖边坡,以减少对山体的扰动,保持边坡稳定。石方爆破作业应以小型及松动爆破为主,减小爆破震动影响。路堑开挖前先挖截水沟,挖至高程后及时砌筑护坡、排水沟、急流槽等设施,并保证工程质量,防止坡面崩塌造成的不必要的水土流失。

⑥在山地或森林等野生动物分布较集中的区域,爆破前宜采用人工手段对爆破区内可能存在的野生动物进行驱赶,避免其因爆破造成意外死亡。

⑦爆破施工宜采取以下措施控制噪声和粉尘污染:不用导爆索起爆网路,在地表空间不应有裸露导爆索;不用裸露爆破;严格控制单位耗药量、单孔药量和一次起爆药量;实施毫秒爆破;保证填塞质量和长度;加强覆盖。爆破噪声为间歇性脉冲噪声,在城镇区域爆破中每一个脉冲噪声应控制在120dB(A)以下。复杂环境条件下,噪声控制由安全评估确定。

(4)边坡修整。

①边坡开挖后出露的块石及植物根系应尽量予以保留,以减少开挖面土壤的散落,开挖面的坡度应严格按照设计图纸设置,以免造成坍塌或加剧水土流失。

②合理安排各工序的施工时间和程序,分段施工,尽量减少工作面。在土方工程完成后,应立即开始护坡、挡土墙、路基边坡植草、铺砌排水沟等工程。完成一段后再进行下一段施工。

③及时开始边坡的护坡工程和绿化植草,工程措施和生物措施相结合。这种综合治理的方法,可以有效地防止路堑边坡滑塌造成的水土流失,并有利于按照设计和规范要求控制好坡度。

④拟设挡土墙的路堑,为及时防护,可采取纵向分段挖掘法,以便同时分段修筑挡土墙。

⑤拟设防护工程的边坡,当防护工程不能紧跟开挖施工时,应暂时留下一定厚度的保护层

或放缓坡度,待防护工程施工时再刷坡挖足。

⑥雨水充沛地区,应及时设置排水沟及截水沟,避免边坡产生崩塌、滑坡。

(5)噪声控制。

该阶段施工场界噪声限值为昼间75dB(A),夜间55dB(A)。为保护施工现场附近居民的夜间休息,对居民区150m以内的施工现场,施工时间应加以限制。

3.路基填筑环保要点

路基填筑应采取有效的环保措施,防止水土流失、边坡冲刷,确保路基稳定。施工机械引起的振动、噪声、扬尘,应符合国家规定的相关要求,在学校、疗养院、居住区等敏感点附近,夜间应停止作业,若确需连续作业,应报环保部门批准,并公告居民。表12-3所示为路基填筑施工潜在环境影响。

路基填筑施工潜在环境影响　　　　表12-3

序　号	活动内容	潜在影响
1	借方作业	1.噪声;2.漏油;3.扬尘;4.有害气体
2	土石方运输	1.沿路撒落;2.随意丢弃
3	运输车辆	1.噪声;2.尾气;3.扬尘
4	压路机、夯实机械等	1.噪声;2.漏油;3.有害气体
5	履带式设备行驶	道路和场地破坏
6	施工设备、车辆等维修保养	1.机油洒弃;2.零配件丢弃;3.包装物丢弃
7	土工格栅等铺设	边料丢弃

(1)保持通行道路湿度,避免扬尘污染周边空气环境。应严防施工机械跑、滴、漏油,以避免对土壤和水环境污染。运料车辆应加盖篷布,按照指定路线行驶,在已建成通行的道路上行驶,应保持原有道路整洁畅通。

(2)填方工程量大的路段应避开雨季施工,以免雨季施工带来严重水土流失。在雨季来临之前,应将开挖回填土方的边坡排水设施处理好,并防止路基施工中发生污染农田事件。如不能避开雨季施工,应尽量减小施工面坡度,并做到施工用料的随取、随运、随铺、随压,以减少雨水冲刷侵蚀。

(3)雨季施工时,应及时掌握气象预报资料,以便按降雨时间和特点实施雨前填铺的松土压实等防护措施,减少水土流失。路堤填土后应立即平整顶面并碾压密实,保证适当的排水横坡,下边坡防护前应挖设临时急流槽并用塑料布铺底,雨季时用沙袋或草席压住坡面进行暂时防护,防止护坡面的水土流失。

(4)山区公路路基施工要先做初步挡护再进行开挖或填土,防止土石进入河流或谷地影响水质和泄洪,路基挖填工序结束后再重新按设计要求修建挡墙。

(5)借方土料场使用前,应将表土剥离并集中堆置,配以防雨排水设施(同挖方的表土处置)。

(6)填筑路基时,应分层碾压并分层检查压实度,要求填土层压实度达到要求后方能填筑上一层填土。只有分层控制填土的压实度,才能有效控制水土流失量。对填石路段,采用冲击式压实机械时,还应防止强烈振动对周边结构物产生危害。

(7)粉煤灰路堤施工中,粉煤灰的运输和堆放应呈潮湿状态,运输车辆周边密闭,顶面加盖,以防粉煤灰沿路飞扬散落而污染环境。同时,在施工路堤两侧应有良好的排水设施和防雨水冲刷的措施,以防粉煤灰污染附近水源和农田等。半填半挖交界处或采用加筋挡墙的地段,采用土工合成材料加筋时,边角料应回收,不得随意丢弃。

(8)对成型的施工路段应适时洒水,减轻扬尘污染。临时坡面应做好急流槽,暴露面应及时压实、及时洒水,以控制扬尘污染。

(9)施工运输路线经过住宅区、学校等环境敏感点时,注意调整作业时间,避免交通噪声干扰人民生活。

(10)该阶段施工场界噪声限值为昼间75dB(A),夜间55dB(A)。

4.特殊路基处理环保要点

(1)沼泽、软土地区路基。

公路线路通过湿地沼泽,应尽量采取架桥通过,若不得不采用填筑路基,则将占用部分湿地,对湿地沼泽生态系统会产生一定程度的影响,并引起湿地资源的损失。因此,湿地沼泽区施工环保的重点是保持湿地沼泽水系的畅通,避免因公路施工造成水系阻断,保证湿地生境连通和完整。

软土地区路堤填筑前,应首先排除地表水,保持基底干燥,用水稳性良好的透水性材料回填,再进行软基处理。

①软基处理场地平整和软土浅层处治挖出的表层淤泥应运至指定弃土场,不得随意弃置。

②排除软基范围内的积水时,应开挖临时沟渠,将积水引入附近沟渠排出,但要避免污染附近水源。

③采用粉煤灰作为轻质填料填筑路基时,粉煤灰应密封存放,在附近挖设疏水沟渠,防止雨水冲刷,引起物料流失。粉煤灰运输应用篷布覆盖,防止沿路撒落。

④沉管粒料桩、薄壁混凝土管桩、强夯法施工时会产生较大的噪声与地基振动,在学校、疗养院、居民区等环境敏感点附近施工,夜间应停止作业,若需连续作业,应报环保部门批准,并公告居民。

⑤运输堆载材料时应防止砂土沿路撒落。

⑥软基施工过程中应及时清理现场剩余材料,做到施工中无污染,施工后无污染。随着施工的结束,工完料清、场清。软基处理施工对环境的影响见表12-4。

软基处理施工对环境的影响 表12-4

序 号	活动内容		潜 在 影 响
1	砂砾垫层		1.生态破坏;2.水土流失
2	软土浅层处治		1.生态破坏;2.水土流失
3	轻质路堤和加筋路堤		1.扬尘;2.边料丢弃
4	反压护道		1.生态破坏;2.水土流失
5	预压	超载预压和等载预压	1.生态破坏;2.水土流失
		真空预压	1.生态破坏;2.噪声;3.边料丢弃

续上表

序号	活动内容		潜在影响
6	竖向排水体	砂井	1.生态破坏;2.噪声;3.沿途撒落
		袋装砂井	1.扬尘;2.噪声
		塑料排水板	1.噪声;2.边料丢弃
7	粒料桩		1.扬尘;2.噪声;3.振动
8	加固土桩		1.扬尘;2.噪声;3.水泥浆污染水体
9	强夯法		1.噪声;2.振动
10	薄壁混凝土管桩		1.噪声;2.振动;3.漏油

(2)滑坡地段路基。

滑坡是指在一定的地形地质条件下,由于各种自然的和人为的因素影响,山坡的不稳定土(岩)体在重力作用下,沿着一定软弱面产生整体的、缓慢的、间歇性的滑动变形现象。滑坡是山区公路的主要病害之一,对山区公路建设和交通设施危害很大,勘察工作繁重,防治工作艰巨。对大型滑坡应尽量绕避,当路线绕避困难,或经济上显著不合理而又必须通过滑坡时,应根据滑坡规模的大小,选择具体方案,采取综合治理措施,力求根治滑坡。

①滑坡体未处治之前,禁止在滑坡体上增加荷载(如停放机械、堆放材料、弃土等)。应加强对滑坡区内其他工程和设施的保护,滑坡区内有河流时,施工不得使河流改道或压缩河道。

②滑坡直接影响到公路路基稳定时,不论采用何种方法处理,都必须做好地表水及地下水的处理。路基施工前应做好截、排水设施,并应边开挖边铺砌。施工用水不得浸入滑坡地段。

③对于挖方路基上边坡发生的滑坡,必须在滑动面以外修筑1~2条环形截水沟,最近的一条必须离滑动裂缝面至少5m以外,以截断流向滑动面的水流。滑坡上面出现裂缝,需填土进行夯实,避免地表水继续渗入;或结合地形,修建树枝形及相互平行的渗水沟与支撑渗沟,将地表水及渗水迅速排走。

④对于滑坡体下部的地下水,应打设排水洞予以截断或排出。

⑤当挖方路基上边坡发生的滑坡不大时,可采用刷方(台阶)减重、打桩或修建挡土墙进行处理,以达到路基边坡稳定;同时,宜修筑排水沟、暗沟(或渗沟),排出地下水。滑坡较大时,可采取修建挡土墙、钢筋混凝土锚固桩或预拉应力锚索等方法处理时,不论采用何种方法处理,其基础都必须置于滑动面以下的硬岩层上或达到设计要求的深度。同时,宜修筑深渗沟、排水涵洞(管)或集水井等,排除地下水,或修建地下截水墙截断地下水。

⑥防止填方路堤发生滑坡,可采用反压土方或修建挡土墙等方法处理。当滑坡较大时,或采用反压土方或修建挡土墙、钢筋混凝土锚固桩、预拉应力锚索等方法处理时,修建构造物的基础必须置于滑动面以下的硬岩层上或达到设计要求的深度。

⑦防止沿河路基发生滑坡,可修建河流调治构造物(如堤坝、丁坝、稳定河床等)、挡土墙等方法处理,其构造物的基础必须置于河流冲刷线以下设计要求的深度或硬岩上。

⑧滑坡表面处治可采用整平夯实山坡、填实积水坑、堵塞裂隙或进行山坡绿化。

(3)崩塌与岩堆地段路基。

崩塌一般是指岩崩与坍塌的总称。在陡峻山岭地区修筑公路,由于地质历史与地质背景的不同,以及当地地形、气候、岩性、地层构造的特点,地震作用和人为因素的影响,山体上常遇到不同程度的崩塌现象,崩塌对路基稳定的危害是不容忽视的。在公路勘察中应对崩塌作出预测和稳定评价,以采取有效的防治措施。

岩堆则是指陡峻山坡上,岩体崩塌物质经重力搬运,在山坡坡脚或平缓山坡上堆积的松散堆积体。在岩堆地段修筑路基,必须采取以下有效的环保防治措施:

①路基通过岩石容易崩塌地区,不论采用何种方法处治,都必须排除崩塌地段对路基造成损坏的潜在威胁或隐患;同时,必须采取预防岩石塌落的安全措施,以保障施工中的安全。

②岩堆上部的挖方地段,如有塌落危险的危岩,用一般防护工程不能防止塌落时,应采用清除的办法处理(清除过程中,应做好安全防护措施,保障安全施工),或采用修筑防止落石工程[如岩石加固(或锚固)工程],如落石防护棚、防护栅等进行防护。

③设置封面或护面墙以阻止岩石表面风化发展,防治零星碎落。

④清除山坡或边坡坡面崩落的岩块,并放缓边坡。

⑤在基岩破碎严重、落石经常发生的路段,采用拦石墙与落石槽等拦截构造物。

⑥对在边坡上局部悬空的岩石,可视地形和岩层情况采用钢筋混凝土立柱或水泥砂浆片石支顶。

⑦当边坡为软、硬岩层相间的地层,软岩部分风化严重形成凹壁时,可采用内部干砌片石,表面水泥砂浆砌片石嵌补。

⑧对有软弱结构面而易引起崩塌的高边坡,可采用锚杆喷射混凝土护坡,防止软弱结构面的张开和扩大。

⑨崩塌量大、发生频繁而设置拦截构造物有困难时,可采用明洞、棚洞等遮挡构造物。

⑩岩堆地段的路基处理宜旱季施工,并符合设计和施工规范要求。岩堆地段的施工,应先做好临时排水系统。对于地表水应予拦截引离,防止渗透;对于地下水应采取渗沟、盲洞及平孔等排水措施。禁止在岩堆处盲目加载或减载,影响或破坏岩堆的稳定性。

(4)泥石流地区路基。

泥石流多发生在山区,路线通过泥石流沟时,应对地貌特征、泥石流的规模、危害程度、流体性质、物质组成、发展趋势等沿线进行实地调查,掌握泥石流的具体情况,以确定适合的防治措施。对于穿过泥石流沟的路基应采取以下环保防治措施:

①采用桥梁、涵洞、过水路面、隧道、渡槽穿越泥石流沟。

②在桥涵进出口段设置排导沟,以减缓泥石流对路基的冲击。

③在泥石流沟内设置拦挡坝,防止泥石流沟床下切、山坡滑塌和挟带的冲积物危害路基。拦挡坝可用片石、混凝土、石笼、土等材料砌筑。坝顶应采用平顶式,当两端岸坡有冲刷可能时,应采用凹形。

④对于流石较小、大石块含量少的小型泥石流沟可设置格栅坝拦截。格栅坝可用钢轨、钢绳、粗钢筋或钢筋混凝土构件筑成。

⑤在泥石流范围内可采用水土保持或其他稳定山坡的措施。水土保持可与当地规划相结合,广泛植树造林、封山育林、平整山坡、修筑梯田、合理放牧,并视具体情况修建地表排水设

施,使泥石流病害得到逐步治理。

(5)岩溶地区路基。

石灰岩等可溶性岩层,在流水的长期溶解和剥蚀作用下,产生特殊的地貌形态和水文地质现象,统称为岩溶。岩溶对路基的危害,一般为溶洞顶板坍塌引起的路基下沉和破坏;岩溶地面坍塌对路基稳定性的破坏;反复泉与间歇泉浸泡路基基底,引起路基沉陷、坍塌或冒浆;突然性的地下涌水冲毁路基等。环保防治措施包括以下几方面:

①路基基底的岩溶泉或冒水,不论用何种方法排出,均应保证路床范围的土石方不受浸润;当修建高级或次高级路面时,应保证不因温差作用而使水汽上升后聚集在路面基层下。

②应先疏导、引、排对路基稳定有影响的岩溶水、地表水。路基上方岩溶泉或冒水,可采用排水沟将水引离路基,不宜堵塞;对路基基底的岩溶泉或冒水,宜设涵洞(管)将水排除;流量较大的暗洞及消水洞,可采用桥涵跨越通过。

③路堑边坡上的干溶洞可用片石堵塞,洞口用干砌片石铺砌,砂浆勾缝或浆砌片石封闭。对位于路基基底或挡土墙基底的干溶洞,当洞口不大,深度较浅时,宜予回填夯实;当洞口较宽及深度较大时,可采用桥涵跨越;当干溶洞顶板太薄或岩层较破碎时,可炸除后回填,或设桥涵跨越。

④为防止溶洞的沉陷或坍塌,以及处理岩溶水引起的病害,可视溶洞的具体情况分别采用洞内加固(如桩基加固、衬砌加固)、盖板加固、封闭加固(如锚喷加固)等方法。

⑤查明影响路基稳定的人工坑洞(如煤洞、古墓、枯井、掏砂坑、防空洞等),可参照岩溶处治方法进行处理。

(6)多年冻土地区路基。

凡是土温等于或低于0℃,且含有冰的土(石)称为冻土,这种状态保持三年及三年以上者称为多年冻土。多年冻土按其状态分为:坚硬冻土、塑性冻土、松散冻土。

路线通过多年冻土地区,路基应尽量采用路堤形式,其最小填土高度应满足防止翻浆和冻胀的要求,在采取保护多年冻土和限制多年冻土融化深度地段,还应满足防止热融沉陷及控制热融沉陷的要求。路基的排水设施应尽量远离路基坡脚,防止水流及其渗流影响冻土上限的变化。路基填料应选用保温隔热性能较好的土,以保证路基的强度和稳定性。

①施工必须严格遵循保护冻土的原则,使路基施工后仍处于热学稳定状态。路基原则上均应采取路堤形式,尤其在厚冰发育地段,应尽可能避免零填或浅挖断面,以免造成严重热融沉陷等病害,弱融沉或不融沉的多年冻土地区,路基施工可按融化原则进行。

②排水与加固:除了要满足水力和土力条件外,还应考虑由于施工因素如排水系统修筑等引起的热力变化,不至于导致多年冻层上限的下降。

③排水:当路基位于永久冻土的富冰冻土、饱冰冻土或含土冰层地段时,必须保持路基及周围的冻土处于冻结状态,排水系统与路基坡脚应保持足够距离;高含冰量冻土集中路段,严禁坡脚滞水、路侧积水。

④处理:填方基底为含冰过多的细粒土,且地下冰层不厚时,可挖除并用渗水性土回填压实,再填路基。当基底为排水困难的低洼沼泽地段时,其底部应设置毛细水隔离层,其厚度宜在路堤沉落后至少高出水面0.5m,并在其上铺设反滤层;泥沼地段路堤基底生长塔头草时,可利用其做隔温层。

⑤取土:宜设置集中取土场,富冰冻土、饱冰冻土及含土冰层路段,确需就近解决部分土源时,应在路基坡脚10m以外取土;斜坡地表路堤取土坑应设在上坡一侧。取土坑深度均不得超过当地多年冻土上限以上土层厚度的80%,坑底应有坡度,积水应有出口。取土坑的外露面宜种(移)植草皮或砾石覆盖。

⑥填料:应选用保温隔水性能均较好的细粒土。采用黏性土或透水性不良的土填筑路堤时,要控制土的湿度,碾压时含水率不能超过最佳含水率的±2%。不得用冻土块或草皮层及沼泽地含草根的湿土填筑路基。通过热融湖塘路堤,水下部分必须用渗水良好的土填筑,并应高出最高水位0.5m。

⑦侧向保护:靠近基底部位有饱冰冻土层且可能融化时,宜设保温护道和护脚。保温材料宜就地取材。用草皮时,草根应向上一层一层叠铺,最外一层应带泥,以便拍实形成保护层;沿线两侧植被和原生地貌应严加保护。

⑧路基处于其他不良地质地段时,应按下列规定施工:

冰锥、冰丘地段采用冻结、拦截、截水墙、保温渗沟排水等方法处理;热融湖(塘)地段的路堤水下部分应用渗水性土;松软基底两侧宜设反压护道;沼泽冻土地段路堤下部应设置隔离层和隔温层,并保护好两侧地表植被;水鼓丘较重路段,可在上游主流处设地下渗沟。

(7)黄土地区路基。

黄土是一种以粉粒为主,多孔隙、天然含水率小、呈黄红色、含钙质的黏质土。天然黄土一般具有垂直节理,黄土陡壁多呈直立的特性,因此黄土路基挖方边坡常设计成陡坡。黄土在天然状态下具有多孔性和湿陷性,对地基应进行灌水预先浸湿以及对基底重型压实、强夯、挤密灰土桩等方法进行处理。对于路基的排水与防护工程,其设计要点是:以防冲、防渗、有利于水土保持为目的,早接远送为措施,处理好进出水口是关键,否则会引起土体滑塌、坡面产生冲沟。

①施工期间,应在两侧或一侧(超高段)设临时阻水、拦水设施,以防雨水冲毁路堤边坡。路堤填至设计高程后,应根据设计及时修筑外侧边缘的拦水沟、截水沟和急流槽,将水引至坡脚以外。对高度大于20m的路堤,应预留竣工后路堤自重压密固结产生的压缩沉降量。

②土路堤施工时,应做好填挖界面的结合(纵向),清除坡面杂草,挖好向内倾斜的台阶。如结合面陡立,无法挖成台阶时,可采用土工钉加强结合。黄土路堤的边坡应刷顺,整平拍实,并应及时予以防护,防止地表水冲刷。

③黄土地区应特别注意路基排水,对地表水应采取拦截、分散、防冲、防渗、早接远送的原则,根据设计及时做好综合排水设施,将水迅速引离路基。在填挖交界处引出边沟水时,应做好出水口的加固。

④若基底为非湿陷性黄土,且无地下水活动时,可按一般黏性土地基进行基底处理,同时做好两侧的施工排水、防水措施。

⑤若地基为湿陷性黄土,应采取拦截、排除地表水的措施,防止地表水下渗,减少地基地层湿陷性下沉。

⑥若地基土层具有强湿陷性或较高的压缩性,且容许承载力低于路堤自重压力时,应考虑地基在路堤自重和活载作用下所产生的压缩下沉。除采取防止地表水下渗的措施外,可考虑采用重锤夯实,石灰桩挤密加固,换填土等措施。

⑦湿陷性黄土路基的地下排水管道与地面排水设施,应根据设计进行加固和采取防渗措施。

⑧黄土陷穴应进行处理。处理时,首先要查清陷穴的供给来源、水量、发展方向及对路基可能造成的危害。黄土陷穴的处理方法和适用条件如下:回填夯实,用于明穴;明挖回填夯实,用于埋藏浅的暗穴;支撑回填夯实,用于埋藏较深的暗穴;灌砂,用于小而直的暗穴;灌泥浆,用于大而深的暗穴。

⑨处理好的陷穴,均应用一定厚度的石灰土(石灰与土比例为3:7)填筑夯实或铺填老黄土等不透水材料加以改善,并将流向陷穴的附近地面水引离,防止形成地表积水或水流集中产生冲刷。

(8)膨胀土地区路基。

膨胀土系指土中含有较多的黏粒及亲水性较强的蒙脱石或伊利石等黏土矿物成分,它具有遇水膨胀,失水收缩,是一种特殊膨胀结构的黏质土。膨胀土路基很难保证其稳定性,一旦发生病害,治理困难,耗资巨大。因此,膨胀土地区路基设计时,一般应与桥梁、隧道方案进行技术经济比较,择优选用。

①膨胀土地区的路基施工,应避开雨季作业,加强现场排水,保证地基和已填筑的路基不被水浸泡。膨胀土地区路基施工,开挖后各道工序要紧密衔接,连续施工,分段完成。路基填筑后不应间隔太久或越冬后再做路面。

②路堑施工前,先开挖截水沟并铺设浆砌圬工,其出口应延伸至桥涵进出口。路堤、路堑边坡按设计修整后,应立即浆砌护墙护坡,防止雨水直接侵蚀。

③填高不足1m的路堤,必须挖去地表30~60cm的膨胀土,换填非膨胀土。地表为潮湿土时,必须挖去湿软土层换填碎、砾石土、砂砾或挖方坚硬岩石碎渣,或将土翻开掺石灰稳定并按规定压实。

④强膨胀土稳定性差,不应作为路堤填料;中等膨胀土宜经过加工、改良处理后作为填料;弱膨胀土可根据当地气候、水文情况及道路等级加以应用,对于直接使用中、弱膨胀土填筑路堤时,应及时对边坡及顶部进行防护。

⑤路堤填筑完成后,应立即作浆砌护坡封闭边坡。当填至路床底面时,应停止填筑,改用符合规定强度的非膨胀土或改性处理的膨胀土填至路床顶面设计高程并严格压实。如当年不能铺筑路面,作为封层的填筑厚度,不宜小于30cm,并做成不小于2%的斜坡。

(9)盐渍土地区路基。

路线通过盐渍土地区时,应查明沿线不同类型盐渍土的分布范围、含盐特征及地面水和地下水等情况。在盐渍土地区修筑公路宜以路堤通过,当受条件限制采用路堑时,应进行超挖并回填渗透性土。填方路基,盐渍土路基高出地下水位的最小高度应根据盐渍土的类型、公路等级、路面要求,结合毛细水上升高度、冻胀深度及安全高度三个因素确定。盐渍土地区路基应进行合理的排水组织设计,保证排水畅通,防止因积水使土中盐渍发生不利的变化。

①盐渍土路基防治措施主要包括排除地表水,提高路基,换填渗水性土,铲除地表盐渍土、设置毛细水隔断层等防治措施。修筑的高速公路、一级公路的路肩及边坡均应采取加固措施,或加宽路基以保证路基的有效宽度。

②路线通过干涸盐湖地段,应查明岩盐的种类、工程性质、溶蚀情况及地下水位、含盐特征

等,以采取相应工程措施和排水设施,保证路基的强度和稳定性,防止冻胀、翻浆及盐胀危害路基。

③盐湖地表下有饱和盐水时,应采用设有取土坑及护坡道的路基横断面。当地表有溶蚀、溶沟、溶塘时,应用填料填补,并洒饱和盐水,分层夯实。

④内陆盆地干旱地区,如当地无其他适用的填料,需用易溶盐含量超过规定值的土、砾等作填料时,应根据当地气候、水文地质等条件,通过试验决定填筑措施。

⑤施工中应及时合理地布置好排水系统,不应使路基及其附近有积水现象。

⑥施工季节,在地下水位高的黏性土盐土地区以夏季施工为宜;砂性土盐土地区以春季和夏初施工为宜;强盐渍土地区在表层含盐量较低的春季施工为宜。

(10) 风沙地区路基。

风沙地区是沙漠和沙地的统称,在我国分布范围较广,主要集中在内陆干旱,过干旱地区。

风沙地区的主要特征为:

①气候干燥,降雨量小。

②温差大,冷热变化剧烈。

③风大,沙多。

④土中含易溶盐多。

⑤植被稀疏、低矮。

防止沙害可采取以下环保措施:

①风沙地区路基宜在少风、风速较小或有雨季节分段集中施工,并在大风来临前配套完成。对沿线路两侧地表原有的植被和地表硬壳,施工前应准备充分的防护材料,予以保护。

②取土要根据当地风向情况选择取土坑位置。在单一风向地区,取土坑应设在路堤下风一侧,距路堤坡脚至少5m,在有反向风交替作用地区,取土坑可设在路堤两侧,施工完后其边坡修成缓坡,使其断面成为浅槽形。

③对路基的压实,应根据现场自然条件、沙的特性及水源分布等情况确定压实机械和压实办法,宜采取机械振动压实为主,结合蓄水、快成型、快防护的施工方法,当采用沙填筑路堤时,应分层压实。

④对缺水、缺土、压实有困难的风沙路基,可采用土工合成材料,如编织袋、编织布对路基进行加固。

⑤地形开阔的风沙流地段,应将路基两侧20~50m范围内可引起积沙的小沙滩、弃土堆、小土丘等阻碍物予以清除。

⑥对路线主要控制桩、护桩、水准点、路基边桩等应设置明显的标志,并妥善保护,以防被沙埋没。

⑦对路肩、边坡坡面和平台进行全面防护,以防止风蚀。

⑧在风沙流比较严重的地区,为根治沙害,除对路基本身进行防护外,还应在路侧建立完善的防沙体系,包括整平带、防护带和植被保护带等。

⑨填方路基宜设计成流线型,有利于风沙流顺利通过路基,减轻积沙的危害。

⑩路侧防沙工程可概括为固、阻、输、导四种类型。"固",主要指植物固沙和设置立式沙障,植物固沙是防治沙害的根本措施。"阻",主要指拦截风沙和限制积沙移动;阻沙沙障一般

可分为墙式、堤式、栅式、带式四类。"输",主要指通过增强风力或改变地表性质,使过境流沙顺利通过路基而不产生堆积。"导",是指在路基迎风侧采用导沙措施,借助风力作用,改变风沙流或沙丘的移动方向。

(11)雪害地段路基。

公路雪害有积雪和雪崩两种形式。积雪包括自然积雪和风吹雪;雪崩是指在重力作用下,山坡积雪的崩塌。公路防治雪害主要是防治风吹雪和雪崩,自然积雪一般不采取工程措施,当路面积雪厚度较大、造成行车困难时,可采用机械除雪,或用除雪剂除雪。除雪剂主要指氯化钙、氯化钠、氯化镁等。防治雪害可采取以下措施:

①路堤设计时,使路堤高度大于当地最大积雪深度。路线纵坡设计应满足风雪流在公路上顺利通过,以减少或避免路面上积雪。

②采用防雪栅。

③设置密闭式或透风式下导风板。

④在山坡上修筑台阶,稳定山坡积雪,防治小型雪崩。

⑤修筑防雪走廊、隧道等遮蔽建筑物。

二、路基工程环境保护监理要点

(1)在路基工程开工前,监理工程师应审批施工单位编制的施工方案,对其环保措施提出审查意见。要求施工单位对地表清理、土石方开挖与填筑、弃方处置等采取周密的生态保护和水土保持措施;要求施工单位编制土石方调配方案,开挖出的土石方要尽可能加以利用。对于特殊对象、特殊区域的路基工程,监理工程师要有预见性,及时提醒施工单位注意可能发生的环保问题。

(2)监理工程师应根据工程情况,确定本阶段环保监理的巡视、旁站计划,对施工单位环保措施的执行效果进行检查。

(3)监理工程师应审查挖除地表土的堆置地点,根据实地情况,选择附近地形平坦或因地制宜选择储料堆。

(4)地表清理遇到古树名木或珍稀植物,采取移植等异地保护措施时,监理工程师应审查其移植方案,并对移植过程全程旁站监理。

(5)监理工程师应严格控制路基开挖在用地范围内分段进行,同时配合挡土墙、边坡防护的修筑。

(6)监理工程师应监督土石方调配方案的实施,开挖出的土石方要尽可能加以利用。弃土弃渣应送至经监理工程师同意的地点堆放,监理工程师应督促施工单位在堆放地点预先采取排水和挡土措施,防止水土流失或对水源和灌溉渠道造成污染和淤塞。

(7)监理工程师应要求施工单位在施工取土时,做到边开挖、边平整,及时进行绿化等护坡工程。

(8)监理工程师应控制路基顶面适当的排水横坡,下边坡防护前应要求施工单位挖设临时急流槽等排水设施,防止坡面的水土流失。

(9)对施工过程中不符合环保要求的行为,监理工程师可以发出监理指令,责令改正,情况严重时可发出暂时停工令。施工单位无正当理由拒绝整改的,监理工程师可以对该部分工程量拒绝支付。

(10)施工过程中,监理工程师应关注扬尘、噪声、废水悬浮物、石油类等环境监测指标,必要时可根据需要进行现场监测。

第二节 路面工程

一、路面施工环境保护要点

路面拌和厂应远离居民区,并在其常年主导风向的下风处,场地应做硬化处理。沥青路面拌和设备配料除尘装置应保持良好的除尘效果,施工过程中剩余的废弃料必须及时收集到弃渣场集中处理,不得随意抛弃。路面施工应与路基、桥梁施工有合理的工作安排,减少交叉施工引起的环境污染。

1.路面基层环境保护要点

路面基层施工潜在环境影响见表12-5。

路面基层施工潜在环境影响   表12-5

序号	活动内容	潜在影响
1	拌和厂场地平整	1.植被破坏;2.水土流失
2	拌和厂搬运、安装、维修	1.扬尘;2.噪声
3	拌和厂运行	1.噪声;2.水泥、沥青等泄漏污染土壤;3.清洗废水排放;4.有害气体;5.扬尘
4	混合料运输	沿路撒落
5	场地粗集料、砂堆放	扬尘
6	石灰、矿粉	1.洒落污染空气;2.土壤污染
7	破碎机、振动筛等	1.噪声;2.扬尘;3.振动
8	各类运输车辆	1.噪声;2.扬尘;3.有害气体;4.漏油
9	路面摊铺、压实设备运行	1.噪声;2.有害气体;3.漏油;4.扬尘
10	夜间拌和厂强光照明	强光污染

(1)混合料拌和与运输。

①水泥稳定混合料或二灰稳定混合料的拌和应采用厂拌法。

②拌和厂不得设在饮用水水源保护区,应距学校、医院、居民区等环境敏感点200m以上。拌和厂应配备临时污水汇集设施,对拌和厂清洗沙石料的污水应汇集处理回用,不得直接排出施工现场以外的地方。拌和厂所产生的废水,应处治后达标排放,不得直接排入鱼塘、河流和农田。

③对装载机和运输车辆装卸料、运输产生的扬尘,可在现场设置喷水装置洒水,并增加洒水频率来控制无组织排放的扬尘,使扬尘减至最低限度。石灰、粉煤灰应有防尘防雨设施。散装水泥出料口应有围护措施,以减少扬尘产生。混合料应由封闭型载货汽车进行装载运输,并

严格按照指定路线行驶。当运输易引起扬尘的材料时,车辆应用篷布等进行遮盖。

④运输路线经过居民区、学校等敏感地区时,应注意调整作业时间,避免交通噪声干扰人们生活。

(2)初期养护。

应采用土工布或棉毡对基层进行覆盖养护,减少水分蒸发。养护应控制水量,避免溢出。在养护结束后,覆盖物应定点堆存。运输和存放过程中,应注意周边植被和土壤的保护。

(3)噪声控制。

该阶段施工场界噪声限值为昼间70dB(A),夜间55dB(A)。当环境敏感点噪声不能达标时,应采取控制作业时间等措施,保证居民的夜间休息。

2. 沥青混凝土路面环境保护要点

沥青路面施工潜在环境影响见表12-6。

沥青路面施工潜在环境影响　　　　　表12-6

序　号	活动内容	潜在影响
1	沥青拌和厂场地平整	1.植被破坏;2.水土流失
2	沥青拌和厂搬运、安装、维修	1.扬尘;2.噪声
3	沥青拌和厂运行	1.噪声;2.烘干筒热辐射;3.废尘、回收粉的排出污染环境;4.沥青挥发、泄漏有害气体;5.油料燃烧排出有害气体;6.排尘不净污染环境
4	场地粗集料、石屑、砂等堆放	扬尘
5	石灰、矿粉	1.洒落污染空气;2.土壤污染
6	沥青废料	固体废弃物
7	沥青混合料运输	沿路撒落
8	破碎机、振动筛等	1.噪声;2.扬尘
9	各类运输车辆	1.噪声;2.扬尘;3.有害气体;4.漏油
10	夜间拌和厂强光照明	强光污染
11	路面摊铺、压实设备运行	1.噪声;2.有害气体;3.漏油;4.扬尘

(1)混合料的拌和。

①沥青混凝土拌和厂不得设在饮用水水源保护区内,应距学校、医院、居民区等环境敏感点300m以上。

②为减少施工作业产生的扬尘,场地应做硬化处理,应随时进行洒水或其他抑尘措施。

③要充分考虑沥青烟气中强致癌物质苯并[a]芘的有毒有害性,结合项目环境影响评价报告书中关于沥青拌和厂的影响分析和选址意见,在其下风向重点考虑避开人类活动密集区、养殖场及敏感植物群落。

④沥青拌和设备,沥青、导热油和燃油的储存罐及连接管道应确保密封,防止泄漏。应配置干砂、足够的灭火器,以便发生意外时应急处理。应配置除尘器以及沥青烟气处理装置,设备污染物排放应符合《大气污染综合排放标准》(GB 16297—1996)中生产设备不得有明显无

组织排放存在的规定。沥青混凝土的采购合同中应明确对供货单位的环保要求。

⑤拌和楼除尘系统每天将产生大量回收粉尘,经试验室试验分析,若塑性指数等指标符合沥青路面施工技术规范相关要求,应尽量回收利用,若不能使用时,应制订相应处理措施,不得随意倾倒。

(2)混合料的运输。

混合料应按指定路线运输,运输路线经过居民区、学校等环境敏感点时,应注意调整作业时间,避免交通噪声干扰人们生活。

(3)沥青混合料摊铺和碾压。

沥青混合料摊铺和碾压机械应保证正常使用,噪声控制应执行建筑施工场界噪声限值标准。摊铺作业时会产生沥青烟气等有害有毒气体,施工单位必须为作业人员提供有效的劳动保护用品,以保证施工人员的健康。

(4)沥青洒布。

①沥青洒布时,应确保设备完好,事先周密计划,尽可能缩短时间,减轻对周围人群及施工人员的健康影响。

②位于沥青洒布处置区周边的土壤表面应铺设临时覆盖物加以保护。对于沥青可能溅到的植物,应有临时覆盖物加以包裹或遮挡。洒落的沥青应进行收集并运至指定的弃渣场。

(5)废弃料。

沥青属于《危险化学品目录》(2015版)中"精(蒸)馏残渣(HW11)类别中的非特定行业900-013-11其他精炼、蒸馏和热解处理过程中产生的焦油状残余物"。因此,拌和楼调试、生产过程中以及摊铺施工剩余的废弃料,应集中收集,运送至指定地点处理(或委托有资质的单位进行统一处置)或进行回收再利用。

(6)噪声控制。

该阶段施工场界噪声限值为昼间70dB(A),夜间55dB(A)。

二、路面施工环境保护监理要点

(1)路面工程开工前,监理工程师应审批施工单位编制的施工方案,对其环保措施提出审查意见。尤其是对稳定土拌和厂和沥青拌和厂选址方案的审批,应要求沥青拌和厂布置在远离人群活动的地点,并按要求配置除尘设备。

(2)监理工程师应根据工程情况,确定本阶段环保监理的巡视、旁站计划,对施工单位环保措施的执行效果进行检查。

(3)监理工程师应规定沥青混合料废料的处置方法,并随时对执行情况进行巡检。

(4)监理工程师应特别注意沥青烟气的污染防治,在靠近水源的地区施工时,还应关注水源保护问题。应有重点地对沥青洒布施工过程进行旁站检查,防止沥青污染。

(5)对施工过程中不符合环保要求的行为,监理工程师可以发出监理指令,责令改正,情况严重时可发出暂时停工令。施工单位无正当理由拒绝整改的,监理工程师可以对该部分工程量拒绝支付。

(6)施工过程中,监理工程师应关注扬尘、噪声、废水悬浮物、石油类等环境监测指标,必要时可根据需要进行现场监测。

第三节 桥涵工程

一、桥涵工程环境保护要点

桥梁施工应充分了解设计提供的工程地质资料,根据当地的气候及周边环境,在施工组织设计中,制订相关的环境保护措施。桥涵工程潜在环境影响见表12-7。

桥涵工程潜在环境影响　　　　　　　　　　　　　　　　表12-7

序号	活动内容	潜在影响
1	基坑开挖	1.生态破坏;2.污水排放、淤泥堆积、围堰作业等污染环境;3.水土流失
2	钻孔机和打桩机作业	1.噪声;2.漏油;3.钻孔作业时排放污水;4.桩基对河床的破坏;5.泥浆外泄对土壤和河道水质的污染;6.振动
3	机械维修养护和进出场运输	1.打桩机械维修养护时,机油、废油洒漏和废配件丢弃;2.进出场运输时机油泄漏和粉尘撒落
4	水泥混凝土拌和与浇筑	1.水泥浆搅拌和输送噪声;2.水泥倾倒、拆袋有扬尘污染;3.振捣机振捣噪声;4.商品混凝土运输、泵送噪声;5.振捣机维修滴油、配件丢弃;6.浇筑时混凝土落于河道污染河水
5	钢筋作业	1.装卸搬运噪声、扬尘;2.锈蚀产生锈水;3.钢筋焊接产生废气和废渣;4.焊接产生电火花、电弧光;5.钢筋切断机、弯曲机使用产生机械噪声;6.零星废钢筋等的废弃
6	钢模板	1.搬运、搭拆噪声;2.打磨噪声;3.脱模剂(油)污染;4.腐蚀产生锈水
7	钻孔平台搭设	使用后的处置
8	机械设备作业与维修	1.漏油污染;2.废配件丢弃
9	各类运输车辆	1.噪声;2.扬尘;3.有害气体;4.漏油
10	钢管支架作业	1.装卸噪声、扬尘、防锈漆振落;2.搬运噪声;3.支模架搭拆噪声、扬尘;4.钢模钢管扣件遇水腐蚀产生锈水;5.零星扣件散落
11	工程船舶作业	1.船舶生活废物;2.抛、起锚的噪声;3.主辅机运行时噪声、有害气体;4.油料泄漏污染水源

1. 明挖基础

明挖基础施工过程中,应核对地质水文资料,若基础地基下有涌泉、流沙、溶洞等地质情况时,施工单位应考虑有关准备措施。

(1)围堰。

围堰施工应考虑流速增大,河床集中冲刷、通航及导流的影响,并应清除围堰的材料。

①明确围堰用的土袋、板桩或套箱的数量,对围堰材料进行编号,保证施工前后数量一致,

避免遗留在水体中,阻碍行洪或航运。

②钢围堰、钢栈桥外表应采取防腐涂装处理,防止钢结构表面锈蚀对水体的污染。钢围堰、钢栈桥现场拼装焊接产生的焊渣、废弃焊条、边角预料等应集中收集后处理。

③施工现场材料应堆放整齐有序。废弃的包装材料应每日清理收集。

④施工结束后,废弃的材料应及时运送至弃渣场。

(2)基坑开挖。

①基坑开挖应严格控制开挖范围,不得任意扩大。沼泽湿地桥梁承台基坑开挖为防止出现塌方,基坑开挖可采用钢筋混凝土护壁,确保基坑不超挖。

②采用先进的施工工艺,如沉井法施工,减少作业面和影响面。

③保护地表水体,开挖的工程弃方不能随意丢弃到河流中或岸边,应暂时堆放在距离水体较远的地带,防止冲刷或塌落进入水体。

④基坑开挖出的土体、岩体、泥炭等,应集中后运送至弃渣场,其中对于湿度较大的泥炭或底泥,应先运至低洼地进行自然吹干,待吹干后再行运输;对于有机质含量较高的底泥和泥炭等,经自然吹干后也可运至需要的单位进行土壤育肥。

⑤旱桥桥墩基础开挖的土石方集中堆放,周边用临时设施拦阻,待桥墩基础浇筑完成后回填,剩余部分可用于附近低洼地的整平,多余土石方一律运至弃土(渣)场。

⑥旱桥施工中只允许砍伐墩、台永久施工部分的植被,桥跨范围的植被不得砍伐、清除,尽可能保留桥跨部分的原生植被,减少桥梁墩、台施工对地表原生植被的破坏。

2. 钻孔灌注桩基础

(1)泥浆制作准备。

①废弃的钻渣严禁直接排入地表水体,可在现场选择或开挖一低洼地作泥浆沉淀池,用于储存将来使用后废弃的泥浆,场地周围设计必要的拦挡措施,防止溢流。泥浆池应尽量选在不宜外溢的地段。

②当现场没有可以利用的低洼地时,应自行挖掘或砌筑泥浆池。

③泥浆池周围应设置良好的排水系统,以免雨水过大而造成泥浆外溢破坏当地环境。

(2)钻孔施工。

①钢护筒等钢结构表面采取防腐涂装处理,防止钢结构表面锈蚀污染水体和土壤。

②选用低噪声的打桩设备,必要时采取消声、隔声等措施,减轻高噪声对水生动物的影响。

③严格检查进场的机械设备,淘汰落后、易漏油的钻机、空压机等设备禁止使用,并清理出场。

④加强钻机等机械设备检查维修,并在钻机、空压机等运转部位配备油污接漏等装置。

⑤钻孔桩必须设置泥浆沉淀池,不得将泥浆直接排入河水或河道中,经沉淀后上清水排放,减小悬浮固体的排放量。大型桥梁通常利用钢护筒作泥浆储备周转,并采用泥浆过滤设备,清除残渣。

⑥废弃的钻孔泥浆以及其他废弃物,应运至事先准备的沉淀池临时储存,待吹干后,运往指定的弃渣场进行永久处置,避免由于水土流失或可能的有毒盐土风化等因素造成农田和水

系污染。弃渣不得弃于河道或河滩地,以防抬高河床,淤塞河道。

⑦在水上钻孔时,一般应采取平台施工。应在平台上焊挂钢箱作为泥浆池,应配备专用的泥浆船,用作造浆循环池及废弃泥浆的运输。采取围堰或筑岛施工时,应及时对围堰和筑岛进行清理,以免破坏水体环境,并影响行洪。

⑧海底钻孔施工应采用泥浆船,沼泽湿地钻孔施工应采用泥浆钢箱,以确保泥浆完全不会溢出。

⑨应对施工机械及船只进行严格检查,防止油料泄漏,严禁将废油、施工垃圾等随意抛入水体。

⑩挖孔桩施工时,应选择合适的孔壁支护类型,挖孔时,应注意施工安全。

(3)混凝土浇灌施工。

①灌注混凝土时,溢出的泥浆应引流至事先准备的适当地点处理,待吹干后,运往弃渣场,以防止污染环境或堵塞河道和交通。

②对于不能避免而产生多余的混凝土,应提前做好规划,最大程度降低多余混凝土的产生,多余的混凝土可进行再利用或退回拌和站进行处理。现场撒落的混凝土应集中收集后运送指定地点处理(或委托有资质的单位统一处理)。

3. 沉入桩

沉入桩一般用于特大桥梁的水中部分,沉桩施工对环境的影响主要是船只和打桩机械的油料泄漏、废油处理以及噪声影响。应严格进行机械维护,严禁将废油、施工垃圾等随意抛入水体。

4. 沉井基础

(1)沉井施工前,应对沉井要通过的地面及沉井底面的地质资料进行分析,对河流的洪汛、凌汛、河床冲刷、通航、漂流物等进行调查。

(2)制订施工方案,对于不被水淹没的岸滩或位于浅水区的岸滩,可就地整平夯实,制作沉井或水中填土筑岛制作沉井,筑岛材料应用透水性好、易于压实的砂土或碎石,并在临水面形成一定的坡度,使岛体坡面、坡脚不被冲刷。浮式沉井应随时观测由于沉井下沉的阻水和压缩流水断面引起流速增大而造成的河床局部冲刷。沉井正常下沉除土,应由船运到指定堆放地点,不得卸至井外占用河道。采用吸泥吹砂等方法下沉时,吸出的泥浆应进行过滤、沉淀,不得直接排入河流中。

(3)施工结束后,沉井井体应予拆除(或移出承台部分)。

沉井封底混凝土施工的环境保护可参照钻孔灌注桩。

5. 桥梁下部构造

(1)桥墩施工中要采用 GPS(全球定位系统)与其他定位技术相结合的方法,准确定位每根桩基,确保水上打桩又快又准,避免重复作业。

(2)钢筋焊接产生的废弃物如电焊渣、废弃的焊材、钢筋边角料,应收集处理。

(3)混凝土浇筑时应做好防护设施,防止混凝土散落入周边水体。

(4)护岸开挖时,应按照设计图纸严格控制开挖界限,不得任意扩大开挖范围,将两栖动物生存环境的受影响范围控制在最小限度。

(5)桥梁墩台修筑完毕,及时清除围堰等临时工程的堆积物,并将施工中产生的废浆、弃土和废弃物及时运至弃土场,恢复河道畅通。

6. 混凝土等的搅拌、运输和养护

(1)混凝土等的搅拌、运输、振捣、摊铺等作业中防粉尘、防噪声(振动)措施包括:采用商品混凝土,密罐车运输;场界设置临时隔声维护;作业时间避开下风向100m内人群密集的敏感目标。

(2)混凝土搅拌车应定点清洗,设置临时沉淀池,清洗水经沉淀处理后方能外排。有条件者,也可采取废水回收处理后循环使用。

(3)混凝土搅拌站不得设在饮用水源地保护区内,搅拌站的排水、混凝土养护水等含有害物质的废水不得排入地表水Ⅰ~Ⅲ类水源地保护区或其他禁止排入的区域。

7. 生态保护

(1)注意对湿地和滩涂的保护,避免在湿地和滩涂设置临时料场、便道和厕所等。限制施工设备和人员不必要地进入湿地,禁止猎取野生保护动物。

(2)在渔区或鱼类洄游河道施工,应尽可能避开鱼类繁殖期。无法避免时,应留下洄游通道。

(3)涵洞出路基后与附近河道、沟渠顺连,防止冲刷下游农田、道路等,并及时沟通河道和沟渠,确保汛期及时排洪排涝。

(4)桥涵桩基础工程应注意施工季节的选择,尽量避免在汛期、丰水期施工。

(5)桥面的施工废弃物和施工垃圾采取统一收集、集中运走清理的方式进行处理。严禁将废弃物和施工垃圾直接抛向桥下,避免污染江河湖泊及农田和误伤他人。

8. 水环境和噪声影响

(1)施工期污水不得排入《地表水环境质量标准》(GB 3838—2002)中所规定的Ⅰ、Ⅱ类水域。排入其他水域时,必须符合相应的水质标准,不符合时要进行水质处理。

(2)桥梁中的钢结构必须在工厂内制作和防腐涂装,然后再进行工地现场安装和连接。工地现场钢结构的连接部位应采用手工除锈或动力工具打磨除锈,油漆涂装采用滚涂和刷涂方法施工,防止油漆因喷涂弥漫污染水体环境和土壤。

(3)对桥梁施工机械、船只应定期进行检查、维修,船机部门设专人严密监管油料的使用和船机设备的运行,以避免施工中发生燃油泄漏,对水质和水生生态造成影响。防止油料泄漏。严禁将废油、施工垃圾等随意抛入水体内。应对各种收集设备内的污(水)染物进行清理,并集中运至陆上施工点设置的集中污水、污染物处置点进行处理。

(4)严禁向江、河、海洋排放废油、残油等污染物。不得在施工区域清洗油舱和有污染物质的容器。船舶所产生的油类污染物应铅封处理。除机舱通岸接头(接收出口)管系外,船舶的油污水系统的排放阀以及能够替代该系统工作的其他系统与油污水管路直接相连的阀门也应予以铅封。船舶油污应统一回收运至岸上交有资质的单位统一处理,以防止油污泄漏对周围水域造成污染。

(5)施工营地应尽量远离沿线河流水系。施工人员的就餐和洗涤应采用集中统一形式进行管理。不能随意向沿线河流倾倒、排放各种生活污水。生活垃圾装入垃圾桶定时清运,或设垃圾坑发酵后用于肥田。垃圾坑施工结束后用土掩埋,破坏地表植被的,要恢复植被。

(6)在施工作业过程中,应严格执行国家有关噪声防治的标准和规范,落实建设项目环境影响评价、职业健康安全评价的有关要求。

(7)加强对施工机械、船舶、设备等的维护保养和操作管理,减少运行噪声。高噪声设备严禁在邻近居住区或在敏感区内使用。

(8)根据实际情况,对施工机械、船舶、设备等进行消声、隔声、吸声或综合治理措施,降低噪声源的噪声,防止噪声污染。

(9)对场界噪声有影响且超过声值标准的高噪声源,应采取如利用绿化带或隔离设施减弱噪声减小对区域环境影响的措施。

(10)加强消声、降噪设施的监督、检查。委托有资质的监测机构进行施工期间的场(厂)界噪声定期监测,或自行安排人员对噪声产生点进行定期检测,根据噪声监测结果对超出标准的噪声源制订相应的治理措施,降低噪声等级。

(11)在环境敏感区域,对夜间施工和产生较大噪声的作业,应采取必要的规避措施,如避开夜间 22:00~次日 6:00 的时段。桥梁打桩噪声的场界限值为昼间 85dB(A),夜间禁止打桩。其他阶段噪声限值仍为昼间 70dB(A),夜间 55dB(A)。

(12)对人为的施工噪声应进行严格治理。承担材料运输的车辆、船舶,通过环境敏感区域时,应控制速度,严禁鸣笛;装卸材料应做到轻拿轻放,大限度地减少噪声影响。

(13)噪声个体防护措施。

为噪声超标环境工作的作业人员配备防噪声耳塞或其他相应的防护用品,并定期进行噪声防护器具的检查,发现问题及时更换或补发。

二、桥涵工程环境保护监理要点

(1)在桥涵工程开工前,监理工程师应审批施工方案中的环保措施。要求施工单位对基础开挖、围堰、钻孔桩的施工过程,采取周密的水环境保护措施。

(2)监理工程师根据工程情况,确定本阶段环保监理的巡视、旁站计划,对施工单位环保措施的执行效果进行检查。

(3)基坑开挖的弃土堆放地点应事先经监理工程师同意。监理工程师应督促施工单位在堆放地点预先采取排水和挡土措施。

(4)监理工程师应经常巡视检查钻孔桩泥浆水的处理效果,对发生泄漏或任意排放的,应当场责令施工单位改正,并旁站监督整改过程。

(5)需要围堰施工的,因事先取得当地水利部门的许可,手续完备并经监理工程师审查后才能施工。在进行水产养殖的河道进行围堰时,监理工程师应要求施工单位根据上下游的污染情况,提出合理的围堰方案,以免影响养殖,造成纠纷。

(6)对施工过程中不符合环保要求的行为,监理工程师可以发出监理指令,责令改正。情况严重时可发出暂时停工令,以及拒绝支付相关工程款项。

(7)监理工程师在本阶段应注意水环境质量的水体悬浮物(SS)、石油类等监测指标,避免施工对水体造成影响,必要时可进行现场监测。

第四节 隧 道 工 程

一、隧道工程环境保护要点

隧道施工的环境影响主要表现在洞口开挖直接造成的植被破坏、弃渣、废水以及施工破坏地下含水层而引起的一系列生态环境问题等。隧道工程潜在环境影响见表12-8。

隧道工程潜在环境影响　　　　表12-8

序 号	活动内容	潜 在 影 响
1	隧道开挖	1.噪声;2.扬尘;3.生态破坏;4.废弃物处置;5.有害气体;6.弃渣
2	废渣料装卸、运输	同路基工程
3	隧道支护、衬砌	1.噪声;2.有害气体
4	防水排水	同排水工程
5	路基路面	同路面工程

1. 洞口工程

(1) 严格控制隧道口开挖和隧道施工的影响范围,不应仅考虑方便施工而任意破坏施工场地以外的植被。

(2) 洞口开挖前应先在开挖面上修建截水沟,以防止水土流失,并尽可能避开雨季施工。洞口尽量减小开挖面积,洞顶采取护挡结构以保护自然坡面。

(3) 为保证边坡、仰坡稳定,防止塌方,应避免大挖大刷。要求承包人在指定的范围和时间内,应按图纸的要求,用获准的方法保护边坡、仰坡开挖面。

(4) 洞口开挖前的地表清理工作同"路基开挖"。

(5) 隧道施工时应注意保护隧道口的自然植被,施工后清理废弃物,尽量减少人为活动的痕迹,尽早恢复自然景观。洞口结构形式及附属设施应当与当地景致相协调。

2. 洞身工程

(1) 选择低噪声设备机械进场施工,空压机、发电机等的基础要埋入半地下,并铺砂石垫层以减轻噪声和振动。

(2) 设置隔声屏或利用绿化带减少噪声传播。合理安排机械作业时间,减少同时作业的机械台数,对产生噪声大的作业,不安排在夜间或节假日进行。

(3) 施工前详细勘察水文地质情况,包括地下水的分布、类型、储存、补给、径流和排泄条件等,根据勘察结果,研究合理方法,谨慎进行开挖作业。隧道施工时可能造成地下水变化,导致顶部生态变化和破坏当地村民水源。隧道位置若处于潜水层时,应重视地下水渗漏问题,一旦发现处于潜水层,应及时采取措施进行止水。对高切坡处出现的地下涌水也应采取止水措施。

(4) 洞口开挖前的地表清理工作同"路基开挖"。

(5) 凿岩施工应采用湿法钻孔。严禁干孔施钻,改进爆破方法,采取松动爆破、无声振动等技术,减少施工粉尘。采用光面爆破技术,通过试验,选择炸药品种,调整用药量,减少一次齐发的药量,以期达到减小爆破振动,减小对周围岩体的振动。隧道内通风量必须保证能够有效地通风除尘并置换新鲜空气进入作业面。

(6)煤系地层中存在瓦斯,溢出易导致人员窒息或燃烧爆炸,作业面应有瓦斯监测报警装置,以防瓦斯浓度超过警戒浓度,危及施工人员生命及造成安全生产事故。

(7)渣石应充分纵向调运利用,不能随便堆放,严禁向河谷倾倒弃渣,以免阻塞河谷造成水土流失或占用当地农田。废渣应设合理的弃渣场,根据山谷的特点,按照设计要求堆放整齐,分层碾压,并确保能防止两岸及下游出现各种水害,修建必要的排水管、盲沟、截水沟等设施,加固弃渣堆坡脚,以确保弃渣的稳定,防止发生人为的灾害;有条件时,可在弃渣上覆盖30cm以上厚度的耕植土,改土造地或种植绿化。

(8)酸性岩区和沉积岩体含有较高剂量的放射性元素氢、钍、镭,对环境产生不利影响,应经严格测定后,依据含量或浓度确定处置措施。

(9)在防渗漏和加固地层所采用的化学浆料,尽量选用毒性小、污染少的注浆材料,尽量减少配制浆液过程的洒漏和注浆过程漏浆,对进入排水系统中的有害物质进行净化处理,避免浆液流入地面水系和人畜饮用水水源。

(10)浅埋隧道施工时,为防止开挖施工引起地表水漏失和地层下陷,可结合地下水位涨落及水力坡度的变化情况,对地面下沉与掘进及衬砌衔接关系的观测,可采取超前支护方法,实施预注浆措施,对洞身周围岩体进行加固,有条件时应选择盾构法或浆砌法施工。

(11)当隧道穿过与地表水连通的破碎带时,为防止突发性的泥石涌入和漏失地表水,可根据探水孔流出的水量、水压变化,采取洞内超前帷幕注浆措施,以加固破碎带和封堵水路。

(12)如预计隧道会与地下水径流相遇,应尽早采取拦堵截保护措施,以减少水源高程损失。如一旦出现水源经隧道漏失情况,可利用地形地质等有利条件设置蓄水池,将未经污染的水流经过沟、槽或专设管路提升,引入蓄水池供给用户。

(13)对于地层发育良好、层序完整、界线清楚、化石丰富、地层在古生物研究有研究价值的地段,应采取有效措施进行保护,并报告业主和文物保护单位。

(14)对优质石渣可加以利用,如防护用的片石、路基填料、路面集料和混凝土集料可分类堆放,以便充分利用,有条件时也可利用荒沟,在其中筑坝填入废渣,变荒沟成良田,增加耕地。路边临时堆放的零星废渣,在公路封闭前应全部清理完毕,以免公路全封闭后难以清理。隧道装饰材料的余料应专门回收,不得随意丢弃。

(15)隧道建设中所需的石料,在选料时应远离隧道,采取集中料场取料,切忌随意布置小料场。对山坡及其植被的肆意破坏,既影响环境面貌,也容易产生塌方滑坡。若采用商品石料,应在采购合同中提出对临时料场的环保要求。

(16)弃渣场应根据设计或水保文件明确选址范围。

3. 废水处理

(1)对隧道涌水量大的地段,设截水管由衬砌背后引出,并导入蓄水池,避免与洞内施工污水汇合外排,可减少污水处理量,并可充分利用水资源充实施工用水。

(2)利用洞外自然沟壑地形,设置渗水处理设施,对地形条件十分困难的地区,采用平流斜板一级处理池。

(3)混凝土搅拌站不得设在饮用水源地保护区内或其他禁止排入的区域。搅拌站的排水、混凝土养护水等含有害物质的废水不得排入地表水Ⅰ~Ⅲ类水源地保护区。

(4)施工废水经过沉淀等处理后方可排放,废水不得排入《地表水环境质量标准》(GB 3838—2002)中所规定的Ⅰ、Ⅱ类水域。排入其他水域时,必须符合相应的水质标准,不符合时要进行水质处理,并注意排放过程不应对田地、坡脚造成水毁。

4. 通风与防尘

(1)隧道施工坑道内氧气含量、有害气体浓度应符合国家卫生标准。坑道内气温不宜高于28℃,噪声不宜大于85dB(A)。

(2)承包人应将施工期间通风设计方案提交监理工程师批准,并为每座隧道的掘进提供已批准的通风设施。风速和风量要求:全断面开挖(包括竖井)时应不小于0.15m/s,坑道内应不小于0.25m/s,但均不得大于6m/s。供风量应保证每人供应新鲜空气不小于3m^3/min。内燃机械作业供风量不宜小于4.53m^3/(min·kW)。

(3)压入式进风管口或吸出式出风管口应设在洞外适当位置,并做成烟囱式,防止污染空气再回流入洞内。压入式通风管的出风口距工作面不宜大于15m,吸出式通风管吸风口不宜大于5m。采用混合式通风时,当一组风机向前移动,另一组风机的管路即相应接长,始终保持两组管道相邻端交错20~30m。局部通风时,吸出式风管的出风口应引入主风流循环的回风流中。

(4)通风机应装有保险装置,当发生故障时能自动停机。通风设备应有适当的备用数量,一般为计算能力的50%。通风系统应定期测试通风的风量、风速、风压,检查通风设备的供风能力和动力消耗。

(5)如通风设备出现事故或洞内通风受阻,所有人员应及时撤离,在通风系统未恢复正常工作和经全面检查确认洞内已无有害气体以前,不得进入洞内。如风机在休息日停止运转,在恢复工作进入隧道以前,风机应至少提前2h启动,并要进行上述同样检查工作。

(6)掘进工作中环保监理工程师或技术员应连续监测瓦斯浓度,在其他时间内也需经常监测,以确保洞内工作安全,同时记录测试数据,随时提交监理工程师核查。在每班工作期间,应用手持式风速仪或能上能下的托管风速量测计,对风道内的风量至少测一次,如有通风不足,应予记录并立即报告监理工程师。承包人应提供瓦斯浓度、缺氧及游离二氧化硅等检测试验所需的设备,还应为检测试验人员提供经批准使用的防毒面罩。

(7)隧道施工必须采用机械通风。在进口和出口处设置消声器,施工场所的噪声不得超过85dB(A)。无论采用何种通风方式,通风管宜采用钢制可拆装的刚性管,也可用不可燃性材料制作的管。刚性管道节长宜不超过6m。

(8)施工期间洞内任何部位和工作面处,空气中的有毒气体和可燃气体的浓度,都应不超过国家卫生标准,并且任何汽油动力设备都不允许放在隧道内或在隧道内使用,任何情况下都不允许汽油运到洞内。

(9)在隧道掘进或出渣期间,用沉积板或粉尘粒计数器在隧道开挖面附近测定粉尘含量,以制订相应的降低粉尘含量的措施。

控制粉尘产生,钻眼作业必须采用湿式凿岩,仅在水源缺乏、容易冻结或岩石性质不适于湿式凿岩的地段可采用带有捕尘设备的干式凿岩,但所采用的防尘措施不能达到规定的粉尘浓度标准时,严禁采用干式凿岩。

凿岩机在钻眼时,必须先送水后送风;放炮后必须进行喷雾、洒水;出渣前应用水淋湿全部石渣和附近岩壁;新鲜风流连续经过几个工作面时,在两个工作面间和混合式通风系统中两组风管交错的距离间,根据防尘效果,应适当增设喷雾器净化风流中的粉尘;施工人员应佩戴防尘面罩。

通过调整隧道供风的风速以排除粉尘,最佳的排尘风速宜通过现场试验认定。

二、隧道工程环境保护监理要点

(1)在隧道工程开工前,监理工程师应审批施工方案的环保措施,特别注意对当地生态环境的保护,落实好珍稀物种保护、弃渣和废水处理以及施工现场劳动防护等措施。

(2)对洞口临时堆放弃渣或就近设置轧石场的方案,应要求施工单位同时提出环保措施和环境恢复方案。

(3)监理工程师应要求渣石纵向调运,尽可能加以利用,不能随便堆放,严禁向河谷倾倒弃渣,以免阻塞河谷造成水土流失或占用当地农田。废渣应运至指定的弃渣场堆置,并做好排水和拦渣设施。

(4)对爆破方案的审查,监理工程师应明确提出防治噪声和扬尘的要求。在距离居住区较近的地区施工,还应要求施工单位注意防止振动造成影响。

(5)监理工程师根据工程情况,确定本阶段环保监理的巡视、旁站计划,并对施工单位环保措施的执行效果进行复核。

(6)施工区域如果发现国家保护的珍稀物种,监理工程师应全过程参与物种保护,做好过程的监督。

(7)对施工过程中不符合环保要求的行为,监理工程师可以发出监理指令,责令改正。情况严重时可发出暂时停工令。施工单位无正当理由拒绝整改的,监理工程师可以对该部分工程量拒绝支付。

(8)监理工程师在本阶段应关注扬尘、悬浮物、噪声环境监测指标,必要时可进行施工现场监测。

第五节 港口与航道工程

一、涉水爆破施工

1. 爆破施工环境保护要点

水运工程中的港口与航道工程有爆破施工活动。围绕水下炸礁等施工活动,其环境保护要点包括:

(1)水下爆破与炸礁对周围鱼类影响较大,应制订科学、严谨、周密的施工方案,控制一次起爆药量和采用削减水中冲击波的措施。

(2)采用先进的施工工艺,如水下钻孔爆破,其施工可靠、爆破效果好,可最大限度地减少爆破量。

(3)在爆破控制上,应采用对生态影响较小的方法,如延时爆破法,可以减缓冲击波对鱼类的影响。

(4)起爆前应驱赶受影响水域内的水生物;减少鱼汛期施工的频率,而在非鱼汛期加快施工进度。

(5)炸礁施工时间选择应避开鱼类的洄游期、繁殖期,以减缓对鱼类生长繁殖的影响。

(6)根据以往的工程经验,鱼类嗅到炸药产生的气味会远离爆区,故在施工初期爆破应采用较小药量试爆,起到驱赶鱼类的作用,再根据现场爆破试验观察结果,决定起爆药量。

(7)施工时采用"先试后爆"的施工方案,安排一至两次试爆,根据现场爆破影响试验实际监测结果观察,来决定是否减少最大起爆药量。

(8)在爆破区附近水域进行鱼损状况观察和死鱼样品检验,必要时进行爆破前后的环境水质监测。

(9)实施水下岩土爆破时,应提出涌浪对岸边建筑物、设施以及水上船舶、设施的影响程度和范围。

2.爆破施工环境保护监理要点

(1)在爆破施工开工前,监理工程师应审批施工方案中的环保措施。要求施工单位采取周密的环境保护措施。

(2)监理工程师根据工程环境影响特点,确定本阶段环保监理的巡视、旁站计划。监督检查施工单位是否按爆破施工工艺及环保要求进行施工。

(3)监督检查爆破施工是否采取了必要的抑尘措施。

(4)监理工程师可以要求施工单位进行鱼损状况观察及样品检验。

(5)对施工过程中不符合环保要求的行为,监理工程师可以发出监理指令,责令改正;情况严重时可发出暂时停工令。施工单位无正当理由拒绝整改的,监理工程师可以对该部分工程量款项拒绝支付。

(6)监理工程师在本阶段应注意水体悬浮物(SS)以及噪声等监测指标,避免施工对水体和人群造成影响,必要时可进行现场监测。

二、港区陆域回填工程

港区陆域回填一般涉及采土、汽车运输、陆上回填等施工活动,其环境保护要点与公路施工相似,在此不再赘述。但其中应注意到:

(1)填土应在围堰建成后进行;

(2)监理工程师在本阶段应监督检查回填材料是否对水体环境产生不利影响,注意水环境质量的 SS 等监测指标,必要时可进行现场监测。

三、围堰及吹填工程

1.围堰及吹填工程环境保护要点

吹填工程一般是采用绞吸式挖泥船、吹泥船等设备将港池、航道开挖土方吹填至围堰中,达到吹填造陆的目的。在吹填施工时,应做好吹填围堰的密实加固工作、防止吹填泥浆中的悬浮物大量流失,并保持其沉降稳定时间。其环境保护要点包括:

(1)吹填作业应在围堰工程建成后进行。

(2)应控制好围堰堤身材料级配,不易采用空隙率较大的大块石。

(3)保证倒滤层的级配及厚度,使堤身具备有效的过滤功能。

(4)应确保堤身安全,防止堤身垮塌造成大型的漏泥污染环境事故。

(5)吹填过程中,应严格按照设计要求控制吹填高程,防止由于土压力过大造成堤身滑动。

(6)为防止漏泥,围堰内侧应有防治悬浮泥沙外漏的措施;围堰堰体可增加倒滤层的厚度,在二片石和倒滤层之间设土工布(图12-1)。

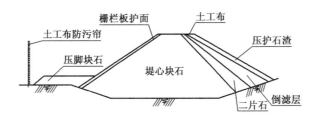

图12-1 围堰断面示意图

围堰外侧25m处设置竖向土工布防污帘,对堰堤渗水起到二次过滤的作用。

(7)吹泥口的布置。保持吹泥口距离泄水口距离不少于200m;后期采取导流措施,尽量让吹填水形成环流。

(8)泄水口应设在远离排泥口处,泄水口排放的悬浮泥沙浓度应达到排放标准;当采用平流沉淀不能满足悬浮泥沙允许排放浓度时,应在围堰内设整流防污措施。

泄水口埋管分多层埋设,在管端设可开闭装置,可根据泥沙沉淀情况调节流量和出水口的高度。

(9)应根据悬浮泥沙的沉淀情况,控制吹填流量,必要时可进行间歇吹填。

(10)对淤泥质土进行吹填施工,围堰外侧宜设置防污帘。

(11)在进行吹填作业中,定期对排泥管、挖泥船及二者的连接点处进行维修检查,一旦发生管道损坏或连接不善,立即采取补救措施,以避免泥浆外溢。所有排(吹)泥管线应保证质量可靠,禁止使用破旧管。管线的组装应严密,排(吹)泥过程中不能有任何漏泥,如有发生则应立即停工维修。

2.围堰及吹填工程环境保护监理要点

(1)工程开工前,监理工程师应审批施工方案中的环保措施。要求施工单位采取周密的环境保护措施。

(2)监理工程师应根据工程环境影响特点,确定本阶段环保监理的巡视、旁站计划。监督检查施工单位是否按环保要求进行施工。

(3)应监督检查围堰施工是否符合设计要求和环保要求。

(4)监理工程师应巡视围堰漏泥情况,以及防污帘的完整情况;对发生泄漏的,应当场责令施工单位改正,并旁站监督整改过程。

(5)监理工程师应观察泄水水质情况,要求施工单位采取调节泄水流量及吹泥流量、围堰内整流等措施,保证泄水水质满足环保要求。

(6)对施工过程中不符合环保要求的行为,监理工程师可以发出监理指令,责令改正;情况严重时可发出暂时停工令,以及拒绝支付相关部分工程量款项。

(7)注意水环境质量的SS等监测指标,必要时可进行现场监测。

四、码头水上施工

1. 码头水上施工的环境保护要点

码头水上施工一般包括码头前沿基槽挖泥、基床施工、平台及码头沉桩、上部结构施工等施工过程。其环境保护要点包括:

(1)水上施工时应优化施工设计方案,尽可能采取先进施工工艺,加强科学管理,在确保施工质量前提下加快施工进度,尽量缩短水下作业时间。

(2)加强施工设备的管理与维修养护,杜绝泄漏石油类物质以及所运送的建筑材料等,减少对水域污染的可能性。

(3)施工中挖出的淤泥、废渣需运输至海洋主管部门指定的倾倒区倾倒。

(4)水上平台工作人员的生活污水及生活垃圾、施工垃圾不得直接排放和抛弃到海中。生活污水经处理后达标排放。生活垃圾和施工垃圾应集中收集运送岸上统一处理。

(5)施工船舶应配备污水及垃圾储存容器,船舶污水和垃圾应回收运至岸上统一处理(或交有资质的单位处理),以防止油污泄漏及污水、垃圾对施工水域造成污染。

(6)沉箱临时存放区应避开具有特殊保护价值的海域。

(7)施工用砂石应限制在海岸直接取用。

2. 码头水上施工环境保护监理要点

(1)在工程开工前,监理工程师应审批施工方案中的环保措施。要求施工单位采取周密的环境保护措施。

(2)监理工程师应根据工程环境影响特点,确定本阶段环保监理的巡视、旁站计划。监督检查施工单位是否按环保要求进行施工。

(3)应监督检查施工中产生的淤泥、废渣等固体废料的处理处置情况。

(4)应监督检查水上平台人员生活污水及生活垃圾处理处置情况。

(5)应监督检查施工船舶产生的污水及垃圾的处理处置情况。

(6)对施工过程中不符合环保要求的行为,监理工程师可以发出监理指令,责令改正;情况严重时可发出暂时停工令。施工单位无正当理由拒绝整改的,监理工程师可以对该部分工程量款项拒绝支付。

(7)监理工程师应注意水环境质量的悬浮物、石油类等监测指标,必要时可进行现场监测。

五、航道疏浚工程

1. 航道疏浚工程的环境保护要点

航道选线,宜避开海洋自然生物保护区、重要的渔业水域及其他需要特别保护的区域;航道疏浚挖泥施工作业时,由于机械扰动、溢流、洒落等因素,产生的疏浚悬浮泥沙将成为对附近水域环境产生影响的主要因素。航道疏浚工程环境保护要点包括如下几条:

(1)航道疏浚设备的选择。

疏浚设备的选择过程不是单一的,依赖于以下几个不可分割的因素:疏浚作业水域的环境要求;被疏浚物质的物理性质;疏浚物最终处置地的位置及限制条件;疏浚作业点的风、浪和海况。目前,港口施工可供选择的疏浚设备较多,各挖泥船施工时的环境影响程度也有较大差别,在满足施工要求的情况下,应尽量选择对环境影响小的设备。

(2)航道疏浚作业的施工工艺控制。

为减少悬浮物污染,应采取以下措施:

①减少超挖方量。由于挖泥船泥仓容积、耙头耙吸的泥层宽度和厚度有限,整个施工过程中的作业轨迹是不连续的,在挖下一船泥时,很难使耙头恢复到前一挖泥时的工作位置,因而很容易产生重挖或漏挖现象,建议配备 GPS 全球定位系统,准确确定需开挖的位置,从而可以减少疏浚作业中不必要的超深、超宽的疏浚土方量,从根本上减少对环境产生影响的悬浮物数量。

②控制装仓溢流对水体产生的影响。疏浚作业开始后,泥浆进入泥仓时,较粗的泥沙深入仓底。为增大挖泥船的装仓浓度,提高挖泥效率,降低作业费用,耙吸式挖泥船的两侧设有溢流口,当泥浆量超过两侧溢流口时,稀泥即从溢流口溢出。这一环节将会引起疏浚区局部水域浑浊度增加而影响该水域的水质。因此,施工部门应根据以往疏浚作业的经验,掌握合适的溢流时间。

③缩短旁通时间。自航式耙吸式挖泥船的挖掘工作主要是依靠船舶配置的耙头挖掘机具,由耙臂弯管和船体的吸泥管、泵等系统连接,依靠泥泵的抽吸将浆泥装入泥仓,在开始装仓前,一般需要进行试喷,以检验其管路是否完好。为控制进入水域的疏浚物的数量,施工操作人员应尽量缩短旁通时间,并确认耙子弯管和船体吸泥管口的连接完全对位后再开始疏浚作业,以免疏浚泥浆从连接处泄漏入海而污染施工区域水域。

④疏浚作业季节及作业周期选择。在某些环境敏感的区域仍然有可能进行疏浚活动,在目前疏浚设备作业的情况下,作业时应配以综合治理手段,以保证对环境的影响控制在最低程度,如改变施工作业的时间和周期,回避鱼类的迁徙期和产卵期。

(3)航道疏浚物质的转移运输。

在操作技术上,本阶段应重点防治疏浚物运输过程中的溢出和泄漏,往往一旦在水产养殖等敏感海域发生泄漏事故,在污染赔偿、公共关系处理等方面将耗费大量精力。应采取以下措施:

①严防外溢。抓扬式挖泥机挖取的疏浚物常常通过管道输送或吹填,或通过驳船运往抛泥点。为了降低浊度并防止悬浮物的扩散,必须使抓斗及驳船底部的抛泥闸吻合严密,抓斗需要防止过载,驳船也要限制装载量,以防外溢。

②耙吸式挖泥船在装满泥后,自航至指定的倾倒区进行抛泥,在运输中泥门是关闭的。若关闭不严,将会导致泥浆泄漏入海,使沿途水域遭遇污染。因此,承包人应经常检查挖泥船底部泥门的密封性能,控制泥门开关的传动装置也应经常维修养护,及时更换液压杆上的密封圈,以免液压系统失控导致泥门关闭不严。

③疏浚(开挖)产生的泥沙或废弃物严禁在运输途中倾倒或偷排在非指定区域。

④恶劣气象条件禁止作业。

(4)航道疏浚物的最终处置方式和地点。

自航耙吸式挖泥船和泥驳将挖出的泥浆运到指定的抛泥区抛卸或用于陆域回填。挖泥船抛泥倾倒作业是整个疏浚工程对周围环境影响最为严重的一个环节,吹泥作业的环境影响虽然比较严重,但通过设置溢流口可以对吹泥区高浓度悬浮物实施有效控制。

①尽量减少抛泥作业。按照清洁生产的原则,建议充分利用疏浚物质源,尽可能减少抛泥,多吹填,最好将全部疏浚物用于吹填造陆,实现既减少对海域环境的扰动,又降低各方面资源浪费的双重功效。

②严格监控吹泥区溢流口的悬浮物排放。吹泥作业期间应设置围堰,同时关闭溢流口,待悬浮物静置沉降、水体变得较澄清时,再打开溢流口,释放多余水量。

③抛泥作业应满足海洋倾废管理条例要求。建设单位应对新开辟的抛泥区是否满足要求进行专题评价,在得到国家海洋主管部门认可后方可实施。

④抛泥准确到位。为缩小抛泥过程的影响范围,施工单位可在抛泥区设置灯浮装备准确标示。

⑤内河航道施工时,弃泥场应选择在洪水淹没线以上,弃泥场周围应设置挡渣墙、截水沟和排水沟,以避免弃泥流失造成水质污染和影响水生生物栖息环境。

(5)内河水源保护区附近疏浚的环境保护。

取水口及其水源保护区水域内水下疏浚挖泥作业应采取布设防污屏的措施来减缓和避免对水环境保护目标的污染影响。

防污屏的作用是阻滤水中漂浮物、悬浮物,控制其扩散、沉降范围,使防污屏以外(内)的水域得到保护。目前,防污屏在水上施工作业中被广泛使用,效果很好。

防污屏由包布和裙体组成,包布为PVC双面涂覆增强塑料布。浮体为聚苯乙烯泡沫加耐油塑料膜密封,浮子间的间距形成柔性段保证防污帘的可折叠性和乘波性,裙体的下端包有链条。防污屏漂在水中,浮子及包布的上中部形成水面以上部分,裙体由配重链保持垂直稳定性,形成水下部分。脊绳、加强带和配重链为纵向受力件,防污屏一般每节长20m,节间用接头连接。防污屏用小船投放、展开及回收。

防污屏的布放需根据流速、流向及泥沙沉降速度等来确定围控面积。防污屏的长度、宽度要根据围控面积和当地的水深来确定。防污屏的围护方式有两种,一种是对施工作业点实施围护;另一种是对保护目标实施围护。

除采取布设防污屏的措施外,还应采取以下措施:

①取水口相关范围内的水下疏浚挖泥作业必须事先通知水厂,待水厂采取必要的防护措施后方可开展施工作业。

②水源一级保护区水域内的水下疏浚挖泥应尽量缩短连续施工时间,且疏浚挖泥作业点应位于取水口的下游方向。

③改线段新开航道进水前,采用防污屏对取水口实施围护,并保留下游一边的围堰,将上游的围堰破堤进水,待新航道内SS浓度降到正常状态后,再拆除下游一边的围堰。

2. 航道疏浚工程的环境保护监理要点

(1) 开工前监理工程师应要求施工单位采取周密的环境保护措施,并审批施工方案。

(2) 监理工程师应根据工程环境影响特点,确定本阶段环保监理的巡视、旁站计划。监督检查施工单位是否按环保要求进行施工。

(3) 应监督检查疏浚作业的施工工艺,减少超挖方量,缩短旁通时间,控制装仓溢流。

(4) 在生态敏感区域施工,应监督检查疏浚作业季节及作业周期选择,减少作业对水生生物洄游、产卵的影响。

(5) 应监督检查疏浚物质的运输过程,防止疏浚物洒漏污染水体环境。

(6) 应监督检查疏浚物的处置,保证按指定的地点抛泥。

(7) 对施工过程中不符合环保要求的行为,监理工程师可以发出监理指令,责令改正;情况严重时可发出暂时停工令。施工单位无正当理由拒绝整改的,监理工程师可以对该部分工程量款项拒绝支付。

(8) 监理工程师应注意水环境质量的悬浮物指标,必要时可进行现场监测。

第六节 取、弃土场

公路工程尤其是山岭重丘区的公路工程,弃土(渣)量较大,据有关资料显示,在黄河流域废弃的土方量有10%~30%成为水土流失量,南方降水及暴雨较多地区,弃土的冲刷程度也比较严重,因此要特别重视取、弃土场的环境保护。

(1) 取、弃土(渣)场的选址,见"施工准备期环境监理"相关章节。

(2) 在路侧选用田地取土时,取土厚度应在当地地下水位线以上至少0.3m,防止地下水出露影响生态环境。

(3) 检查碎石加工粉尘控制情况,重点关注除尘装置的运行情况、物料的密封储存以及扬尘的防治;碎石加工时应进行洒水或除尘器除尘,冲洗砂石的废水应通过沉淀池沉淀合格后排放,部分废水澄清后可用于洒水降尘。

(4) 禁止废渣、土石等向洞口、水体、山涧的随意堆弃和无序倾倒。弃渣不得弃入或侵占耕地、渠道、河道、道路等场所,必须运至指定的弃渣场。

(5) 为防止固体废弃物堆积体被冲蚀或易发生滑塌、崩塌,应贯彻"先挡后弃"原则,设置拦渣坝。拦渣工程选址、修建,应少占耕地,尽可能选择荒沟、荒滩、荒坡等地方。拦渣坝坝型主要根据拦渣的规模和当地的建筑材料来选择。一般有土坝、干砌石坝、浆砌石坝等形式。选择坝型时,应进行多方案比较,做到安全经济。均质土坝构造简单,便于施工,尤其是在高速公路项目区,多具有大型推筑、碾压设备,最适于修建土坝。

(6) 弃渣应在指定范围内严格按照相关要求堆置。应整齐、稳定,不遗留陡坡、滑坡、塌方等隐患,并且排水通畅。河道不得弃渣。桥头弃土不得挤压桥墩、阻塞桥孔。

(7) 取、弃土(渣)场的边坡,都应在工程防护的基础上,尽可能创造条件恢复植被,特别是草灌植物的应用,应尽力把工程措施和植物措施很好地结合起来。这不仅能控制水土流失,维护坡面稳定,而且对生态环境改善具有重要意义。

(8)在施工结束后,应对取、弃土场进行修整、清理和生态恢复,包括复耕或绿化等,并必须有相应的水土保持措施。可按要求在地表覆盖熟土还耕或绿化,或与当地土地管理部门商议后,对取土坑进行改造,放缓边坡,使边坡稳定,或开发成水源、鱼塘。

第七节 排水、防护、交通安全设施和其他工程

一、排水工程环境保护要点

排水工程潜在环境影响见表12-9。

排水工程潜在环境影响 表12-9

序号	活动内容	潜在影响
1	挖掘机、装载机等	1.噪声;2.漏油;3.扬尘;4.有害气体
2	土石方运输	1.沿路洒落;2.随意丢弃
3	运输车辆	1.噪声;2.尾气;3.尘
4	夯实机械	1.噪声;2.漏油;3.有害气体
5	砂浆拌和机搅拌	1.噪声;2.砂浆外漏
6	砂浆喷射机	1.噪声;2.砂浆泄漏
7	清洗砂浆设备	水污染

排水工程包括地表排水和地下排水。

地表排水设施包括边沟、排水沟、跌水与急流槽、蒸发池、油水分离池、排水渠等,应结合地形和天然水系进行布设,并做好进出口的位置选择和处理,防止出现堵塞、溢流、渗漏、淤积、冲刷和冻结等现象。

地下排水设施包括暗沟(管)、渗沟、渗水隧洞、渗井、仰斜式排水孔、检查井等类型,应根据工程地质和水文地质条件确定,并与地表排水设施相协调。

(1)及时疏通排水系统,为邻近的土地所有者提供灌溉与排水用的临时管道。临时排水设施与永久排水设施相结合,应有合适的泄水断面和纵坡,临时用作排水渠道时,应适当加大泄水断面,并采取加固措施,使水流畅通不产生冲刷和淤塞。污水不得排入农田和污染自然水源,不得引起淤积和冲刷。

(2)截水沟设置在无弃土堆的情况下,截水沟的边缘离开挖方路基坡顶的距离视土质而定,以不影响边坡稳定为原则,如系一般土质至少应离开5m,对黄土地区不应小于10m并进行防水渗加固,截水沟挖出的土,应运到指定地点。

(3)施工过程中应当采取措施,控制扬尘、噪声、振动、废水、固体废弃物等污染,防止或者减轻施工对水源、植被、景观等自然环境的破坏,改善、恢复施工场地周围的环境。不论何种原因,在没有得到有关管理部门同意的情况下,各类施工活动不应干扰河流、渠道或排水系统的自然流动。

(4)在路基和排水工程(涵洞、倒虹吸等)施工期间,应为邻近的土地所有者提供灌溉与排水用的临时管道。

(5)将弃土、弃渣于指定地点堆放,并采取防护措施,避免其被冲刷流入水体。

(6)该阶段施工场界噪声限值为昼间70dB(A),夜间55dB(A)。

二、挡土墙、防护及其他砌筑工程环境保护要点

防护工程潜在环境影响见表12-10。

防护工程潜在环境影响　　　　　　表12-10

序号	活动内容	潜在影响
1	地基承载力和基础埋置深度	1.冲刷;2.墙体稳定
2	挖掘机、装载机等	1.噪声;2.漏油;3.扬尘;4.有害气体
3	土石方运输	1.沿路洒落;2.随意丢弃
4	运输车辆	1.噪声;2.尾气;3.扬尘
5	夯实机械	1.噪声;2.漏油;3.有害气体
6	砂浆拌和机搅拌	1.噪声;2.砂浆外漏
7	砂浆喷射机	1.噪声;2.砂浆泄漏
8	清洗砂浆设备污水	水污染

挡土墙施工应综合考虑工程地质、水文地质、冲刷深度、荷载作用情况、环境条件和施工条件,并结合路基施工进度,同步实施。应采用合理施工方法,尽量减少对环境和相邻路基段的不利影响。

(1)地基承载力小于设计要求时,应及时与设计单位联系,确定开挖底线。

(2)基础埋置深度应根据设计要求和现场情况确定基底高程。

(3)当冻结深度小于或等于1m时,基底应在冻结线以下不小于0.25m,并应符合基础最小埋置深度不小于1m的要求。

(4)当冻结深度超过1m时,基底最小埋置深度不小于1.25m,还应将基底至冻结线以下0.25m深度范围的地基土换填为砂砾石等材料。

(5)受水流冲刷时,应按路基设计洪水频率计算冲刷深度,基底应置于局部冲刷线以下不小于1m。

(6)路堑地段的挡土墙基础顶面应低于路堑边沟底面不小于0.5m。

(7)在风化层不厚的硬质岩石地基上,基底一般应置于岩表面风化层以下;在软质岩石地基上,基底最小埋置深度不小于1m。

(8)建设施工过程中,应当采取措施,控制扬尘、噪声、振动、废水、固体废弃物等污染,防止或者减轻施工对水源、植被、景观等自然环境的破坏,改善、恢复施工场地周围的环境。

(9)根据水土保持方案,检查水土保持措施的落实情况。

(10)将弃土、弃渣于指定地点堆放,并采取防护措施,避免其流入水体。

(11)该阶段施工场界噪声限值为昼间70dB(A),夜间55dB(A)。

三、交通安全设施施工环境保护要点

安全设施工程潜在环境影响见表12-11。

安全设施工程潜在环境影响　　　　表12-11

序号	活动内容	潜在影响
1	拌和厂	1.扬尘;2.废水;3.噪声
2	预制厂	1.废水;2.噪声
3	基础工程	1.噪声;2.扬尘;3.废弃物处置;4.有害气体
4	焊接	1.有害气体;2.废弃物处置;3.光辐射
5	油漆和表面处理	1.有害气体;2.废弃物处置

交通安全设施包括护栏、隔离栅、道路交通标志、道路交通标线、防眩设施等。

(1)拌和厂、预制厂、基础工程的防治措施同前文。

(2)外购材料应提供生产厂商的环保达标证明材料,并经环保监理工程师认可。

(3)防撞护栏施工时应防止打桩机械油泄漏造成污染,并合理安排施工时间减少噪声对周边的影响。

(4)焊接的废弃物如电焊渣、废弃的焊材,应收集处理。

(5)油漆应妥善存放和使用,避免滴、漏影响水体和土壤。油漆包装物应统一收集处理(或委托有资质单位统一处理),不应随意抛弃。

(6)道路标线施工时应制订环境保护措施,防止标线材料在运输和使用中泄漏污染水体;突起路标和轮廓标施工时应防止黏合剂的泄漏和污染。

四、其他工程的环境保护监理要点

(1)分部工程开工前,监理工程师应对施工方案中的环保措施进行审批,要求施工单位采取周密的环境保护措施,以确保满足环保要求。监理工程师应根据工程环境影响特点,确定本阶段环保监理的巡视、旁站计划。监督检查施工单位是否按环保要求进行施工。

(2)监理工程师应对取、弃土场的环保措施执行情况进行巡检,特别注意取、弃土场的排水、挡土措施。在对取、弃土场生态恢复(植树绿化)阶段,监理工程师应根据工程实际情况,有重点地旁站监理。

(3)在特殊生态保护地区,焊接废渣不能弃置在野地,监理工程师应对施工单位提出环保要求。

(4)巡视过程中发现不符合环保要求的行为,监理工程师可以发出监理指令,责令改正,情况严重时可发出停工令。施工单位无正当理由拒绝整改的,监理工程师可以对该部分工程量款项拒绝支付。

(5)在本阶段,监理工程师应注意总悬浮颗粒物(TSP)、水体悬浮物(SS)和噪声等监测指标,必要时可进行现场监测,以复核环保措施的成效。

第八节 施工期环境风险应急预案

交通建设往往施工环境恶劣,突发环境污染风险较大。建设单位应独立编制并定期演练环境风险应急预案,施工期环境风险应急预案和体系应纳入区域环境风险应急体系中。施工期环境风险应急预案编制应包括如下内容:

(1)应急预案的编制目的、依据、适用范围及预案体系。
(2)环境的现状及风险评价。
(3)明确应急组织体系、指挥机构及职责。
(4)预防与预警措施。
(5)应急响应和救援措施,应建立分级响应体制;应编制救援措施说明,包括污染事故现场应急救援措施说明、大气类污染事故保护目标的应急救援措施说明、水类污染事故保护目标的应急救援措施说明、受伤人员现场救护、救治与医院救治处置方案等。
(6)应急事故发生后环境监测的方案、现场保护与现场洗消方法及程序。
(7)应急终止的条件、终止后的行动及善后处理工作安排。
(8)应急培训和演习的安排。

复习思考题

1. 简述路基工程施工环保监理要点。
2. 多年冻土地区等生态脆弱地区路基施工,为方便施工,路侧30m内的植被是否应重点保护?取土场是否应就近设置于路基近侧?为什么?
3. 简述路面工程施工环境保护监理要点。
4. 简述桥梁工程施工环保监理要点。
5. 简述隧道洞渣的处理与利用。
6. 简述取弃土场的环保监理要点。
7. 简述水下炸礁施工环境保护要点。
8. 简述码头水上施工环境保护监理要点。
9. 简述围堰及吹填工程环保监理要点。
10. 简述航道疏浚工程的环境保护要点。
11. 结合现有在建工程,列举环境潜在影响内容及防治措施。

第十三章　交工验收与缺陷责任期环境保护监理

【本章提要】 本章简要介绍了在交工验收期间、缺陷责任(保修)期间环境保护监理的主要工作要求和内容。

公路工程在交工验收与缺陷责任期、水运工程在交工验收及保修期的施工环境保护监理工作包括：交工验收环境保护监理、缺陷责任(保修)期环境保护监理和环境保护竣工验收监理。其中，竣工环境保护验收有关内容详见第九章，这里不再重复；这一阶段环保工程的监理工作内容和方式与施工监理是相同的，以下仅介绍监理工程师在交工环境保护验收和缺陷责任(保修)期环境保护监理中的主要工作。

第一节　交工验收环境保护监理

交工验收环境保护监理的主要任务是检查施工合同约定的环境保护各项内容的完成情况，指出遗留的环境保护问题，监督其整改，以免施工单位撤出后无法落实。必要时，邀请环保和水保行政主管部门参加部分已整治、恢复好的临时用地的初验和移交。最终形成环境保护初验结果，对该项工程是否可进行下一步的交工验收提出意见和建议。环境监理参加由建设单位组织的交工验收。

一、交工验收环境监理工作内容

(1)组织交工验收前的环境保护工作内容初验。

工程进行交工验收前，各施工单位均要提交交工验收申请报告，环境监理在接到交工验收申请后，相关的施工监理及施工单位相关人员应按合同、项目环评报告书、施工单位进场后提交的环境保护措施及施工中环境保护实际执行情况，对各施工单位的环境保护工作内容进行初验，逐一排查，发现问题，监督其整改。监理工程师应当重点检查以下内容：

①现场检查施工单位临时工程和临时设施的清理情况及环境恢复措施的实施情况，检查内容包括便道、便桥、临时码头、临时驻地、预制厂、拌和厂、泥浆池、化粪池等所有临时工程和临时设施。

②现场检查取土场、弃土(渣)场的整治与恢复情况，以及生活和建筑垃圾的清理和处置情况。

③检查边坡整治、排水设施完善等的完成情况。

④检查全线绿化工程等生态恢复措施落实情况。
⑤检查施工、监理单位环境保护资料的完整性。
⑥检查合同约定的其他各项环境保护目标和措施的完成情况。
(2)整理环境监理资料,并归档。
(3)参加交工验收。

环境监理工程师应参加建设单位组织的合同工程交工验收,接受对环境保护监理资料、环境保护监理工作报告的检查,并协助建设单位的交工验收工作。

二、施工单位应具备的环境保护资料

(1)施工临时用地总平面布置图、各临时用地占地面积及用途、临时用地的清场、整平和恢复情况。施工期污水排放平面图及主要处理措施。

(2)施工期环境保护措施与管理制度。包括生活区、办公区、临时用地、拌和设备、施工现场、取土场、弃土场及船舶等机械设备等的环境保护措施与管理制度。

(3)施工环境保护措施执行效果的自查记录、监测记录及整改措施等。

(4)环境保护月报。

(5)与监理单位往来环境方面的文件。包括环境监理整改通知及回复单、环境保护监理检查报告表、环保事故报告表等。

(6)环境恢复记录,主要包括:

①各临时占地初始的地形地貌、地表植被等自然特征的文字描述和影像记录。

②便道、便桥、临时码头、临时用房、预制厂、拌和厂、泥浆池、化粪池等所有临时工程和临时设施的清理和环境恢复的文字和影像记录。

③取土场、弃土(渣)场的整治与恢复情况记录。

④边坡整治、绿化工程等生态恢复措施及取土造地等生态补偿措施相关资料。

(7)相关主管部门要求的其他资料。

三、监理单位应具备的环境保护监理资料

监理单位在交工前应整理好关于施工期环境保护的有关资料,一般应包括以下内容:

(1)环境保护监理计划(公路)或监理规划(水运)。

(2)环境保护监理细则(公路)或监理实施细则(水运)。

(3)环境监理所建立的施工标段的环境管理台账及环境检查记录。

(4)环境保护监理所发整改通知单及施工单位回复单、因环境保护问题签发的指令等。

(5)与建设单位、施工单位、设计单位往来的环境保护文件。

(6)与环境保护有关的会议记录和纪要。

(7)环境保护监理月报。

(8)环境保护监理工作总结。

(9)相关主管部门要求的其他资料。

第二节 缺陷责任期(保修期)环境保护监理

一、缺陷责任期(保修期)内环境保护监理的内容

缺陷责任期(公路)或保修期(水运)的环境保护监理工作内容主要包括:

(1)定期检查施工单位对交工环境保护验收提出的环境保护遗留问题(环保、水保等)整改措施和计划的实施情况。必要时,根据工程具体情况对施工单位的整改计划作出调整,并督促实施。

(2)对项目环境保护设施工程施工进行现场监理,并对环境保护设施运行情况进行检查,如不能达到环评报告书中的相关要求,及时督促其整改。

(3)督促各施工、监理单位按合同及有关规定完成施工环境保护竣工资料的整理、归档,编写施工环境保护工作总结报告。

(4)整理完成环境保护监理竣工资料,并编写工程环境保护监理总结报告。

二、协助竣工环境保护验收

(1)对需要进行环保、水保单项验收的项目,环境监理应做好验收前的初验工作,并应协助建设单位做好组织验收工作。

协助建设单位编制建设项目竣工环境保护验收申请报告等有关资料,并协助向有审批权的环境保护行政主管部门,办理申请建设项目竣工环境保护验收的有关事项。

协助建设单位编制水土保持方案实施工作总结报告等有关资料,并协助向审批该水土保持方案的机关,办理申请水土保持设施验收的有关事项。

(2)参加项目的水保、环保及工程竣工验收,并完成竣工验收小组交办的工作。

(3)竣工环境保护验收资料及时归档。

复习思考题

1. 交工验收环境监理工作与竣工环境保护验收工作,各有哪些管理要求和工作侧重点?
2. 交工验收环境监理应做哪些工作?
3. 缺陷责任期环境保护监理的主要任务是什么?
4. 交工环境保护验收前,监理单位应具备哪些环境保护监理资料?
5. 交工验收资料整理中,施工单位的环境保护资料应包括哪些?

第十四章 环境保护工程及监理要点

【本章提要】 本章介绍了五大类环保工程的监理要点,包括噪声控制工程,水污染和环境风险控制工程,生态治理、恢复与优化工程,拦渣工程,环境空气污染控制工程等。作为交通建设项目中的附属工程,环保工程施工监理的质量、进度、费用等控制要求及工作内容与主体工程的施工监理相同,其监理程序和方式也与主体工程施工监理一致,在此不作赘述。

第一节 环保工程界定和主要内容概述

一、环保工程界定

交通建设的环境保护工程是主体工程的一部分,相互有机地融合在一起。如果需要单独界定出环境保护工程内容的话,可以考虑依据单项工程实施的目的或效果进行划分。

首先从效果来说,多数工程内容都具有环境保护意义。如高速公路本身在土石山区,就起着相当于等高线台地的水土保持作用;公路或港口的护坡工程,起着稳定周边山体的作用;隧道工程大大缩短了越岭线的距离,减少了生态破坏和气、声等污染排放。所以说只从效果上划分主体工程和环境保护工程是较困难的。

交通建设中的环境保护工程,即是以环境保护为主要目的,进而达到保护、恢复或优化各类环境因子效果的单项工程,多数环境保护工程的验收,不仅是土木工程质量的验收,还有环境保护效果的验收,需要进行环境监测,这是环境保护工程与一般的土木工程的不同之处。而围绕保护主体工程为目的的防护工程,在监理工作中多以土木工程技术为监理依据,不列为环境保护工程。如声屏障工程以控制交通噪声污染为目的,弃渣场的防护是以控制生态破坏和水土流失为主要目的,有时还兼顾新造耕地、植树优化环境的目的,因此界定为环境保护工程;如坡面防护中的绿化工程,主要以恢复和优化生态环境、美化景观为目的,可界定为环境保护工程;而采用浆砌片石或拱形护坡工程时,更多是出于保护主体工程的目的,工程量和监理技术方法在主体工程监理中进行了充分的体现,故不在环境保护监理工作中介绍。

二、环保工程主要内容

交通行业环境保护工程,按工程内容可分为以下五大类:生态破坏治理、恢复与优化工程,交通噪声控制工程,水污染和环境风险控制工程,固体废物污染控制工程,环境空气污染控制工程等。同时,应强调对主体工程和临时工程等两部分予以同样的重视。其中,各大类环境保护工程主要包括以下内容：

（1）生态环境治理、恢复与优化工程。陆域范围主要包括控制生态环境破坏的拦渣工程和治理工程、临时迹地恢复工程、绿化和景观美化工程、特殊坡面绿化工程等；水域范围主要包括海洋生物人工放流增殖工程、人工鱼礁建设、海岸带湿地的生物恢复工程等。

（2）交通噪声控制工程。主要包括各类声屏障工程、隔声窗工程等。

（3）水污染和环境风险控制工程。主要包括各类污水处理工程、路面和桥面径流的危险化学品环境风险控制工程等。

（4）固体废物污染控制工程。主要包括固体垃圾和废物收集工程、垃圾处置工程等。

（5）环境空气污染控制工程。主要包括工地扬尘控制，烟尘排放净化设施，煤、矿石和其他杂货码头港口防尘控制工程等。

第二节 噪声控制工程简介和监理要点

有关声屏障降噪原理、设计方法及声屏障材料技术要求不再详述，仅对声屏障工程监理要求和要点作一介绍。

一、声屏障监理

1. 监理工作一般要求

（1）声屏障一般始于声保护对象的中部，并向两侧同等长度延伸，总长度大于保护对象的长度。当遇见主体工程施工中变更里程桩号情况时，应调整声屏障位置设计，不能"刻舟求剑"，而偏向一侧。图14-1为某高速公路声屏障照片。

图14-1 某高速公路声屏障照片

（2）在标志牌、桥梁伸缩缝、下穿人行通道和涵洞等处，应采用合理的设计形式，不能留有间断。

（3）结合当地最大风力等环境情况，复核声屏障的高度等设计保证系数，不能因强风而折断，造成交通事故。

（4）提出运营初期一定交通量条件下，减噪的环境保护验收指标。如在设计中对减噪指标没有提出要求，或提出达不到的过高要求，在监理工作之初都应该加以修正明确。一般而言，高速公路初期10000pcu/d的交通量，平路基上设置的声屏障4m高时，对其后30m的降噪效果,应不小于 5~10dB(A)。

2. 质量和进度控制要点

各项工程质量方面的技术指标,请参考相关规范和设计文件要求。

(1)屏障体符合设计要求的材料质地、厚度等;材料的抗折、老化等强度符合设计要求;表面涂装的颜色、平整度、划痕、使用寿命等达到设计要求;应要求承包人提供必要的国家或出厂的检测报告或产品合格证。

(2)预埋基础位置、间距、深度等指标准确;隐蔽工程应进行分步验收;由于部分声屏障基础立于路基的边坡上,因此要保证基础开挖后的基坑四周公路土不被扰动。

(3)声屏障安装位置、高程、偏移、竖直度在容许偏差之内。

(4)基础、框架、屏障体、板材等相互之间结构连接准确、牢固。

(5)主体工程与其上的屏障体之间、屏障体砌块之间、结构相互连接之间等处,原则上不得留有接缝空隙。这是因为声音的传播特性决定了微小的空隙可以产生巨大的透声效果。当由于设计或施工的失误而留下空隙时,后期应采用厚重密实的材料堵塞这些空隙,采用松软的泡沫等材料堵塞空隙几乎毫无效果。

(6)声屏障工程应尽早实施,尽早保护声环境敏感目标。可在声屏障依附的路基主体工程稳定后,及时安排基础开挖等,而桥梁上声屏障基础预埋应与主体工程同步进行。

3. 环境保护监理的验收监测

在平路基条件下,高速公路 10000pcu/d 的交通量,一般平路基 50m 范围内会有不同程度的超标,主要是夜间噪声超标。要求声屏障达到相应的降噪效果,3~4m 高的声屏障,20~30m 内的降噪效果,一般可以达到 7~10dB(A)。在完成声屏障的工程质量验收之后,可在环境保护竣工验收前,进行必要的减噪效果监测,为业主提供必要的参考数据。声屏障效果监测常用插入损失(TL)评价声屏障的降噪效果。

当环保减噪效果不理想时,应建议建设单位进行设计变更,开展必要的改建和扩建工程。

二、隔声窗工程简介和监理要点

我国适用于公路的环境噪声标准十分严格,从而造成现有条件下大交通量公路两侧的夜间噪声普遍超标。而邻近城区和近郊区的公路两侧,居民、医院、研究所等噪声敏感建筑较多,全部拆迁或全部封闭声屏障也是难以实施的。另外,郊外村庄有的居民居住分散,采用声屏障不仅投资较大,也难以取得效果。这时往往采用隔声窗进行室内噪声的控制,如图 14-2 所示。在监理工作中应注意:

(1)隔声窗工程应在开工后尽早实施,这样不仅减少运营期交通噪声的污染,也减少施工噪声对生活工作环境的污染。该工程属于一般的简单安装工程,监理要点不再赘述。

(2)验收可按现行《住宅设计规范》(GB 50096)进行。同时,《声环境质量标准》(GB 3096—2008)规定,在室内进行噪声测量时,室内噪声限值低于所在区域标准值 10dB。一般而言,

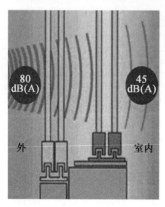

图 14-2 隔声窗控制噪声示意图

平路基高速公路初期20000pcu/d的交通量时,50m外侧的居民室内降噪效果应不小于20～30dB(A)。

第三节 污水处理设施工程简介和监理要点

一、交通建设项目污水处理工艺概述

交通建设项目附属设施排放的污水,高速公路按排出的位置可分为公路收费区、公路服务区和管理生活区三种;港口、码头则来自堆场等作业区和办公生活区。收费区和管理办公区排放的污水主要为生活污水;服务区污水主要由粪便污水、餐饮洗涤废水、洗车废水、机修废水和加油站清洗废水组成。汽车维修站、加油站废水及车辆冲洗废水,常含有泥沙和油类物质。服务区污水一般考虑的主要污染因子有COD(化学需氧量)、油类和SS。

污水处理工艺广泛采用的是好氧生物处理法,也可采用化粪池和稳定塘处理方法。好氧生物处理法按主要工艺流程可分为A/O法(厌氧好氧工艺法)、A^2/O法(厌氧缺氧好氧法)和SBR法(序列间歇式活性污泥法)三种。交通建设项目附属设施所排放的加油、洗车、修车废水数量较少,目前一般经隔油池等工艺预处理后与生活污水混合进入后续处理设施。

二、质量要求

污水处理设施出水水质应达到设计要求,符合相应的排放要求。公路污水处理后一般有以下几个去向:排入市政管网、用于农田灌溉、排入附近水体和重复利用做绿化、道路喷洒用水等。对应以上几种排放方式,排放要求如下:

(1)污水处理后排入市政管网的,出水水质应满足现行《污水综合排放标准》(GB 8978)的相关要求。

(2)污水处理后排入附近农田沟渠用于农田灌溉的,出水水质应满足现行《农田灌溉水质标准》(GB 5084)中的相关要求。需注意的是,排入附近农田沟渠并不远处就连接自然水体的,应根据受纳水体的水质标准,复核相应排放标准。

(3)污水处理后排入附近水体,出水水质应满足该水体功能对应的现行《污水综合排放标准》(GB 8978)的相关要求。

(4)污水处理后重复利用做绿化、道路喷洒用水,水质应满足现行《城市污水再生利用城市杂用水水质》(GB/T 18920)中的相关要求。

三、设计图纸交底

公路生活污水处理存在以下特点,在图纸交底时需特别注意以下几点:

(1)沿线污染点多,处理量少。公路沿线的附属设施生活污水排放量较小,所以小型的生活污水处理器即可满足其处理要求。

(2)车辆冲洗废水、加油站废水和机修等废水中常含有泥沙颗粒物和油类物质,应设置除沙、除油装置进行预处理。

(3)排水管线设计图纸中应体现"雨污分流、清污分流"的原则。

(4)服务区的污水以粪便水为主,污水中氨、氮、磷浓度高,设计时需选用高效可靠的工艺。

(5)服务区污水量变化系数大,水冲击负荷大,一般均需设置调节池,同时应适当增大厌氧池和好氧池的容量,以保证污水的停留时间达到6~12h。

(6)北方地区的设备在设计时要考虑到气候的特殊性。设计时需考虑1~2m的防冻层。

四、施工质量控制要点

1. 地基及基础工程

关于地基承载力检测、基础开挖、基础浇筑、回填等的监理,可参考土木建筑类工程监理办法进行。

2. 污水处理构筑物

混凝土抗压强度、抗渗、抗腐蚀、抗冻性能必须符合设计要求。

池壁顶面高程和平整度应满足设备安装及运行的精度要求。

预制壁板和混凝土湿接缝不应有裂缝。

设备安装的预埋件或预留孔的位置、数量、规格应准确无误。

水池完工后,必须进行满水的渗漏试验。试验应符合现行《给水排水构筑物工程施工及验收规范》(GB 50141)的规定。

3. 污水管线铺设

排水管线设计时应考虑"雨污分流",路面、屋面及草地雨水经雨水口或雨水收集管排至雨水管道,减轻污水处理系统的负担。

污水管线应控制高程,保证进、出水口流水畅通。由于服务区、管理区的污水来源分散,污水管线长,必须事先测定高程,监控好管道的高程和坡度,符合图纸设计要求,合理布置生活污水处理设施的位置。

管道配合基础施工,一次性预埋,覆土前应做第一次闭水试验,回填土后做第二次闭水试验,两次闭水试验应符合相关规范要求。

管道与构筑物连接好后,必须及时填压柔性套管密封圈,压紧、压实并进行构筑物灌水试验,套管部位无渗漏后,及时回填管沟。

4. 设备安装

设备的进场检查一般检查数量是否与合同一致,外观和零部件是否完整,传动部位是否灵活,密封件是否完好,铭牌标注的型号、规格是否符合设计要求,零配件是否与合同一致,随机文件是否符合要求等。

设备安装应符合相关的规范、标准。压缩机、风机和泵的安装,应符合现行《风机、压缩机、泵安装工程施工及验收规范》(GB 50275)的规定。

曝气设备是活性污泥处理法的核心部分,曝气系统的安装应满足以下几点要求:

(1)系统无泄漏。因为任何泄漏都会造成淤泥渗入管道,最终导致曝气系统布气管及其支管的堵塞,使系统无法正常工作。

(2)传输到每个盘状曝气器的空气要均匀一致。曝气池内通常有成百上千个盘状曝气器,如果空气传输不均匀,必然使其中一部分不能正常发挥功能,反会被淤泥堵塞曝气器。

(3)曝气器单元之间的管子一定要在一条水平直线上。

(4)安装完毕后,应将曝气器吹扫干净,出气孔不应堵塞,并做泄漏试验。如因故无法立即做泄漏试验,应在曝气池中注入清水,水面至少高出曝气池底面1m,以保护盘状曝气器及工程塑料布气管免受紫外线照射,同时可防冻、防脏物进入曝气器。

5. 排污口

(1)排污口及其污水去向应符合环境影响评价文件和当地环境保护要求,如排污口及其污水去向不得设置于或流入饮用水保护区、各级自然保护区等法定环境敏感区等。污水最终去向应与污水处理工艺级别相对应,如拟排入三级地表水水质河流的污水,其排放必须采用污水处理一级排放标准,因此应复核设计至少采用了二级强化处理工艺或三级水处理工艺。

(2)排污口设置必须符合"一明显、二合理、三便于"的要求,即环境保护图形标志明显,起到提示或警示作用;排污去向合理,不能使受纳水体超出承受能力或破坏了受纳水体的水域功能;排污口设置合理,为满足清污分流、提高处理效率、方便管理的需要,一个管理区(如公路服务区、收费区等)最好只设置污水和雨水排放口各1个;排污口设立要便于采集样品、便于监测计量、便于公众参与监督管理。

五、工程验收

(1)产品外观及材质的检验内容和方法。连接件及整体结构等可采取目测方法;钢板、填料等材料检验可检查出厂检验报告。

(2)产品运转部件的检验内容和方法。相关产品(如泵、风机、电动阀等)可重点检查产品合格证、说明书等,并进行相关产品的电动试验。

(3)台架检验主要指耐冲击负荷试验,检验其水量波动(零负荷及平均、最小、最大容积负荷)和水质波动等指标。

(4)达到标准。检验进水水质、出水水质分别应达到相应的设计标准。

第四节　路面、桥面径流集中处理系统简介和监理要点

一、径流集中处理系统的目的和适用范围

公路和港口、码头的运输品种中,常见危险化学品,交通事故时有发生,给人民生命财产带来重大损失,严重污染环境的事件时有发生。根据国家环保总局、发改委、交通部《关于加强公路规划和建设环境影响评价工作的通知》(环发〔2007〕184号),公路建设应在水环境敏感路段设置径流水收集系统和沉淀池。通知规定:"公路建设应特别重视对饮用水水源地的保护,路线设计时,应尽量绕避饮用水水源保护区。为防范危险化学品运输带来的环境风险,对

跨越饮用水水源二级保护区、准保护区和二类以上水体的桥梁,在确保安全和技术可行的前提下,应在桥梁上设置桥面径流水收集系统,并在桥梁两侧设置沉淀池,对发生污染事故后的桥面径流进行处理,确保饮用水安全。"在实际工作中,国家和地方环保部门有时根据具体情况,提出了更严格的保护要求。因而径流集中处理系统不仅包括全封闭收集系统,还有另外两种体系,常见三种体系为:

(1)全封闭收集系统。将路(桥)面径流全部汇集,排出路(桥)面和敏感区范围。适用于跨越饮用水水源二级保护区、准保护区和二类以上水体且实施全封闭收集系统安全和技术可行的桥梁和路段。

(2)部分封闭收集系统。汇集一定时间段的初期雨水径流,并足够汇集冲洗路(桥)面上发生事故时洒落的危险化学品的水量,在一定时间段后相对干净的雨水径流,可外溢直接进入周围水体。适用于跨越三类水体,或饮用水水源二级保护区、准保护区和二类以上水体,实施全封闭收集系统不安全、技术不可行的桥梁和路段。

(3)择时封闭收集系统。平时排水孔不封闭,径流直接排入桥下等水体。当长期无雨、路(桥)面较脏,特别是危险化学品事故洒落时,马上封闭排水孔,初期雨水径流或冲洗危险化学品的水量顺路桥面纵坡排出敏感区。适用于其他一般敏感水体,或实施全封闭收集系统不安全、技术不可行的桥梁和路段。

二、径流集中处理系统集成和监理要点

径流集中处理系统集成包括径流汇集系统、汇集后集中处理系统,有时还包括必要的应急车辆等设备、酸碱中和或吸油处理材料等。

1. 径流汇集系统

包括路(桥)面排水孔、汇水管线沟道、支持连接架构三部分,如图14-3所示。监理时应考虑以下重要内容和指标:

图14-3 某桥梁径流排水管线照片

(1)排水孔。间距、位置,可顺利收集、排出横坡汇水。特别是检查便于清理那些堵塞排水孔的泥沙、杂物的设计是否合理和容易实施,排水孔畅通不堵塞。

(2)汇水管(路面径流排水沟原理相似)。位置及布局,一般可在桥面左右两侧分别设置

汇水管。可以凸形桥面的最高点为中心向两端布设。汇水面积、流量及汇水管口径应符合设计要求。汇水管材质采用防腐材料。管件连接处不松旷、不洒漏。

（3）支持连接架构。汇水管与桥面采用合理的支持、固定、连接形式,避免容易松脱或难以更换的情况。

2. 汇集后集中处理系统

汇集后集中处理系统主要包括集水池、填料。

（1）集水池的容积。一般设计时要求其有效容积可以容纳当地最大暴雨条件下汇水面积内 20~30min 的初期雨水量。检查是否有足够的容积。集水池应坚固、不渗漏。

（2）集水池的位置。必须设置于河道堤防或其他保护区之外。否则,满溢的积水会随时流入河道水体,造成污染。

（3）集水池的填料。黄沙、泥土、砾石等是常见的填料,也可以在水池中适当种植水生植物。使用填料的主要目的是吸附、沉淀、净化污水和危化品,同时便于污染物的清除以及填料本身的更换。填料要适量。

第五节　拦渣工程简介和监理要点

弃渣场的防护是以控制生态破坏和水土流失为主要目的,有时还兼顾新造耕地、植树优化环境的目的。因此,拦渣工程是为专门存放公路施工造成的大量弃土、弃石、弃渣和其他废弃固体而修建的水土保持工程,主要包括拦渣坝、拦渣墙和拦渣堤。

一、监理复核选址一般要求

应根据弃土、弃石、弃渣量及其堆放位置,堆放区域的地形地貌特征、河(沟)道水文地质条件,公路项目的安全要求等确定拦渣工程形式。

拦渣工程在总体布局上应坚持"工程合理、安全可控、因地制宜、保护环境"的原则。

（1）工程合理、安全可控。坝址应位于弃渣源附近,其上游流域面积不宜过大;下游没有工厂、城镇、居民点、重要设施等社会敏感区;坝址地质构造稳定,岩土质坚硬;要选择岔沟,沟道平直和跌水的上方,坝端不能有集流注地或冲沟;坝址附近有良好的筑坝材料,便于采运和施工;根据国家标准,结合当地的具体情况复核原设计防洪标准。

（2）保护环境、因地制宜。拦渣工程尽可能选择荒沟、荒滩、荒坡等地方,避开环境敏感区如自然保护区、风景名胜区、基本农田、地表水(如水库、河流等),工程范围内不能有疏松的塌积和陷穴、泉眼等隐患。坝址地形要口小肚大,沟道平缓,工程量小,库容大,造成的环境影响小;适当设计渣场规模,使之易于复垦。原表土剥离至基岩层;黄土高原区渣场应结合造地设计;山区高大渣场可分级布设,易于复垦为梯田。

二、拦渣坝工程简介和监理要点

1. 坝型选择

拦渣坝坝型主要根据拦渣的规模和当地的建筑材料来选择。一般有土坝、干砌石坝和浆砌石坝等形式。选择坝型时，应进行多方案比较，做到安全经济。

（1）土坝。工程上最常用是均质土坝，即整个坝体都用同一种透水性较小的土料筑成，一般采用壤土、砂壤土。均质土坝构造简单，便于施工，尤其是在高速公路项目区，多具有大型推筑、碾压设备，最适于修建土坝。

（2）浆砌石坝。浆砌石坝适用于石料丰富的地方，可以就地取材，抗冲击能力大，坝顶可以溢流，不必在两岸另建溢洪道，易于施工，如图14-4所示。此外，由于砌石的整体作用，上、下游坝坡不会产生滑动，因而坡度比土坝陡。但浆砌石坝需一定数量的水泥，施工比土坝复杂，需要一定的砌石技术，对地基的需求比土坝高，一般要求建在较好的岩基上。

图14-4　弃渣场浆砌石坝和运渣道路临时防护

浆砌石重力坝常由溢流段和非溢流段两部分组成。通常在沟槽部分布置溢流段，两侧接以非溢流段，两段连接处用导水墙隔开。

浆砌石重力坝是在外力作用下，依靠自身的重力维持抗滑稳定。坝顶宽度能满足交通要求即可。

浆砌石坝坝体内要设排水管，用以排泄坝前积水或废渣中的渗水，分别在水平面上和垂直方向上，每隔一定距离设一道排水管。排水管材料一般采用铸铁管或钢筋混凝土管，也可采用PVC管，直径可根据排水流量确定。排水管向下游倾斜，保持一定的比降。在坝的两端，为防止沟壁的崩塌，必须加设边墙。

（3）干砌石坝。干砌石坝宜在沟道较窄、石料丰富的地方修建，也是一种常用的坝型。干砌石坝断面为梯形，上、下游坡比按相关设计规范确定。

干砌石坝的坝体系用块石交错堆砌而成，坝面用大平板或条石砌筑。因此，在坝体施工时，要求块石上下左右之间相互"咬紧"，不容许有松动、滑脱的现象出现。

（4）土石混合坝。当坝址附近土料丰富而又有一定石料时，可选用土石混合坝。坝的断面尺寸，一般当坝高为5～10m时，坝顶宽为2～3m，上、下游坡比按相关设计规范确定。

土石混合坝的坝身用土和石渣填筑，而坝顶和下游坝面则用浆砌石砌筑，由于土坝渗水后，易发生沉陷。因此，坝的上游坡必须设置黏土隔水斜墙，这时上游坝坡应适当放缓，下游坡脚设置排水管，并设置相应的反滤层。

2. 上游洪水处理

（1）拦渣坝坝址上游汇流较小时，采取导洪堤或排洪渠，将区间小洪水排导至拦渣坝的溢洪道或泄水洞,安全泄走。

（2）拦渣坝坝址上游有较大洪水,并对拦渣坝构成威胁时,应在拦渣坝上游修建拦洪坝。在此情况下,拦渣坝的溢洪、泄水总量应与其上游拦洪坝的排洪、泄水建筑物的泄洪总量统一考虑。

（3）拦渣坝坝址上游有较大洪水,坝址上游又无条件修建拦洪坝时,可修建防洪拦渣坝,同时兼具拦渣和防洪两种功能,但必须经过技术经济论证,确定其合理性,才能修建。

三、挡渣墙工程简介和监理要点

挡渣墙是为了防止固体废弃物堆积体被冲蚀或易发生滑塌、崩塌,或稳定人工开挖形成的高陡边坡,或避免滑坡体前缘再次滑坡而修建的水土保持工程。

1. 挡渣墙形式

挡渣墙按结构形式的不同,可分为重力式、悬臂式和扶壁式三种。挡渣墙形式要根据拦渣的规模和当地的建筑材料来选择。选择挡渣墙形式时,应按照安全、经济的原则,进行多方案比较,选择最佳的挡渣墙形式。

2. 选线选址

为充分发挥挡渣墙拦挡废渣的作用,保证挡渣墙在使用期间的稳定与安全,应合理选线,尽量减小挡渣墙的设计高度与断面尺寸。

挡渣墙应建在紧靠弃渣或相对高度较高的坡面上,这样可有效降低挡渣墙高度。挡渣墙沿线土层的含水率和密度应保持一致,避免不均匀沉降对地基稳定性的影响。为安全起见,在具体施工时,应沿挡渣墙长度方向预留伸缩缝和沉降缝。挡渣墙的布设尽可能避免横断沟谷和水流,如无法避免时,应修建排水建筑物。墙线宜顺直,转折处应用平缓曲线相连接。

3. 上部洪水处理

挡渣墙上部有汇流小洪水时,采取导洪堤或排洪渠,将水流引走,使之安全排泄。挡渣墙上部有较大洪水时,应在其上部修建引洪拦洪坝。

四、拦渣堤工程简介和监理要点

拦渣堤是指修建于沟岸或河岸的,用以拦挡公路施工中排放的固体废弃物的建筑物。由于拦渣堤一般同时兼有拦渣与防洪两种功能,堤内拦渣,堤外防洪,故拦渣堤设计的关键是选线、基础和防洪标准,对于下游有重要设施的拦渣堤,应充分论证分析,提高防洪标准和稳定系数。

1. 拦渣堤类型

根据拦渣堤修筑的位置不同,主要有以下两种:

（1）沟岸拦渣堤。弃土、弃石、弃渣堆放于沟道岸边的,其建筑物防洪要求相对较低。

（2）河岸拦渣堤。受限于《中华人民共和国防洪法》《中华人民共和国河道管理条例》要求,一般弃土、弃石、弃渣不得堆放于河滩及河岸。由于特殊情况需要堆置的,其建筑物防洪要求相对较高,不应小于20年一遇,且不小于本河段防洪标准。

2. 设计复核要求

(1)根据项目在公路施工中弃土、弃石、弃渣的具体情况,确定在规定时期内拦渣堤应承担的堆渣总量。

(2)堤顶高程按设计洪水位、风浪爬高、安全超高确定。

第六节　陆域生态恢复工程简介和监理要点

一、场地准备

整地,即土壤改良和土壤管理,是保证绿化植物成活和茁壮生长的前提。

(1)清理障碍物。

(2)整理现场。根据设计图纸的要求,整理出预定的地形,或平地或起伏坡地,使其与周围排水趋向一致。上边坡生态防护应清理边坡表面的危石、松石。

(3)设置水源。大量进行绿化,设置必要、足够的水源是必须的。水质应符合现行《农田灌溉水质标准》(GB 5084)的要求。

(4)土壤改良。公路和水运工程的路肩、边坡及附属设施区等原施工场地的土壤中,常含有建筑废土及其他有害成分,以及强酸性土、强碱土、盐土、盐碱土、重黏土、沙土等。部分树种需要有一定酸度的土壤,如杜鹃、山茶等,应将局部地区的土壤全换成酸性土。以上均应根据设计规定,采用客土或采取改良土壤的技术措施,使种植深度符合种植要求,确保绿化植物能茁壮成长。

种植或播种前可对该地区的土壤理化性质进行化验分析,采取相应的消毒、施肥等措施。

二、乔灌草常规种植和管护工程

1. 定点、放线

(1)种植穴、槽定点放线应符合设计图纸要求,位置必须准确,标记明显。

(2)种植穴定点时应标明中心点位置,种植槽应标明边线。

(3)定点标志应标明树种名称(或代号)、规格。

(4)对于设计图上无固定点的绿化种植,如灌木丛、树群可结合地形确定栽植范围,其中每株树木的位置和排列可根据设计要求在所定范围内用目测法进行确定,定点时应注意植株的生态要求并注意自然美观。定好点后,多采用白灰打点或打桩,标明树种、栽植数量、坑径。

2. 种植穴、槽的开挖

(1)挖种植穴、槽的大小,应根据苗木根系、土球直径和土壤情况而定。穴、槽必须垂直下挖,上口下底相等。

(2)挖穴、槽后,应施入腐熟的有机肥作为基肥。

3. 种植材料和播种材料选择

(1)种植材料应根系发达、生长茁壮、无病虫害,规格及形态符合设计要求。

(2)铺设草坪用的草块及草卷应规格一致,边缘平直,杂草不得超过5%。草块土层厚度宜为3~5cm,草卷土层厚度宜为1~3cm。

(3)草坪、地被植物的种子应注明品种、品系、产地、生产单位、采收年份、纯净度及发芽率,不得有病虫害。自外地引进种子应有检疫合格证,发芽率达90%以上方可使用。

4. 苗木种植前修剪

种植前应进行苗木根系修剪,宜将劈裂根、病虫根、过长根剪除,并对树冠进行修剪,保持地上地下平衡,减少水分的散发,保证树木成活。

5. 树木种植

(1)应根据树木的习性和当地的气候条件,选择最适宜的种植时期进行种植。

(2)先检查种植穴大小及深度;然后应再次检查根系是否完好。种植带土球树木时,不易腐烂的包装物必须拆除。种植时,根系必须舒展,填土应分层踏实,种植深度应与原种植线一致。

(3)种植应按设计图纸要求核对苗木品种、规格及种植位置。行道树或行列种植树木应在一条线上,相邻植株规格应合理搭配,高度、干径、树形近似,种植的树木应保持直立,不得倾斜,应注意观赏面的合理朝向。

(4)新植树木定植后24h内必须浇上第一遍水,定植后第一次灌水称为头水。水要浇透,使泥土充分吸收水分,灌头水主要目的是通过灌水将土壤缝隙填实,保证树根与土壤紧密结合,以利根系发育,以后应根据当地情况及时补水,水灌完后应作一次检查,由于踩踏不实树身会倒歪,要注意扶正。

6. 草坪、花卉种植

草坪种植应根据不同地区、不同地形,选择播种、分株、茎枝繁殖、植生带、铺设草块和草卷等方法。种植的适宜季节和草种类型选择应符合下列规定:

(1)冷季型草播种宜在秋季进行,也可在春、夏季进行。

(2)茎枝栽植暖季型草播种宜在南方地区夏季和多雨季节进行。

(3)植生带、铺设草块或草卷,温暖地区四季均可进行;北方地区宜在春、夏、秋季进行。

草坪播种应选择优良种子,不得含有杂质,播种前应做发芽试验和催芽处理,确定合理的播种量。

各类花卉种植时,在晴朗天气、春秋季节、最高气温25℃以下时可全天种植;避开高温时间。

草块搬运至铺设场地后,应立即进行栽种。铺设草块前,应先清除场地上的石块、垃圾等杂物,增施基肥,力求表土层疏松、平整,更重要的是排水坡度的整理,应达到0.2%~0.3%的自然排水坡度。铺设草块前,对场地再次拉平并增加1~2次压平,以免铺后出现泥土以下所带来的不平整或者积水等不良现象。

铺设草块时,块与块之间,应保留0.5~1.0cm的间隙,以防在搬运途中干缩的草块遇水浸泡后膨胀,形成边缘重叠。块与块间的隙缝应填入细土,然后滚压,并进行浇水,要求灌透。一般浇水后2~3d再次滚压,则能促进块与块之间的平整。

方块草坪铺设,不论是冷地型、暖地型草种,都忌在冬季进行。因为禾草在冬季大都停止生长或者休眠,铺后容易遭干冻。对入春后新萌发的嫩芽,移栽后,亦影响其正常生长。最适宜的草块铺移时间是春末夏初,或者秋季进行,如果在夏季铺移,则必须增加灌溉次数。新铺草块必须加强护理,防止人畜车辆入内,靠近道路、路口的应设置临时性指示牌,减少和防止人为破坏所造成的损失。新铺草坪返青后,可增施一次尿素氮肥,每公顷施用量约 120～150kg。当年冬季可适当增施堆肥土或土屑等疏松肥料,能改善新铺草坪的平整度。

7. 乔灌草养护工程

指乔木及灌木的整形修剪及越冬防护。乔木修剪的目的在于调节养分,扩大树冠,尽快发挥绿化功能;整理树形,整顺枝条,使树冠枝繁叶茂,疏密适宜,充分发挥观赏效果;同时又能通风透光,减少病虫害的发生。有些行道树还需要解决好与交通、电线等的矛盾,常有大风经过的地方则需缩小树冠,以防倒伏。根据树木本身的自然树形和生长习性,可分为无主轴型和有主轴型。前者如槐树、栾树、元宝枫等;后者如毛白杨、银杏、白蜡等,修剪要领各不相同。此外,对松柏类的修剪另有要求。

修剪可以控制高度,刺激逐年循序更新老枝,使上下部枝叶都能丰满,保持灌丛状态,除去过密枝并随时清理死枝和病虫侵害的枝条。对观花灌木的修剪,其时间及方法需根据不同开花习性,对当年生枝上开花的,应在花开后剪去过长枝,进行整形修剪;对秋季孕育,次年春季开花的,应在夏季休眠期剪去徒长枝和过密枝,入冬前剪短过长枝,修整株形;对花开在多年生枝上的和常绿开花灌木,可于休眠后或萌动前进行必要的整形修剪。

树木的越冬防护。对寒冷干旱地区不耐寒树种、特别是一些原产较温暖、湿润地区的树种需要有安全越冬的技术措施。树木冬季受害主要有两方面原因:一是低温使组织内水分结冰而使细胞死亡;二是早春树木萌动后土壤未解冻而植株无法吸收水分,不能保持组织内水分的收支平衡,致使枝芽干枯,此时如遇干旱大风则更易导致树木死亡。对于第一种原因,只能通过选择耐寒树种和利用背风向阳处的小气候条件等途径加以解决。对于第二种原因的防护措施,除利用有利的小气候条件外,还可采取以下措施:

(1)春季施用含磷、钾的肥料。

(2)夏末秋季不灌水、施肥,避免秋梢徒长、组织柔嫩,同时要防止土壤内积水。

(3)秋季不修剪。

(4)秋末土壤封冻前浇足封冻水。

(5)在树下地面上覆盖树叶或堆肥等防寒材料,覆盖面多超出根系范围,有大风地区,表面要压土以防吹散,这样可使冻土层减薄,封冻时间短。

(6)在风害极大地段可设置风障。

(7)早春土壤解冻后立即充分灌水。

(8)加强肥水管理,特别是返青水和冻水应适时浇灌,浇足浇透。合理安排修剪时期和修剪量,使树木枝条充分木质化,有效控制病虫害的发生,提高抗寒能力,确保树木安全越冬。

(9)对不耐寒的树种和树势较弱的植株应分别采取不同防寒措施。

①对雪松等耐寒、耐旱、抗风能力差的边缘树种,在新植 3 年内应搭设风障。

②悬铃木等耐寒性差且树皮较薄的树种,在新植 3 年内可采取主干裹纸加绕草绳等防寒措施。

③月季等株形低矮、抗寒性较差的花灌木,应于根基部培设土堆防寒。

④紫薇、木槿、大叶黄杨等易发生春季梢条的树种,宜于上年初冬和当年早春适量喷洒高酯膜等抗蒸腾剂。

三、坡面绿化

常用的坡面土保持生物措施主要有人工播种、铺草皮、植生带护坡、土工格室植草、藤本植物护坡、液压喷播和客土喷播等。

1. 三维网植草

三维植被网植草是将带有突出网包的多层聚合物网固定在边坡上,在网包中敷土植草对边坡进行绿化的技术。根据抗拉能力和固土能力不同,网包可设计为2~5层,一般薄层应用于填方边坡,厚层应用于挖方边坡,可以起到固土防冲刷并改善植草质量的良好效果。三维网植草采用湿法喷播、客土喷播或人工撒播的方法进行植草。三维网植草具有以下特点:

(1)固土性能优良。三维网表面有波浪起伏的网包,对覆盖于网上的客土、草种有良好的固定作用,可减少雨水的冲蚀。

(2)消能作用明显。网包层缓冲了雨滴的冲击能力,减弱了雨滴的溅蚀。

(3)网络加筋作用突出。三维网植草的基础层和网包层网格间的经纬线交错排布黏结,对回填土或客土起着加筋作用。

(4)保温功能良好。三维植被网垫具有良好的保温作用,在夏季可使植物根部的微观环境温度比外部环境低3~5℃,在冬季则高3~5℃。

2. 植生带护坡

植生带是把草种、肥料、保水剂等按一定密度定植在可自然降解的无纺布或其他材料上,并经过机器的滚压和针刺复合定位工序,形成的具有一定规格的产品。植生带护坡的特点是:

(1)置草种、肥料于一体,播种施肥均匀,数量精确,草种、肥料不易移动。

(2)植生带具有保水和避免水流冲失草种的性质。

(3)草种出苗率高、出苗整齐、建植成坪较快。

(4)用可自然降解的纸或无纺布等作为底布,与地表吸附作用强,腐烂后可转化为肥料。

(5)植生带体积小、质量轻、便于储藏,可根据需要常年生产,生产速度快,产品成卷入库,储存容易,运输、搬运轻便灵活。

(6)施工省时、省工,操作简便,并可根据需要任意裁剪。

3. 土工格室植草

土工格室植草技术是将土工格室铺装固定于无土壤的石质边坡,通过向内填入种植土壤,营建植物生长的基础,再进行机械或人工播种,从而建立边坡人工植被。

与客土喷播相比,由于其格室内的土壤可全部由人工填入,故不需机械设备,且所填土壤的土质条件要求不严,一般公路施工场地的细土添加有机肥料予以改良即可利用。

4. 工程边坡灌木化设计简介

研究表明,草本和乔木在工程边坡水土保持中均存在较大的局限性,灌木以其发达的根系和较好的群落稳定性在水土保持中具有一定的优势。边坡灌木化就是在边坡上建立以灌木为主体、灌乔草相结合的复合植被的过程,是一个生物多样性丰富的复合群落建成的过程,而并非单一灌木群落。边坡灌木化技术可应用于除青藏高原外的广大地区,边坡类型包括各类软质岩边坡、土石混合边坡及瘠薄土质边坡。通过边坡灌木化可以建立乔灌草相结合的立体混交植被,增加群落层次,提高生物多样性,不仅可以有效降低土壤侵蚀,而且也是防止路域植被退化的重要手段。

边坡灌木化技术包括植物选择、种子处理、播量控制、土壤基材及肥料、施工、养护等各个环节,是一项系统工程。从准备工作到植物选择与设计、建植及养护管理等各个环节都应目标明确地指向灌木化的实现。理想的建植模式应是多种技术的综合集成。

在灌木化实施的各种工艺措施中,宜加强各种措施的综合应用,包括液压喷播、客土喷播、栽植技术、人工播种等相结合,以促进目标木本植物群落的建成。

5. 坡面客土喷播

客土喷播是在岩石边坡等场地整备后,将土壤和种子等材料的混合物喷植于场地表面的生态恢复工程,适用于不同风化程度的岩石边坡或其他难以采用常规种植技术施工的场地,如图14-5所示。多种材料的混合物包括团粒剂使客土形成团粒化结构,加筋纤维在其中起到类似植物根茎的网络加筋作用,从而造就有一定厚度的,具有耐雨水、风侵蚀,牢固透气,与自然表土相类似或更优的多孔稳定土壤结构。

图14-5 客土喷播

(1)坡面和基础整备。

若岩石边坡本身不稳定,边坡坡度较大,坡面风化较深时,应采用预应力锚杆锚索进行加固处理后,进行挂网。上边坡坡度大于45°时,应铺设金属网。挂网前先把锚钉按一定的深度和间距固定在坡面,锚固件不应打在岩石的裂缝处,锚固件与岩石孔间隙应填灌密实。金属网铺设应自上而下,首先固定好坡顶金属网片上端部后,才能向下铺设。金属网与坡面间隙应保持均匀,间隙应符合设计要求。

采取客土喷播的高陡边坡,还应先进行截、排水沟的设计施工。

(2)喷播监理技术要点。

①喷播基材是保证喷播成功的重要因素。泥炭土是喷播的好材料,可和木纤维或纸浆等按一定的配比混合使用。一般喷播厚度在10~20cm。

②保水剂及黏合剂用量。保水剂可根据各地气候条件及石场特点的不同而做相应的调

整;黏合剂可根据石壁的坡度而定,与坡度大小成正比。

③草种选择。所喷播的草种应是根系发达、生长成坪快、抗旱、耐贫瘠的多年生品种;如果当地冬季寒冷的话,还应考虑品种的抗冻性。利用草种的互补性,如深根性和浅根性、豆科和禾本科、外地与本地、发育早与发育晚等特性进行混合喷播。

④客土喷播。客土喷播前浇水湿润坡面,将泥炭、腐殖土、草纤维、缓释营养肥料等混合材料经过专用机械的搅拌后喷播在基础网上。一般要求喷射厚度为设计厚度的125%。绿化基材混合物层必须紧贴下覆岩面无分离和脱开现象。

⑤喷播植物种子。将种子适当进行催芽等前处理后,与纤维、黏合剂、保水剂、复合肥、缓释肥、微生物菌肥等经过喷播机搅拌混匀成喷播泥浆,在喷播泵的作用下,均匀喷洒在工作作业面上。

⑥覆盖。多雨季节,保证植物种子生根前免受雨水冲刷;寒冷季节,保证植物种子和幼苗免受冻伤害;以及正常施工季节的保温保湿,可采用无纺布、稻草帘等覆盖。

⑦随后进行浇水、施肥、防治病虫害、补播等养护管理工作。

四、绿化工程验收基本要求

(1)绿地表面平整,排水良好,杂草在有效控制之内。
(2)乔、灌木的成活率应达到95%以上;珍贵树种和孤植树应保证成活。
(3)坡面或边坡草地覆盖率按年度要求,不应小于70%或相关设计要求。
(4)苗木、草坪无明显病害。
(5)植物整形修剪应符合设计要求。
(6)中央分隔带的苗木修剪后的高度应为1.4~1.6m,栽植的株、行距合理,应满足防眩功能的要求,不得影响交通安全。

第七节 水生生物恢复与保护措施简介和监理要点

一、人工放流增殖

渔业资源增殖放流是在对野生鱼、虾、蟹、贝类等进行人工繁殖、养殖或捕捞天然苗种在人工条件下培育后,释放到渔业资源出现衰退的天然水域中,使其自然种群得以恢复。其中涉及放流品种的选择、放流前的准备、放流技术、放流后期管理等方面。

1. 品种选择

合理选择品种是人工放流增殖成功的关键因素。应结合当地特点因地制宜选择放流品种。我国《水生生物增殖放流管理规定》第九条规定,用于增殖放流的人工繁殖水生生物物种,应当来自有资质的生产单位。其中,属于经济物种的,应当来自持有《水产苗种生产许可证》的苗种生产单位;属于珍稀、濒危物种的,应当来自持有《水生野生动物驯养繁殖许可证》的苗种生产单位。第十条规定,用于增殖放流的亲体、苗种等水生生物,应当是本地种。苗种应当是本地种的原种或者子一代,确需放流其他苗种的,应当通过省级以上渔业行政主管部门组织的专家论证。

选择放流品种时,应谨慎考虑移植外来品种。移植是向水域移入新的品种,必然导致对生存条件的竞争,如对饵料资源的重新分配,对生活空间的占有等,使水体原有种群之间的生态平衡关系发生改变,尤其是肉食性鱼类的移植务必谨慎处理。移入新品种进入新环境,适应后因为新环境中通常缺乏限制其发展速度的天敌,一般会比当地封闭水域中的土著种类有更强的竞争力,压制甚至灭绝了当地优良的地方名贵品种,因此,如果对此估计不足或缺乏防范意识和措施,其结果往往是弊大于利。因此,在移植引种前,应进行认真调查研究和论证,对欲引进品种的生态习性、生活史等各方面进行详细了解,避免盲目引进而引起一系列的生态问题,也可采取先试验、后放流的办法,在全面了解并掌握该品种的生物学特性和生态习性的基础上,再考虑移植、放流。

2. 放流前准备

(1)环境资料掌握。水域环境中影响鱼类生长、发育、行为、生殖、分布的环境因子有很多,自然地理概况如:地理位置、水域面积、水深、水位常年变化状况、气候条件、水系水质以及水域的底质构成等,都会给鱼类的栖息、生长、繁殖造成很大影响,因此应深入分析环境因素变化给放流品种可能带来的影响,尽早采取对应措施,保证放流效果。

(2)生态容量评估。鱼类的生存与繁殖,要依赖天然水体中综合环境全部因子的存在,只要其中一种因子的量或质不足或过多,超过了鱼类的耐性限度,则该鱼类品种不能存在,因此,在放流前应科学评估水体生境的生态容量。

(3)社会环境考察。人工放流是一项系统的社会工程,它涉及社会经济领域的方方面面,其中,社会环境也是决定人工放流成败的不可或缺的重要因素,必须全面理解和掌握湖泊周边的社会环境状况,尤其是捕捞渔民的情况,如经济状况、人员结构、文化层次、收入状况、组织情况、生活习惯等,将这些情况有机结合在放流计划的制订,可以有效提高放流的主动性,扩大放流效果。

3. 放流技术

放流技术涉及放流时间掌握、地点掌握、运输技术、苗种投放等几个技术环节。这些技术环境在河流、湖泊及海洋上差别较大,因根据各自特点确定合理的技术方案。

4. 放流后期管理

(1)放流过程管理。在开展人工放流前,应做好深入细致的宣传工作,让渔民深刻认识到人工放流的重要意义,请他们关心、支持人工放流工作,告知他们放流的时间、地点和鱼群可能通过的路线,邀请渔民代表参加并监督放流过程,要求他们自觉维护人工放流鱼种的安全;其次,取缔可能妨碍放流鱼种安全的一切隐患,包括网簖等;三是派出渔政人员在放流现场和四周一定范围内进行监督检查;四是跟踪监测,注意观察放流鱼群的走向,便于加强渔政管理。

(2)放流标识及监测。放流种群标志是开展放流效果评价的重要手段,通过对放流种群部分加装标志,以区分于野生种群,监测调查放流种群生长及资源变化情况,对于研究改进放流技术,提高回捕率具有重要意义。标志方法应具有成本低、易于识别,对鱼虾苗种生长及存活率影响小等特点。目前常用标志方法有挂牌法、剪鳍法、注射法(入墨标志)、染色法、微型不锈钢磁性标志法(体内埋金属线)、化学气味鉴别法。其中,染色法和不锈钢磁性标志法较为先进。

5. 人工放流监理要点

(1)增殖放流前监理工程师应审批增殖放流方案。要特别注意放流品种、放流时间、放流地点的选择是否科学合理。

(2)监理工程师应对放流进行全过程旁站监理。监督检查放流单位是否按照规定的程序和计划开展工作。

(3)对放流过程中不符合要求的行为,监理工程师可以发出监理指令,责令改正,情况严重时可以发出暂时停工令。

(4)监理工程师应详细记录放流情况,包括放流的品种、数量、时间和地点等。

二、人工鱼礁

1. 人工鱼礁技术要求

(1)人工鱼礁材料选择。

建造人工鱼礁的材料日益趋于多样化,有钢筋混凝土构件、木材、轮胎、石块、贝壳、废旧船体、废旧车体等。就目前而言,世界上混凝土构件占主导地位,约占现有建成礁体的90%以上。材料的选择主要考虑与环境的适应性、耐久性、稳定性以及经济性。首先要保证礁体的使用寿命(30年以上),不会对海洋环境造成不利影响,而且要尽量节约成本。因此,一般情况人工鱼礁建筑材料的选择应该符合以下基本要求:

①功能性。功能性是用来衡量不同鱼礁材料吸引鱼类和水生生物并使其驻留的程度,功能好的鱼礁材料可以有效地刺激较小或较大生物体的生长需求,并为目标品种提供栖息地。

②兼容性。为了获得最好的生态效益,人工鱼礁的材料选择及设计需要尽量保证人工鱼礁与环境的兼容性。预计投放于天然礁石附近的人工鱼礁,在设计时要特别注意保证选择的材料不会损坏天然礁体。

③可获得性。材料选择时需要衡量和协调材料成本和可获得性之间的关系,保证人工鱼礁建设工程的正常实施。

(2)人工鱼礁建设。

不同的增殖和诱集对象要求人工鱼礁的结构形式也不同,包括开口、表面积、形状、高度等。人工鱼礁的结构必须满足增殖和诱集对象的生物学条件和底部条件,目的在于提高人工鱼礁的鱼礁效果。人工鱼礁的设计建设应考虑以下几个方面的因素:礁区鱼类的行为差异、鱼礁结构、鱼礁轮廓高度、表面积、空隙结构、颜色及差异等。

为了改善人工鱼礁的设计模式,很多国家确定了相关设计准则。在人工鱼礁工程中,这些准则能保证礁体投放后产生最好的效能,为礁石的生物群落创造更好的生存发展环境。无论单体鱼礁结构还是鱼礁的整体设计,都需要有针对性的设计制造以达到最好效果。

(3)人工鱼礁选址。

人工鱼礁的选址是一项十分复杂的工作,涉及地质、海洋、生物等多个学科。在投放人工鱼礁之前,需要对其生物条件和非生物条件进行综合调查和评价,进而确定礁区位置。

2. 人工鱼礁监理要点

(1) 施工前,监理工程师应审批施工方案。落实鱼礁施工过程中的环保措施,控制三废排放。

(2) 监理工程师应对鱼礁建设进行全过程监理。监督检查放流单位是否按照规定的程序和计划开展工作。

(3) 对放流过程中不符合要求的行为,监理工程师可以发出监理指令,责令改正,情况严重时可以发出暂时停工令。

三、鱼道

鱼道是设在江河固定建筑物(如水坝、航电枢纽等)中的,使鱼类能逆流或顺流通过的通道。

1. 确定鱼道保护对象

一般来讲,鱼道工程只能对个别或少数几种鱼起作用,并且鱼道只对有比较固定的产卵场起作用,对有较大和耐久的溯河能力的洄游性鱼类效果较好。

2. 鱼道布置

(1) 鱼道的进口。鱼道进口应设在经常有水流下泄、鱼类洄游路线及经常集群的地方,并尽可能靠近鱼类上溯到达的最前沿。鱼道进口附近水流不应有漩涡和水跃,进口下泄水流应使鱼类从枢纽的各种水流中分辨出来,必要时在进口处需补充诱鱼水流和设置诱鱼导鱼设施,在主要过鱼季节中适应下游水位的变化。

(2) 鱼道的出口。鱼道的出口应适应坝上水位的变动,且与坝前水面很好地衔接。一般情况下,鱼道出口高程应不高于过鱼季节中水库最低运行水位以下1.0m,鱼道出口通常以敞开式为好,出口最好设控制闸门以调节鱼道进水流量。出口外水流应平顺,流向明确,没有漩涡,以便鱼类能沿着水流和岸边线顺利洄游。

(3) 鱼道主要结构形式。鱼道设计参数主要包括:鱼道长度、宽度,池室长度,隔板结构尺寸,鱼道内流速、水深、坡度、过流量等。鱼道的设计不仅要考虑鱼类通过鱼道时的水力条件,还要考虑鱼类的生活习性。

3. 鱼类下行

鱼道设计主要考虑鱼类上溯,但许多鱼类在一定季节还要下行入江或回海,因此需要考虑下行问题。一般而言,鱼类的下行比较容易,可以通过溢洪道、泄洪闸和水轮机下行,部分鱼类也可通过鱼道或鱼闸下行。相关研究表明,4~18m的落差造成鲑鱼的死亡率为2.4‰。如果水流速度超过16m/s,那么,下行的鱼类就非常危险了。因此,水库上游应设立拦鱼栅,避免鱼类直接由泄洪道下行。

4. 鱼道工程监理

施工前,监理工程师应审批施工方案,落实鱼礁施工过程中的环保措施,控制三废排放;鱼道其他工程监理参照一般土建工程监理进行。

第八节 防风网简介和监理要点

一、防风网简介

防风网系统由支持框架和防风网材或板材组成,如图 14-6 所示。防风网材或板材根据设计具有一定开孔率,其材料一般为金属(如钢、铝等)、非金属或二者的组合。防风网也称为挡风抑尘网、挡风抑尘板等。防风网的作用:一是作为屏障阻止粉尘飞行,二是以自身的微环境来调节空气流动,即实现挡风抑尘效果。

图 14-6　防风网系统

防风网防尘机理与散货堆场起尘、粉尘漂移、扩散、沉降机理本质上有直接关系。以煤堆场为例,其主要防尘机理是防风网能控制改善煤堆场区的风流场,减小堆场区的风速,减小堆场区风流场的紊流度。

相比混凝土实体墙,防风网采用了材质轻的开孔高分子复合材料板或金属,因而运输方便,并且还有施工周期短、维护简便快捷、利于大面积推广应用等特点。由于墙体采用高分子复合材料,因此还具有阻燃、抗老化、良好的弯曲硬度、色彩美观等优点。

防风网在交通运输行业多应用于煤码头、矿石码头和部分散货码头等港口粉尘防治中,在其他行业也应用于煤矿露天堆场等粉尘防治。设计防风网系统时,一般需要解决设网方式、设网高度和防风网与堆垛的距离三个主要问题。煤场设置的防风网,根据堆场范围大小、堆场形状、堆场地区的气候、风力分布等因素,一般分为主导风向设网和四周设网两种方式。防风网高度主要取决于堆垛高度、堆场大小和对环境质量要求等。防风网与堆场堆垛的距离结合港口的作业情况、装卸料要求、消防要求而定。

二、防风网结构和功能

1. 防风网结构

防风网主体由地下基础、支护结构和挡风板组成。防风网的地下基础,一般都由预制混凝土块或者现场浇筑水泥混凝土而形成。支护结构一般由钢支架组成,主要应考虑能给防风网提供足够的强度,来抵御强风在墙体表面形成的高压。同时,也应该在一定程度上考虑外观的美观性。设计中一般按照一定风速和风压作为设计参数。支架主体采用钢管,也可以采用钢筋,但是后者不如前者美观。

挡风板大多数厂家采用无机非金属材料经模压一次成型,产品使用环境的温度范围为 -40~80℃,能满足大多数实际工况。使用的材质有高密度聚乙烯、树脂等。目前也出现了使用纤维材质作为挡风板的原材。挡风板与支架的连接方式采用螺栓与压板固定。整体防风网的使用寿命在15~20年。

2. 防风网功能和实际效果

防风网在港口粉尘防治中效果显著。当风速超过最初的使颗粒物发生运动的阈值时,土壤的移动率与风速的平方成正比。因此,即使很小的风速降低量也会导致风力的侵蚀力有很大的减小。防风网最重要的作用是减小下游风速和湍流强度,同时还可以影响堆场大气的能量平衡、空气温度、空气湿度和污染物浓度等。

三、防风网工程施工及监理要点

防风网工程施工一般包括基础施工、灌注桩施工、基础承台施工以及防风网安装等几个部分。防风网工程的监理与一般土建工程基本相似,监理工程师要注意:控制好原材料的质量,做好试验检测及平行试验工作;加强工序检查控制,前道工序合格后方能进行下道工序施工;关键部分特别是混凝土浇筑要坚持旁站监理,发现不符合质量要求的问题,及时给予解决。

1. 基础施工和灌注桩工程施工

基础施工主要包括基础开挖、混凝土垫层施工、钢筋绑扎、预埋件制作安装、基础混凝土浇筑。

灌注桩工程施工首先是桩位放样定位,人工开挖钻孔坑,埋设钢护筒,铺设轨枕安放轨道,而后采用回旋钻机成孔,泥浆护壁及清渣,并安放钢筋笼,采用竖管法浇筑混凝土(对部分位于原吹填围埝处的灌注桩,如发现地下有块石等障碍物,可使用冲击钻成孔浇筑)。由于灌注桩数量较大,为加快灌注桩施工速度,施工时应考虑多台钻机分块同时进行作业,以满足工期要求。

2. 基础承台工程施工方法

在灌注桩浇筑达到设计强度后,由人工开挖承台基坑,并进行灌注桩桩头处理,然后支立模板、绑扎钢筋,浇筑承台混凝土。由于混凝土用量大,初步考虑在施工现场设多台搅拌机进行作业,并由混凝土罐车运至现场浇筑。当基础承台浇筑后,马上进行原土回填。

3. 安装工程施工

(1)钢桁架结构施工。可在施工现场就近焊接拼装钢桁架,并按设计要求进行防腐处理,而后由起重机械定位安装及固定。吊装时可在高空平移或者旋转就位。吊点的位置和数量在施工图阶段计算后进行确定。在正式施工前应进行试拼及试安装,当确有把握时方可进行正式施工。

(2)防风板的安装。防风板应按设计规定的尺寸分片组装吊安。因防风板尺寸类型较多,安装时应严格按照图纸规定,提前确定规格,可进行编号;施工时取相应编号的防风板安装。

第九节　除尘器简介和监理要点

一、除尘器简介

除尘器按捕集分离尘粒的机理来分类,可分为湿式除尘器和干式除尘器两大类。

1. 湿法除尘

湿式除尘装置是使含尘气体与水密切接触,利用水滴和尘粒的惯性碰撞及其他作用捕集尘粒或使粒径增大的装置。主要是对尘源喷雾洒水,以增加粉尘颗粒的黏滞性和重量来消除或防止起尘。湿法除尘具有操作简单、运转费用低、抑尘效果好的优点。

根据设备耗能的高低,又可分为:①低能湿式除尘器,如空心喷淋塔、水膜除尘器等;②高能湿式除尘器。

湿式除尘设备又可分为储水式除尘器(如自激型除尘器和螺旋水膜除尘器等)、加压式除尘器(如文氏管除尘器和喷淋除尘器等)、旋转式除尘器(如泰森洗涤器等)。

优点:结构简单,造价低,占地面积小,操作维修方便,净化效率高,能处理高温高湿气流。

缺点:喷水管易腐蚀,产生的污水、污泥需处理。

2. 干法除尘

干式除尘器包括机械式除尘器、过滤式除尘器和静电除尘器等,是将重点产尘部位尽可能封闭起来,同时辅以一些集尘机械装置。对于施工中一些小型物料堆场,运输汽车或火车等均可采用这种方法。覆盖既可以防止物料表面在风力作用下起尘,又可以防止雨水径流的污染,对于运输车辆可以有效地消除粉尘和物料的洒落。使用专门的机械在车辆装载或堆放过程中进行压实,使堆垛表面形成不易被风吹蚀的表面,也是一种经济适用的防尘手段。干式机械除尘装置的优点是结构简单,造价低,施工快,便于维修,对含尘气流的阻力小。缺点是对敞开式无组织排放的粉尘及小粒径颗粒分离捕获效率低。

(1)机械式除尘器。根据将进入除尘器内的含尘气流中的粉尘分离出来的作用力是重力、惯性力还是离心力,将这类除尘器分为重力式除尘装置、惯性式除尘装置和离心式除尘装置。

(2)过滤式除尘器。含尘气体与过滤介质之间借助于惯性碰撞、扩散、截留、筛分等作用,实现气固分离,这种除尘装置称为过滤式除尘器。根据所采用过滤介质和结构形式的不同,这类除尘器又可分为袋滤式除尘装置(通常称为布袋除尘器)、颗粒层除尘装置。

(3)静电除尘器。作用于尘粒的外力为静电力的除尘器,通常称为静电除尘器,简称电除尘器。

二、除尘器施工质量监理要点

尽管各类除尘装置的除尘机理不尽相同,它们的构造形式各异,但是,作为一种机械设备,它们绝大部分都是金属构件,除尘设备和管网系统都由焊接或法兰连接而成。因此,无论何种形式的除尘装置,在设备制造及系统安装方面总的要求是,严格按图纸的设计要求加工制造,确定施工安装质量。除此之外,在具体的施工安装方面,还必须注意以下几个方面:

(1)铆焊件必须按图纸要求的厚度选材,保证满足设备强度的要求;焊接完后要求工件不变形,焊缝严密不漏气,设备内壁光滑、平整、无毛刺。

(2)对管网系统的法兰连接件,要求全系统内尺寸相同的法兰要一致,法兰螺孔要配钻,法兰面要平整,法兰与管件或设备的焊接要垂直,保证现场安装时能做到准确无误,严密不漏气,从而提高施工安装的质量和进度。

(3)要求衬耐磨材料或防腐蚀材料的除尘设备,在保证设计要求的形状和尺寸的情况下,衬里表面必须光滑、均匀,黏结牢靠,接缝严密。

(4)除尘系统管路的走向及坡度,必须严格按图施工,防止管道内灰尘堵塞;管道支架要牢靠,防止管道变形。

(5)各式干法除尘装置的灰斗,设计时应根据灰尘的性质及数量,考虑有足够的坡度或装设相应的振动装置,保证灰尘能通畅地从卸灰装置排出,防止灰斗内积灰过多造成堵塞。

(6)除尘器的锁气器性能的好坏对设备的除尘效率影响很大。因此,对锁气器的加工制造,要求配合面选用的材质硬度大,加工粗糙度低,配合面平整;锁气器的传动机构要求启闭动作灵活,往复性能好。

(7)除尘设备一般都在负压下运行,除尘管道与风机间的连接应采用帆布软接头,避免风机的振动对管网带来不利的影响,破坏系统的严密性。

(8)除尘系统全部安装完毕后,应进行冷态试验,分段检验系统的气密性,特别是各种检修门、人孔、观察孔、管件或设备的法兰连接处等,若发现漏气,应立即处理,直至符合设计要求为止。

(9)用于处理高温烟气的除尘装置,安装及冷态试验完毕之后,应对除尘器及管道进行良好的保温,避免局部烟气冷却至烟气露点以下,造成除尘器内部结露,妨碍除尘器的正常运行。

第十节 煤筒仓简介和监理要点

如果煤炭是露天堆放,大风和堆取料过程中会产生扬尘污染。筒仓储煤工艺是解决煤尘污染的主要措施之一。

一、钢板筒仓结构

由于煤炭流动性较差,所以筒仓的出料是煤炭筒仓使用中必须解决的难题。大直径筒仓(如直径大于20m)必须设置专门的出料装置,而对于小直径的筒仓大多采用底部到锥形出料口自流出料方式。出料口个数一般为单出料口、双出料口、四个出料口等。适当增加出料口的个数,可以增大筒仓的有效容积。出料口应对称布置、对称开启,以保证筒仓体的受力均衡。锥形出口的内壁可以采用铸石贴面,以增加耐磨性,降低出料摩擦阻力。出料口设手动和液压两种闸门,振动给料机辅助出料。北方港口,为防止冬天仓内煤炭冻结,筒仓外壁加保温层,仓内设有测温设备,可以随时监控仓内煤温;当温度高到设定值时,发出报警信号。国外有的筒仓还通有惰性气体,以防粉尘爆炸或自燃。

二、进仓系统

经过除大块、破碎后的原煤,通过皮带机输送到仓顶,然后通过仓顶皮带机进仓。筛分后的粉煤也可以通过皮带机进仓。

三、出仓系统

煤炭出仓通过筒仓底部的皮带机进行输送。

四、煤炭筒仓监理要点

煤炭筒仓的监理除了一般土建工程需要关注的工作外,施工中要注意对筒仓内的温度监控报警系统的监督,保证按要求安装到位,有效运行。

复习思考题

1. 公路建设的环保工程具体包括哪些内容?
2. 环保工程监理与一般的土木工程监理有什么不同?
3. 声屏障监理关注哪些环境保护要求?
4. 路面桥面径流收集系统环保监理的重点是什么?
5. 绿化工程监理的重点是什么?
6. 弃渣场环保监理有哪些主要的工作内容?
7. 何时应采用鱼道或人工鱼礁的技术方案?建设人工鱼礁主要包括哪些内容?
8. 防治港口粉尘污染,可采用哪些环境保护工程措施?
9. 结合具体工程,举例说明如何做好环保工程监理。

第十五章 环境监测和水土保持监测

【本章提要】 本章讲述了水质监测、大气监测、噪声监测和水土保持监测的基础知识,以及部分指标的监测方法,更多指标的要求和方法请参考相应监测规范,本章只作简要介绍。

第一节 概 述

一、环境监测和水土保持监测的概念和意义

环境监测和水土保持监测,是掌握项目区环境状况,环境影响特点、程度及其危害的需要,是判断环境质量是否符合"环境标准"的依据。环境监理工程师主管的环境监测和水土保持,作为内控质量的判定,为法定单位对有关质量的最终监测、验收做必要的准备。

环境监测是通过对影响环境质量因素的代表值的测定,确定环境质量(或污染程度)及其变化趋势。"监测"一词可以理解为"监视""监控""测定"等。环境监测是研究、测定环境质量的学科,是环境工程设计、环境科学研究、企业管理和政府决策的重要基础和主要手段。

环境监测过程一般为:基础资料的收集、监测方案的制订、样品的采集、样品的运送和保存、分析测试、数据处理、综合评价等。环境监测按监测对象可分为水质监测、大气监测、噪声及振动监测,这是环境监理工程师通常的监测工作;另外,有时还涉及土壤监测、固体废弃物监测、生物监测、电磁监测、放射性监测、卫生(病原体、病毒、寄生虫等)监测等。

水土保持监测,是从保护水土资源和维护良好的生态环境出发,对水土流失的成因、数量、强度、影响范围及后果等进行监视和测定的活动。通过水土保持监测,适时掌握项目区水土流失状况,工程水土流失特点、程度及其危害,测算水土保持工程的防治效果,为主体工程和水保工程服务。

二、环境监测和水土保持监测管理要求和监测原则

1. 交通运输部对环境监测的有关要求

交通运输部对环境监测有明确的要求,其中提出了在施工过程中须进行环境监测的要求。《交通运输行业公路水路环境监测管理办法》(交环发〔2008〕112号)规定:

第四条 各类交通建设项目在工程环境影响评价、施工、竣工环境保护验收以及运营过程中必须按照有关法规规定进行环境监测。……

第五条 交通运输行业公路水路环境监测的范围包括:

（一）公路、港口、场站、航道建设项目环境监测；污染源管理和交通环境保护设施运行状况调查；

（二）公路、港口、场站、航道等辖区内排放废水、废气、噪声、固体废弃物等污染源监测和陆域、水域生态环境监测；

（三）公路、港口、场站、航道污染事故监测调查；

（四）船舶污染源监测及船舶污染事故应急监测；

（五）交通运输行业公路水路其他环境监测工作；

（六）综合评估，编报环境质量报告和污染源状况报告。

2. 环境监测的监督监测和监理监测

环境监测是判断环境质量是否符合法定"环境标准"的依据。环境监测可分为内控的监理监测，以及法定有效的监督监测。

（1）环境监测的监理监测，也可称为内部监测。作为内控手段，环境监理工程师主管的环境监测，即如同质量监理工程师所主管的质量检测，是环境监理进行的过程控制，是环境监理的科学手段，具有明显的随机特征，且数量大、频次较多。如此来说，环境监测体系应是工地监理试验室体系的重要组成部分，进而根据内控质量的判定，为法定单位对有关质量的最终监测（检测）做必要的准备。其监测结果不具备法律效力，但可作为地方环保部门进行监督管理的参考。相对工程环境监理体系而言，可称为内部监测。

（2）环境监测的监督监测，也可称为外部监测。当遇有施工期对噪声、空气等环境污染投诉，以及环境保护竣工验收时，需要对环境敏感点以及声屏障、隔声窗等噪声控制措施的效果进行监测，这时所要求的环境监测，应由政府指定的或有相应政府部门认证的具有相关资质的法定监测单位进行监测，提供法定有效的监测数据，可称为环境监测的外部监测。

3. 施工期环境监理控制指标的设置原则

（1）全面性原则。工程施工期的环境影响包括噪声、水、环境空气、固体废物、生态环境和社会环境等多个方面，环境监理监控指标应尽可能涵盖这些全部因素。

（2）重点性原则。施工期公众关注的环境问题的顺序依次为：占地和农用水设施损失、生态破坏、噪声、粉尘和沥青烟污染、污水和生活垃圾污染等。应根据具体项目，确定监理工作的重点。

（3）代表性原则。选择重要的代表性因子进行监控，并能反应普遍性的环境问题。

（4）持续性原则。对交通项目建设施工期的环境影响应进行持续的监控和评价。

（5）可操作的简化原则。

（6）环保性原则。避免分析过程中化学药剂可能造成的次生环境影响。

4. 水土保持监测管理要求

建设单位应严格按照《生产建设项目水土保持监测与评价标准》（GB/T 51240—2018）的要求，开展交通建设类项目水土保持监测工作，监测范围应包括水土保持方案确定的水土流失防治责任范围，以及项目建设与生产过程中扰动与危害的其他区域。公路工程水土保持监测重点区域应为弃土（石、渣）场、取土（石、渣）场、大型开挖（填筑）面、土石料临时转运场、集中排水区下游和施工道路。

项目开工(含施工准备期)前应向有关水行政主管部门报送"生产建设项目水土保持监测实施方案"。建设期间,应于每季度报送"生产建设项目水土保持监测季度报告表",同时提供大型或重要位置弃土(渣)场的照片等影像资料。

第二节 噪声监测

噪声监测分为施工开始前的工程周边环境本底噪声监测、施工期噪声监测、敏感点噪声监测、交通噪声监测和减噪效果监测等。测点的选择、监测的量、监测频次、监测时间等应根据环境和工程特点的监测类型而定。

一、环境噪声测量

《声环境质量标准》(GB 3096—2008)规定如下。

1. 测量仪器和气象条件要求

(1)测量仪器精度为2型(包括2型)以上的积分式声级计及环境噪声自动监测仪器。测量仪器和声校准器应按规定定期检定。测量时传声器应加防风罩。

(2)测量应在无雨、无雷电的天气,风速达到5m/s以下时进行。

2. 测点选择

根据监测对象和目的,可选择以下三种测点条件(指传声器所处位置)进行环境噪声的测量:

(1)一般户外。

距离任何反射物(地面除外)至少3.5m外测量,距地面高度1.2m以上。必要时可置于高层建筑上,以扩大监测受声范围。使用监测车辆测量,传声器应固定在车顶部1.2m高度处。

(2)噪声敏感建筑物外。

在噪声敏感建筑物外,距墙壁或窗户1m处,距地面高度1.2m以上。

(3)噪声敏感建筑物室内。

距墙壁和其他反射面至少1m,距窗约1.5m处,距地面1.2～1.5 m高。

二、建筑施工场界环境噪声测量

大型施工场地,如码头、路基、互通立交区、大型桥梁区等,当附近有学校、医院、疗养院、敬老院、幼儿园、居民住宅区等环境敏感点时,应在施工场界进行噪声监测。《建筑施工场界环境噪声排放标准》(GB 12523—2011)规定如下。

1. 测点布设

根据施工场地周围噪声敏感建筑物位置和声源位置的布局,测点应设在对噪声敏感建筑物影响较大、距离较近的位置。

(1)一般情况测点选在建筑施工场界外1m、高度1.2m的位置。

(2)当场界有围墙且周围有受影响的噪声敏感建筑物时,测点应选在场界外1m、高于围墙 0.5m 以上的位置,且位于施工噪声影响的声照射区域。

(3)当场界无法测量到声源的实际排放时(如声源位于高空、场界设有声屏障、噪声敏感建筑物高于场界围墙等情况),测点可设在噪声敏感建筑物户外 1m 处位置。

(4)在噪声敏感建筑物室内测量时,测点位设在室内中央、距室内任一反射面 0.5m 以上,距地面 1.2m 以上,在受噪声影响方向的窗户开启状态下测量。

2. 测量时段

施工期间,测量连续 20min 的等效声级,夜间同时测量最大声级。

3. 背景噪声测量

(1)测量环境:不受被测声源影响且其他环境与测量被测声源时保持一致。

(2)测量时段:稳态噪声测量 1min 的等效声级,非稳态噪声测量 20min 的等效声级。

4. 测量记录

噪声测量时需做测量记录。记录内容应主要包括:

(1)被测量单位名称、地址、测量时气象条件。

(2)测量仪器、校准仪器、仪器校准值(测前、测后)。

(3)测点位置、测量时间、主要声源。

(4)示意图(场界、声源、噪声敏感建筑物、场界与噪声敏感建筑物间的距离、测点位置等)。

(5)噪声测量值、最大声级值(夜间时段)、背景噪声值。

(6)测量人员、校对人员、审核人员等相关信息。

5. 测量结果修正

(1)背景噪声值比环境噪声值低 10dB(A)以上时,噪声测量值不做修正。

(2)背景噪声值比环境噪声值低 3~10dB(A)时,按表 15-1 修正。

测量结果修正表(单位:dB)　　表 15-1

差值	3	4~5	6~10
修正值	-3	-2	-1

6. 测量结果评价

(1)各个测点的测量结果应单独评价;最大声级 LA_{max} 直接评价。

(2)由于建筑施工场界噪声限值不是单一的数值,而与不同施工阶段有关,而且昼夜限值不同,因此评价施工噪声是否达标时,还要标明该次场界噪声监测是在施工的哪个阶段(如土石方、打桩、结构施工等)。

三、施工机械噪声监测

单台施工机械的噪声监测只针对强噪声源(如柴油发电机组、打桩机等)对场外环境有干扰时进行。稳定噪声只需监测 1min,而打桩机等非稳定噪声测量 20min 的等效 A 声级,也可同时记录最大声级以供参考。测点可在离机械 1m 处、场界处、敏感点处。

记录报告中应表明测点位置(与保护目标或机械的距离、方位、离地面高度),施工时的工况等。给出测量结果时,必须同时给出测点离被测机械的距离,如果不予说明,通常指离机械1m处。

四、声屏障降噪效果的测量

《公路声屏障 第5部分:降噪效果检测方法》(JT/T 646.5—2017)规定如下。

1. 降噪效果

用插入损失(TL)评价声屏障的降噪效果。

2. 测量方法

(1)直接法。

直接测量时,宜在声屏障安装前后同一参照点(在尽量保证噪声源、地形、地貌和气象条件不变的条件下,不受声屏障安装影响的声音监测点)和接收点(声屏障插入损失的测量位置)进行测量。

(2)间接法。

间接测量时,宜选择与声屏障安装前的参考点和接收点等效的场所进行测量,并保证参考点和接收点的等效性。

3. 背景噪声

测量时,背景噪声级应至少比测量值低10dB(A)。如果测量值比背景噪声值低5~9dB(A)时,则需要按表15-2对测量结果进行修正,当测量值和背景噪声值相差小于5dB(A)时,按现行《工业企业厂界环境噪声排放标准》(GB 12348)的规定进行修正。

测量结果修正表(单位:dB) 表15-2

差值	5~6	6~9	≥10
修正值	-2	-1	0

4. 测量步骤

(1)声源的认定。

①现场测量宜采用道路上实际行驶的车辆产生的声音作为测试的自然声源。

②测试采用自然声源时,声屏障内侧距声屏障1m处等效连续声压级宜大于85dB(A),如未达到,测量时应进行声源补偿。

③在测量过程中,应在参考点选取位置对声源进行连续监测。当噪声起伏范围大于15dB(A)时,测试无效。

(2)基本要求。

在满足声源条件和测试环境条件基础上,参考点与接收点应同时进行测量。测试时间不少于2min,测量次数不少于3次。

(3)测试位置。

①参考点位置的选取应使声屏障处测得的声源声压级不受声屏障安装的影响。参考点的测试传感器应布置于包括声屏障的垂直面上方1.5m处(图15-1)。应保证声屏障的存在不影响声源在参考点位置的声压级。

②接收点应选取路面类型、坡度、周围环境、平均车速、车流量和各类型车辆与测试声屏障路段相同或等效的位置。

5. 声屏障插入损失的计算

声屏障插入损失按式(15-1)计算。

$$TL = (L_{ref,a} - L_{ref,b}) - (L_{r,a} - L_{r,b}) \quad (15\text{-}1)$$

式中：TL——声屏障的插入损失[dB(A)]；

$L_{ref,a}$——安装声屏障后参考点处的声压级[dB(A)]；

$L_{ref,b}$——安装声屏障前或等效参考点处的声压级[dB(A)]；

$L_{r,a}$——安装声屏障后接收点处的声压级[dB(A)]；

$L_{r,b}$——安装声屏障前或等效接收点处的声压级[dB(A)]。

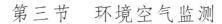

图15-1 参考点位置

第三节 环境空气监测

环境空气监测包括：施工前的环境空气本底(或称环境现状)监测；施工期环境空气监测；营运后周边环境敏感点环境空气监测，隧道口环境空气监测；污染物排放监测等。

施工期的大气监测主要是针对施工扬尘进行监测，监测项目是总悬浮颗粒物(TSP)，也可监测可吸入颗粒物(PM_{10})，必要时需要对拌和站沥青烟气和生活区的食堂、锅炉废气进行监测。

一、总悬浮颗粒物(TSP)的测定

大气中总悬浮颗粒物是指悬浮在空气中的空气动力学当量直径小于或等于100μm的颗粒物，以TSP表示，用重量法测定。重量法测定的原理是用抽气动力抽取一定体积的空气通过已恒重的滤膜，则空气中粒径小于100μm的颗粒物被阻留在滤膜上，根据采样前后滤膜的重量差及采样体积，即可计算TSP的浓度。

根据采样流量不同，分为大流量采样法(工作点流量为$1.05m^3/min$)和中流量采样法(工作点流量为$0.1m^3/min$)。大流量采样法即以$0.8\sim1.4m^3/min$的空气流量采样24h；中流量采样以$0.075\sim0.125m^3/min$的空气流量采样24h。大流量采样器滤膜称重精确到1mg，中流量采样器滤膜称重精确到0.1mg；大流量滤膜的增重不小于100mg，中流量滤膜的增重不小于10mg。

二、可吸入颗粒物(PM_{10})的测定

可吸入颗粒物是指空气动力学粒径小于10μm的颗粒物，也称作飘尘，以PM_{10}表示。通常用重量法测定PM_{10}，也可采用压电晶体振荡法、β射线吸收法及光散射法等方法。

采用重量法测定，根据采样流量的不同，分为大流量(量程$0.8\sim1.4m^3/min$)采样重量法、中流量(量程$60\sim125L/min$)采样重量法和小流量(量程$<30L/min$)采样重量法。PM_{10}的浓

度以 mg/m^3 表示。重量法测定的原理是通过具有一定切割特性的采样器,以恒速抽取定量体积空气,使环境空气中的 PM_{10} 被截留在已知质量的滤膜上,根据采用前后滤膜的重量差和采样体积,计算出 PM_{10} 浓度。

三、沥青烟的测定

沥青熬炼一般有两种方法,一为设有除尘设备的封闭式搅拌工艺,用无热源耐高温容器运输至铺浇工地,考虑到环境保护,公路建设一般应采用此法;另一种为用敞开式熬油锅将沥青融化,随后直接铺浇路面,难以达到环境保护和卫生防护的要求,只限于个别情况下公路的应急修补。

沥青烟气主要出现在沥青熬炼、搅拌和铺设过程中,以熬炼时排放量最大。沥青烟气的主要污染物以 THC(气体中含有碳氢化合物的总量)、TSP 和苯并[a]芘为主。施工期沥青拌和站排气筒污染监测,应按照现行《固定源废气监测技术规范》(HJ/T 397)和《固定污染源烟气(SO_2、NO_x、颗粒物)排放连续监测技术规范》(HJ 75)的要求进行定点和采样,并应符合现行《固定污染源监测质量保证与质量控制技术规范(试行)》(HJ/T 373)的有关要求。

固定污染源排气中苯并[a]芘的测定采用高效液相色谱法,固定污染源排气中沥青烟的测定采用重量法,固定污染源排气中非甲烷总烃的测定采用气相色谱法。

第四节 水质监测

水质监测可分为水环境现状监测、施工期水污染监测和营运期水污染监测。施工期水污染源监测主要包括生活污水、拌和预制场废水、打桩泥浆水及桥涵工程水污染等。监测项目包括水温、浊度、悬浮物(SS)、pH 值、溶解氧(DO)、化学需氧量、氨氮、生化需氧量等。

一、悬浮物(SS)的测定

水质中的悬浮物是指水样通过孔径为 $0.45\mu m$ 的滤膜,截留在滤膜上并于 103~105℃烘干至恒重的物质。悬浮物的测定采用重量法。

二、溶解氧(DO)的测定

溶解氧(DO)是指溶解于水中分子状态的氧,以每升水所含氧的毫克数表示。没有受到污染的水中,溶解氧呈饱和状态。溶解氧作为水质污染程度的一项指标,溶解氧越少,表明污染程度越严重。

溶解氧的测定方法有碘量法及其修正法、电化学探头法等。清洁水可用碘量法,受污染的地面水和工业废水必须用修正的碘量法或电化学探头法。

三、酸碱度(pH 值)的测定

水体受到酸碱污染后,pH 值发生变化,在水体 pH 值小于 6.5 或大于 8.5 时,水中微生物生长受到抑制,使得水体自净能力受到阻碍并腐蚀船舶和水中设施。为了保护水体,河流水体 pH 值应在 6.5~9.0 之间。

测 pH 值最常用的方法是玻璃电极法。pH 值是现场测定的项目,最好把电极插入水体直接测量。

四、化学需氧量(COD)的测定

化学需氧量(COD)是在一定条件下,用一定的强氧化剂处理水样时所消耗的氧化剂的量,以氧的单位 mg/L 表示,它是水体被还原性物质污染的主要指标。COD 的测定原理是利用化学氧化剂,将水样中的还原物质加以氧化,然后用剩余氧化剂的量计算出氧的消耗量。对于废水化学需氧量的测定,我国规定用重铬酸钾($K_2Cr_2O_7$)法。

五、生化需氧量(BOD_5)的测定、稀释与接种法

生化需氧量是指在规定的条件下,微生物分解水中存在的某些可氧化的物质,特别是有机物所进行的生物化学过程中消耗的溶解氧。通常情况下是指水样充满完全密闭的溶解氧瓶,在 20℃±1℃ 的暗处培养 5d,分别测定培养前后水样中的溶解氧浓度,计算每升样品消耗的溶解氧量,以 BOD_5 表示。

第五节 水土保持监测

水利部对交通等生产建设项目,要求以施工期为中心,进行水土保持监测和监理工作,并作为项目水土保持验收的前提条件之一。具体内容可参考现行《生产建设项目水土保持技术标准》(GB 50433)、《生产建设项目水土保持监测与评价标准》(GB/T 51240)、《水土保持监测技术规程》(SL 277)和水利部《关于规范生产建设项目水土保持监测工作的意见》(水保〔2009〕187 号)。

一、监测内容和重点

生产建设项目水土保持监测的主要内容包括:主体工程建设进度、工程建设扰动土地面积、水土流失灾害隐患、水土流失及造成的危害、水土保持工程建设情况、水土流失防治效果,以及水土保持工程设计、水土保持管理等方面的情况。

生产建设项目水土保持监测的重点包括:水土保持方案落实情况,取土(石)场、弃土(渣)场使用情况及安全要求落实情况,扰动土地及植被占压情况,水土保持措施(含临时防护措施)实施状况,水土保持责任制度落实情况等。

二、监测方式和手段

(1)承担委托的监测机构必须实行驻点监测,同一项目的驻点监测人员中至少要有 1 名取得水土保持监测人员上岗证书。建设单位自行监测的项目要指定专职人员开展定期监测。

(2)扰动土地面积、弃土(渣)量、水土保持措施实施情况等内容以实地量测为主。线路长、取弃土量大的公路、铁路等大型建设项目,可以结合卫星遥感和航空遥感等手段调查扰动地表面积和水土保持措施实施情况。有条件的项目,可以布设监测样区、卡口监测站、测钎监测点等,开展水土流失量的监测。

(3)监测频率。建设项目在整个建设期(含施工准备期)内必须全程开展监测。正在使用的取土(石)场、弃土(渣)场的取土(石)、弃土(渣)量,正在实施的水土保持措施建设情况等至少每10d监测记录1次;扰动地表面积、水土保持工程措施拦挡效果等至少每1个月监测记录1次;主体工程建设进度、水土流失影响因子、水土保持植物措施生长情况等至少每3个月监测记录1次。遇暴雨、大风等情况应及时加测。水土流失灾害事件发生后1周内完成监测。

三、监测季度报告表格式

水土保持监测内容和季度报告表见表15-3。

水土保持监测内容和季度报告表 表15-3

监测时段:　　年　月　日至　　年　月　日

项目名称				
建设单位联系人及电话		监测项目负责人(签字) 年　月　日		生产建设单位(盖章) 年　月　日
填表人及电话				
主体工程进度		(工程建设阶段和工程主要组成部分的完成量)		
指标		设计总量	本季度	累计
扰动土地面积 (hm²)	合计			
	主体工程区			
	弃渣场区			
	…			
植被占压面积(hm²)				
取土(石)场数量(个)				
弃土(渣)场数量(个)				
取土(石)量 (万m³)	合计			
	取土场1			
	取土场2			
	…			
	其他取土			
弃土(渣)量 (万m³)	合计			
	弃渣场1			
	弃渣场2			
	…			
	其他弃渣			
弃土(渣)量 (万m³)	拦渣率(%)			

续上表

水土保持工程进度	工程措施	合计(处)			
		拦渣坝(处)			
		挡渣墙(处)			
		…			
	植物措施	合计(处)			
		植树(处)			
		种草(处)			
		…			
	临时措施	…			
		…			
水土流失影响因子		降雨量(mm)			
		最大24h降雨(mm)			
		最大风速(m/s)			
		…			
水土流失量(万 m³)					
水土流失灾害事件			有水土流失灾害事件发生则填写具体内容,没有则填"无"		
存在问题与建议					

第六节 环境监测技术规范概览

一、环境噪声与振动监测方法标准

噪声环境监测方法标准见表15-4。

噪声环境监测方法标准 表15-4

标准编号	标准名称	标准编号	标准名称
JT/T 646.5—2017	公路声屏障 第5部分:降噪效果检测方法	GB 12348—2008	工业企业厂界环境噪声排放标准
GB 12523—2011	建筑施工场界环境噪声排放标准	GB 9660—88	机场周围飞机噪声环境标准
GB 3096—2008	声环境质量标准	GB 10071—88	城市区域环境振动测量方法

二、大气环境监测方法标准

大气环境监测方法标准见表15-5。

大气环境监测方法标准 表 15-5

标准编号	标准名称
HJ 956—2018	环境空气 苯并[a]芘的测定 高效液相色谱法
HJ/T 194—2017	环境空气质量手工监测技术规范
HJ/T 75—2017	固定污染源烟气（SO_2、NO_x、颗粒物）排放连续监测技术规范
HJ 93—2013	环境空气颗粒物（PM_{10}和$PM_{2.5}$）采样器技术要求及检测方法
HJ 618—2011	环境空气 PM_{10}和$PM_{2.5}$的测定 重量法
HJ 479—2009	环境空气 氮氧化物（一氧化氮和二氧化氮）的测定 盐酸萘乙二胺分光光度法
HJ 482—2009	环境空气 二氧化硫的测定 甲醛吸收-副玫瑰苯胺分光光度法
HJ 483—2009	空气质量 二氧化硫的测定 四氯汞盐吸收-副玫瑰苯胺分光光度法
国家环保总局公告2007年第4号	环境空气质量监测规范（试行）
HJ/T 373—2007	固定污染源监测质量保证与质量控制技术规范（试行）
HJ/T 397—2007	固定源废气监测技术规范
HJ/T 398—2007	固定污染源排放 烟气黑度的测定 林格曼烟气黑度图法
HJ/T 62—2001	饮食业油烟净化设备技术方法及检测技术规范（试行）
HJ/T 69—2001	燃煤锅炉烟尘和二氧化硫排放总量核定技术方法—物料衡算法（试行）
HJ/T 55—2000	大气污染物无组织排放监测技术导则
HJ/T 56—2000	固定污染源排气中二氧化硫的测定 碘量法
HJ/T 57—2017	固定污染源废气 二氧化硫的测定 定电位电解法
HJ/T 38—2017	固定污染源废气 总烃、甲烷和非甲烷总烃的测定 气相色谱法
HJ/T 40—1999	固定污染源排气中苯并[a]芘的测定 高效液相色谱法
HJ/T 42—1999	固定污染源排气中氮氧化物的测定 紫外分光光度法
HJ/T 43—1999	固定污染源排气中氮氧化物的测定 盐酸萘乙二胺分光光度法
HJ/T 44—1999	固定污染源排气中一氧化碳的测定 非色散红外吸收法
HJ/T 45—1999	固定污染源排气中沥青烟的测定 重量法
HJ/T 47—1999	烟气采样器技术条件
HJ/T 48—1999	烟尘采样器技术条件
GB/T 16157—1996	固定污染源排气中颗粒物测定与气态污染物采样方法
GB/T 15432—1995	环境空气 总悬浮颗粒物的测定 重量法
GB/T 15435—1995	环境空气 二氧化氮的测定 Saltzman法
HJ 675—2013	固定污染源排气 氮氧化物的测定 酸碱滴定法
HJ/T 1—92	气体参数测量和采样的固定位装置
GB 5468—91	锅炉烟尘测试方法
GB 8971—88	空气质量 飘尘中苯并[a]芘的测定 乙酰化滤纸层析荧光分光光度法

三、水环境监测方法标准

水环境监测方法标准见表15-6。

水环境监测方法标准　　　　　　表15-6

标准编号	标准名称
HJ 1075—2019	水质 浊度的测定 浊度计法
HJ 637—2012	水质 石油类和动植物油类的测定 红外分光光度法
HJ 828—2017	水质 化学需氧量的测定 重铬酸盐法
HJ 636—2012	水质 总氮的测定 碱性过硫酸钾消解紫外分光光度法
HJ 600—2011	水质 梯恩梯、黑索金、地恩梯的测定 气相色谱法
HJ 598—2011	水质 梯恩梯的测定 亚硫酸钠分光光度法
HJ 495—2009	水质 采样方案设计技术规定
HJ 494—2009	水质 采样技术指导
HJ 493—2009	水质 采样样品的保存和管理技术规定
HJ 505—2009	水质 五日生化需氧量(BOD_5)的测定 稀释与接种法
HJ 506—2009	水质 溶解氧的测定 电化学探头法
HJ 442—2008	近岸海域环境监测规范
HJ/T 347.1—2018	水质 粪大肠菌群的测定滤膜法
HJ/T 347.2—2018	水质 类大肠菌群的测定 多管发酵法
HJ/T 373—2007	固定污染源监测质量保证与质量控制技术规范(试行)
HJ/T 399—2007	水质 化学需氧量的测定 快速消解分光光度法
HJ/T 195—2005	水质 氨氮的测定 气相分子吸收光谱法
HJ/T 196—2005	水质 凯氏氮的测定 气相分子吸收光谱法
HJ/T 197—2005	水质 亚硝酸盐氮的测定 气相分子吸收光谱法
HJ/T 198—2005	水质 硝酸盐氮的测定 气相分子吸收光谱法
HJ/T 199—2005	水质 总氮的测定 气相分子吸收光谱法
HJ 164—2020	地下水环境监测技术规范
HJ/T 86—2002	水质 生化需氧量(BOD)的测定 微生物传感器快速测定法
HJ/T 91.1—2019	污水监测技术规范
HJ/T 92—2002	水污染物排放总量监测技术规范
HJ/T 52—1999	水质 河流采样技术指导
GB/T 14581—93	水质 湖泊和水库采样技术指导
GB/T 13903—92	水质 梯恩梯的测定
GB/T 13195—91	水质 水温的测定 温度计或颠倒温度计测定法
GB/T 13266—91	水质 物质对蚤类(大型蚤)急性毒性测定方法
GB/T 13267—91	水质 物质对淡水鱼(斑马鱼)急性毒性测定方法

续上表

标准编号	标准名称
GB/T 11892—89	水质 高锰酸盐指数的测定
GB/T 11893—89	水质 总磷的测定 钼酸铵分光光度法
GB/T 11896—89	水质 氯化物的测定 硝酸银滴定法
GB/T 11901—89	水质 悬浮物的测定 重量法
GB/T 11903—89	水质 色度的测定
GB 7469—87	水质 总汞的测定 高锰酸钾-过硫酸钾消解法 双硫腙分光光度法
GB/T 7489—87	水质 溶解氧的测定 碘量法
GB/T 6920—86	水质 pH值的测定 玻璃电极法

复习思考题

1. 试述环境噪声和声屏障监测的基本方法。
2. 环境噪声测量报告应包括哪些内容？
3. 试述交通建设施工期水质常见指标的含义及其分析方法原理。
4. 试述交通建设施工期环境空气常用监测指标的含义及其分析方法、原理。
5. 交通建设水土保持监测的主要项目有哪些？

附录一 交通建设工程施工环境保护监理用表

一、环境保护监理通知单

(1)本表适用于监理工程师向施工单位发出环保监理方面的意见或整改通知,如监理工程师在巡视、旁站过程中发现施工单位对《公路工程施工监理规范》(JTG G10—2016)5.4.2条所列的5项检查内容,有任何一项未做到或布设不合理的,应发出监理指令,要求施工单位整改。

(2)本表一般用于需要施工单位整改并作出书面回复的重要事项。

(3)监理工程师对施工单位施工组织设计、分项(部)工程施工方案中的环保措施的审查意见,也可采用本表通知施工单位。

合 同 号:_____ 编 号:_____ 附表1-1
施工单位:_____ 监理单位:_____

事由标题	
致(施工单位)_____: 驻地监理工程师:_____ 日期:_____	
施工单位签收意见: 签名:_____ 日期:_____	

注:本表监理单位专用,一式二份,施工单位签收后归档保存。

二、环境保护监理报告单

(1)本表适用于监理单位向建设单位或施工单位向监理单位报告工作。

(2)监理单位主送建设单位的报告由总监理工程师签发,施工单位主送监理单位的报告由项目经理签发。

合 同 号:_____ 编　　号:_____ 附表1-2

施工单位:_____ 监理单位:_____

主送	
致_____: 我部在施工中,对于_____工作,有如下问题/意见/建议,请确定解决方案或进行协调。 此致 敬礼! 　　　　　　　　　　　　　　　　　　　　　　　　报告单位:_____	
抄送:	
签字	签名:_____　日期:_____　(盖章)

三、环境保护监理通知回复单

(1)本表是施工单位针对监理工程师签发的"环境保护监理通知单"而所作的回复。

(2)施工单位对监理工程师提出的有关事项,应当一一予以回复。当监理工程师通知的整改事项不止一个时,一般情况下,应当待所有整改事项都完成以后一起予以回复,但是,当其中某一或某些事项短时间内不可能完成整改时,也可以先将其他事项作出回复,对尚不能完成的事项作出说明,待全部完成后,再次回复监理工程师。

(3)本表由施工单位项目经理签发,由总监理工程师或驻地监理工程师签收。

合　同　号:_____　编　　号:_____　　　　　附表1-3
施工单位:_____　监理单位:_____

事由	
致_____: 内容: 附件: 　　　　　　　　　　　　　　　　　项目经理:_____　日期:_____	
签收意见: 　　　　　　　　　　　　　　　　　签名:_____　日期:_____	

注:本表施工单位专用,一式二份,监理单位签收后归档保存。

四、环境保护工程设计变更联系单

(1)由于原设计深度不够,或实际施工中的工程条件、环境条件发生变化,或因地制宜应采用更有效的环境保护措施,环境保护工程常需要进行必要的修改完善。

(2)本表适用于监理单位与工程业主、设计单位、施工单位相互之间就需要的环保工程变更问题进行的联系。

(3)本表可以由施工单位经监理单位向项目业主(建设单位)提出,也可以由监理单位向项目业主(建设单位)提出。

合　同　号:＿＿＿＿＿＿＿＿＿＿　编　　　号:＿＿＿＿＿＿＿＿＿＿　　　附表1-4
施工单位:＿＿＿＿＿＿＿＿＿＿　监理单位:＿＿＿＿＿＿＿＿＿＿

致＿＿＿＿＿＿＿＿＿＿:
事由:
内容: 原设计图纸或行动方案; 建议变更的要求,或提出变更的方案、设计; 其他。
签发单位:＿＿＿＿＿＿＿＿ 签　　名:＿＿＿＿＿＿＿＿　日期:＿＿＿＿＿＿＿＿

注:本表监理单位、施工单位两用,一式二份,归档保存。

五、工程环保事故报告单

(1)当工程施工过程中发生环境污染事件时,施工单位应及时向监理工程师和建设单位报告,填报"工程环保事故报告单",说明事故的经过、原因和造成的损失,提出应急措施和初步处理意见,并及时填报"工程环保事故处理方案审批表"报监理单位审查。

(2)监理单位的专业监理工程师和总监理工程师应审查以上报表,提出意见和要求。

(3)"工程环保事故处理方案"经监理单位审查、建设单位同意(重大事故须报经当地环保主管部门批准)后,由施工单位实施。

合　同　号:_____　编　　　号:_____　　　　　附表1-5
施工单位:_____　监理单位:_____

致_____: ____年___月___日___时在_____部位(详见设计图纸_____),发生环保事故,报告如下: 1.问题(事故)经过及原因的初步分析   2.造成损失及人员伤亡   3.补救措施及初步处理意见   待进一步调查后,再另作详细报告,并提出处理方案上报审查。   　　　　　　　　　　　　　　　　　　　　　　　　　施工单位:_____ 　　　　　　　　　　　　　　　　　　　　　　　　　项目经理:_____　日期:_____
监理单位意见: 　　　　　　　　　　　　　　　现场监理工程师:_____　日期:_____ 　　　　　　　　　　　　　　　驻地监理工程师:_____　日期:_____
建设单位意见: 　　　　　　　　　　　　　　　　　　负责人:_____　日期:_____
抄报:

注:本表由施工单位填报,一式四份,建设、监理、施工、设计单位各一份,重大事故报环保行政主管部门。

六、工程环保事故处理方案审批表

（1）当工程施工过程中发生环境污染事件后，施工单位应及时向监理工程师和建设单位报告，提出应急措施和处理意见。监理单位的专业监理工程师和总监理工程师应审查以上报表，提出意见和要求。

（2）"工程环保事故处理方案"经监理单位审查、建设单位同意（重大事故须报经当地环保主管部门批准）后，由施工单位实施。

合 同 号：_____ 编　　号：_____　　　　　附表1-6

施工单位：_____ 监理单位：_____

致_____：   ____年___月___日___时在_____部位（详见设计图纸_____），发生的污染事故，已于___月___日提出"工程环保事故报告单"。现提出处理方案，请予审查。 附件： 1. 工程环保事故详细报告 2. 工程环保事故处理方案 　　　　　　　　　　　　　　　　　　施工单位：_____ 　　　　　　　　　　　　　　　　　　项目经理：_____ 日期：_____
监理单位审查意见： 　　　　　　　　　　　　　　　　现场监理工程师：_____ 日期：_____ 　　　　　　　　　　　　　　　　驻地监理工程师：_____ 日期：_____
建设单位意见： 　　　　　　　　　　　　　　　　　　负责人：_____ 日期：_____
抄报：

注：本表由施工单位填报，一式四份，建设单位、监理、设计、施工单位各一份，重大事故报环保行政主管部门。

七、环境保护监理检验申请批复单

(1)当施工单位完成了环保工程、临时用地恢复等工程施工时,应及时填写"环境保护监理检验申请批复单"报监理工程师检查验收。

(2)"环境保护监理检验申请批复单"经总监理工程师或驻地监理工程师签认的,该工程方可视为合格(环保达标),才能予以计量支付。

合 同 号:＿＿＿＿＿＿＿＿ 编 号:＿＿＿＿＿＿＿＿ 附表 1-7
施工单位:＿＿＿＿＿＿＿＿ 监理单位:＿＿＿＿＿＿＿＿

致＿＿＿＿＿＿＿＿:

我方已按合同要求完成了＿＿＿＿＿＿＿＿工程,经自检环保合格,请予以检查和验收。
附件:
(1)工程设计文件;
(2)施工中设计变更;
(3)施工中有关环境保护事项联系单;
(4)其他必要的文件。

项目经理:＿＿＿＿＿ 日期:＿＿＿＿＿

监理单位审查意见:

驻地监理工程师:＿＿＿＿＿ 日期:＿＿＿＿＿

注:本表由施工单位填报,一式四份,建设、监理、施工、设计单位各一份。

八、工程停工通知单

(1)对照《公路工程施工监理规范》(JTG G10—2016)5.4.2 条所列的 5 项检查内容,监理工程师在巡视、旁站过程中,如发现不止一项未做到或不合理,或发现存在重大环保问题或隐患的,应签发"工程停工通知单",并及时报告建设单位。

(2)本表由总监理工程师或驻地监理工程师签发,由施工单位项目经理签收。

合 同 号:_____ 编 号:_____ 附表1-8
施工单位:_____ 监理单位:_____

致_____(施工单位)_____:
你部承担施工的_____工程,_____部位,由于_____原因,现通知你部对_____暂时停止施工,待技术方案确定后/问题解决后,按通知复工。   驻地监理工程师:_____ 日期:_____
施工单位签收意见: 施工单位:_____ 项目经理:_____ 日期:_____
抄报(抄送):

九、拌和场排放达标检验报告单

(1)本表用于沥青和水泥混凝土拌和场正式投入使用前,环保措施按经监理工程师批准的方案实施后,由施工单位报告监理工程师要求予以检验。
(2)要求拌和场达标排放的污染物包括废水、粉尘、沥青烟气、噪声等。
(3)本表由总监理工程师(驻地监理工程师)或分管环保副总监签认。

合　同　号：_____　编　　　号：_____　　　　　附表1-9
施工单位：_____　监理单位：_____

致_____： 我部已完成_____开工前的达标排放自检工作。 请予检验。   施工单位：_____ 项目经理：_____　日期：_____
自检记录
监理工程师检验意见：   监理工程师：_____　日期：_____

十、使用临时用地签报单

(1)"使用临时用地签报单"用于施工单位就施工道路、拌和站、预制厂、生活营地、取土场、弃渣场等临时用地对环境的影响问题向监理工程师提交的报告,包括临时用地使用手续、使用前的原地形、地貌、植被状况的影像及文字资料,对周边环境的影响、采取的环保措施和恢复目标等。

(2)"临时用地整治恢复报告单"用于临时用地的土地整治恢复完成后,由施工单位报告监理工程师要求予以检验。

(3)本项工作意义重大,应由总监理工程师(驻地监理工程师)或分管环保副总监签认。

合同号:＿＿＿＿＿＿＿＿ 编　号:＿＿＿＿＿＿＿＿＿ 附表1-10
施工单位:＿＿＿＿＿＿＿ 监理单位:＿＿＿＿＿＿＿＿

致＿＿＿＿＿＿＿＿＿:

我部今上报关于＿＿＿＿＿＿＿＿＿临时用地对环境影响的报告,请予审核。

施工单位:＿＿＿＿＿＿＿＿＿
项目经理:＿＿＿＿＿＿ 日期:＿＿＿＿＿＿

临时用地位置	用途	面积	使用期限	周边自然环境		周边敏感点		恢复目标和计划进度
				类别	最小距离	类别	最小距离	

附件:
(1)使用前的原地形、地貌、植被状况的影像及文字资料;
(2)临时工程设计文件:平面图、立面图、工程量等;
(3)环境影响报告、水土保持方案及批复中的相关管理要求;
(4)对周边环境的影响和采取的环保措施;
(5)临时用地使用手续复印件。

监理工程师审核意见:

监理工程师:＿＿＿＿＿＿ 日期:＿＿＿＿＿＿

十一、临时用地整治恢复报告单

合　同　号：_____　编　　　号：_____　　　附表 1-11
施工单位：_____　监理单位：_____

致_____：
我部已完成_____临时用地的土地整治恢复。 请予检验。

工程用途	面积	使用期限	原审批恢复目标
现恢复情况	（恢复面积；恢复方式；存在问题）		
进一步 计划进度			

施工单位：_____ 　　　　　　　　　　　　　　　　　　项目经理：_____　日期：_____ 附件：   监理工程师检验意见：   　　　　　　　　　　　　　　　　　　监理工程师：_____　日期：_____

十二、污水处理工程检验报告单

(1)当收费区、服务区、作业区或办公生活区等污水处理工程完成,并经施工单位自检合格后,应按要求填写本表,报监理工程师检验。

(2)本报告应附上施工单位对污水处理效果所作的自检原始记录单。

(3)监理工程师可制作同样表格作为审验记录。本表应由总监理工程师(驻地监理工程师)或分管环保副总监签认。

合　同　号:＿＿＿＿＿＿＿＿＿＿　编　　　号:＿＿＿＿＿＿＿＿＿＿　　　附表1-12
施工单位:＿＿＿＿＿＿＿＿＿＿　监理单位:＿＿＿＿＿＿＿＿＿＿

致＿＿＿＿＿＿＿＿＿＿:

我部已完成＿＿＿＿＿＿＿＿＿＿污水处理工程,经自检各项指标合格。
请予检验。

施工单位:＿＿＿＿＿＿＿＿＿＿
项目经理:＿＿＿＿＿＿　日期:＿＿＿＿＿＿

自检记录					
土建				设备安装	
几何尺寸	质量		漏水情况	单项运行	联合运行
电器				技术档案	
容量	质量		安装		
污水处理效果					
流量 (m³/d)	pH		COD(mg/L)	SS(mg/L)	石油类
	出水 | 进水	出水 | 进水	出水 | 进水	出水 | 进水	

监理工程师检验意见:
(注:可制作同样表格作为审验记录)

监理工程师:＿＿＿＿＿＿　日期:＿＿＿＿＿＿

十三、声屏障工程检验报告单

（1）当施工单位完成声屏障工程，并经自检合格后，应按要求填写本表，报监理工程师检验。

（2）本报告应附上施工单位对隔声效果所作的自检原始记录单。

（3）监理工程师可制作同样表格作为审验记录。本表应由总监理工程师（驻地监理工程师）或分管环保副总监签认。

合 同 号：_____ 编　号：_____　　　　附表 1-13

施工单位：_____ 监理单位：_____

致_____：

我部已完成_____声屏障工程，经自检各项指标合格。
请予检验。

施工单位：_____
项目经理：_____ 日期：_____

自检记录				
工程位置				
保护目标				
几何尺寸和工程量	长度	高度	材质	其他
技术档案				
降噪效果监测方法描述				
降噪效果	屏障前	屏障后	对照点	保护目标

监理工程师检验意见：
（注：可制作同样表格作为审验记录）

监理工程师：_____ 日期：_____

十四、围堰拆除申请单

(1)当施工单位完成桥梁基础或其他工程围堰拆除的准备工作后,应按要求填写本表,报监理工程师检验。

(2)监理工程师可制作同样表格作为审验记录。本表应由总监理工程师(驻地监理工程师)或分管环保副总监签认。

合　同　号:_____　编　　号:_____　　　附表1-14
施工单位:_____　监理单位:_____

致_____:

　　我部已完成_____围堰拆除准备工作。拟定于_____月___日开始拆除。
(其他需要重点说明的事项:工程量、弃渣等固体废弃物去向及其他环保措施)
请予审验。
附件:
(1)围堰拆除技术方案及安全保障措施;
(2)围堰拆除对周围环境的影响及采取的环境保护措施。

施工单位:_____
项目经理:_____　日期:_____

监理工程师审验意见:

监理工程师:_____　日期:_____

附录二　交通建设工程施工环境保护监理法规标准和规范参考目录

一、常用法律、法规、规范性文件和环境标准

1. 中华人民共和国环境保护法(2014.04.24 修订)
2. 中华人民共和国水污染防治法(2017.06.27 修订)
3. 中华人民共和国环境噪声污染防治法(2018.12.29 修订)
4. 中华人民共和国大气污染防治法(2018.10.26 修订)
5. 中华人民共和国环境影响评价法(2018.12.29 修订)
6. 中华人民共和国水土保持法(2010.12.25 修订)
7. 中华人民共和国海洋环境保护法(2017.11.04 修订)
8. 中华人民共和国固体废物污染环境防治法(2020.04.29 修订)
9. 中华人民共和国水法(2016.07.02 修订)
10. 中华人民共和国野生动物保护法(2018.10.26 修订)
11. 中华人民共和国公路法(2017.11.04 修订)
12. 中华人民共和国文物保护法(2017.11.04 修订)
13. 中华人民共和国放射性污染防治法(2003.6.28 通过)
14. 建设项目环境保护管理条例(国务院令第 253 号发布,2017.07.16 修订)
15. 全国生态环境保护纲要(国发〔2000〕38 号)
16. 建设项目竣工环境保护验收管理办法(国家环境保护总局令第 13 号)
17. 关于在重点建设项目中开展工程环境监理试点的通知(环发〔2002〕141 号)
18. 关于涉及自然保护区的开发建设项目环境管理工作有关问题的通知(环发〔1999〕177 号)
19. 关于加强自然资源开发建设项目的生态环境管理的通知(环然〔1994〕664 号)
20. 饮用水水源保护区污染防治管理规定〔(89)环管字第 201 号〕
21. 开发建设项目水土保持设施验收管理办法(水利部令第 16 号发布,2015.12.16 修订)
22. 声环境质量标准(GB 3096—2008)
23. 城市区域环境振动标准(GB 10070—1988)
24. 地表水环境质量标准(GB 3838—2002)
25. 农田灌溉水质标准(GB 5084—2005)
26. 渔业水质标准(GB 11607—1989)
27. 海水水质标准(GB 3097—1997)
28. 环境空气质量标准(GB 3095—2012)

29. 建筑施工场界环境噪声排放标准（GB 12523—2011）
30. 工业企业厂界环境噪声排放标准（GB 12348—2008）
31. 大气污染物综合排放标准（GB 16297—1996）
32. 锅炉大气污染物排放标准（GB 13271—2014）
33. 污水综合排放标准（GB 8978—1996）
34. 生产建设项目水土保持技术标准（GB 50433—2018）
35. 生产建设项目水土流失防治标准（GB/T 50434—2018）
36. 土壤侵蚀分类分级标准（SL 190—2007）

二、交通行业标准、规范

1. 公路工程标准施工招标文件（2018 年版）
2. 公路工程施工监理规范（JTG G10—2016）
3. 公路路基施工技术规范（JTG/T 3610—2019）
4. 公路隧道施工技术规范（JTG/T 3660—2020）
5. 公路沥青路面施工技术规范（JTG F40—2004）
6. 公路路面基层施工技术细则（JTG/T F20—2015）
7. 公路建设项目环境影响评价规范（JTG B03—2006）
8. 公路环境保护设计规范（JTG B04—2010）
9. 公路工程质量检验评定标准　第一册　土建工程（JTG F80/1—2017）
10. 公路路基设计规范（JTG D30—2015）
11. 水运工程施工监理规范（JTS 252—2015）

参 考 文 献

[1] 《环境保护导论》编委会.环境保护导论[M].北京:中国环境科学出版社,1996.
[2] 蔡志洲.试论"高等级公路生态工程"[C]//中国环境科学学会全国青年学者学术交流会.1996.
[3] 毛文永.生态环境影响评价概论.北京:中国环境科学出版社,2003.
[4] 赵跃龙.中国脆弱生态环境类型分布及其综合整治[M].北京:中国环境科学出版社,1999.
[5] 国家环境保护总局自然生态保护司.非污染生态影响评价技术导则培训教材[M].北京:中国环境科学出版社,1999.
[6] 张玉芬.道路交通环境工程[M].北京:人民交通出版社,2000.
[7] 刘天齐.环境保护[M].北京:化学工业出版社,2000.
[8] 盛美萍,王敏庆,孙进才.噪声与振动控制技术基础[M].北京:科学出版社,2011.
[9] 任海,彭少麟.恢复生态学导论[M].北京:科学出版社,2002.
[10] 全国监理工程师培训考试教材编写委员会.建设工程监理概论[M].北京:知识产权出版社,2003.
[11] 戴明新.公路环境保护手册[M].北京:人民交通出版社,2004.
[12] 孙鸿烈,张荣祖.中国生态环境建设地带性[M].北京:科学出版社,2004.
[13] 李宇峙.工程质量监理(第二版)[M].北京:人民交通出版社,2005.
[14] 蔡志洲.交通建设项目环境影响评价方法与案例[M].北京:化学工业出版社,2006.
[15] 江玉林,张洪江.公路水土保持[M].北京:科学出版社,2008.
[16] 李世义,蔡志洲.工程环境监理基础与实务[M].北京:中国环境科学出版社,2008.
[17] 李智广.开发建设项目水土保持监测[M].北京:中国水利水电出版社,2008.